OEUVRES

COMPLÈTES

DE CARON DE BEAUMARCHAIS.

OEUVRES

COMPLÈTES

DE PIERRE-AUGUSTIN

CARON DE BEAUMARCHAIS,

Écuyer, Conseiller-Secrétaire du Roi, Lieutenant général des Chasses, Bailliage et Capitainerie de la Varenne du Louvre, grande Vénerie et Fauconnerie de France.

> Ma vie est un combat.
> VOLT.

TOME CINQUIÈME.

ÉPOQUES.

A PARIS,

Chez LÉOPOLD COLLIN, Libraire, rue Gît-le-Cœur.

OBSERVATIONS

SUR

LE MÉMOIRE JUSTIFICATIF

DE LA COUR DE LONDRES.

PREMIER MOTIF D'ÉCRIRE.

S'IL peut être permis à un particulier d'oser un moment s'immiscer dans la querelle des Souverains, c'est lorsqu'appelé, par eux-mêmes, en jugement dans des *Mémoires justificatifs* adressés au public dont il fait partie, il s'y voit personnellement cité sur des faits tournés en reproches de *perfidie* contre les ennemis de ces Souverains; mais qui, présentés avec plus de franchise, servent eux-mêmes à justifier la puissance inculpée, à rendre à chacun ce qui lui appartient.

SECOND MOTIF D'ÉCRIRE.

S'il est reçu parmi les rois d'entretenir à grands frais, les uns chez les autres, de fastueux inquisiteurs, dont le vrai mérite est autant de bien éclairer ce qu'on fait dans le pays de leur résidence, que d'y répandre sans scrupule les plus fausses notions des événements, lorsque cette fausseté peut être utile à leurs augustes commettants; au moins n'avait-on encore vu chez aucun peuple un magnifique ambassadeur pousser la dissimulation de son état, jusqu'à en imposer même à son pays, dans ses dépêches ministérielles, pour augmenter la mésintelligence entre les nations, ou pour accroître sa consistance et préparer son avancement.

C'est pourtant ce qui résulte aujourd'hui de l'examen des prétendus faits touchant le commerce entre la France et l'Amérique, cités dans le *Mémoire justificatif* du roi d'Angleterre, sur les rapports fautifs du vicomte de Stormont, que je nomme ici sans scrupule, parce qu'il a semblé m'y inviter lui-même, en fesant servir mon nom et mes armements à des accusations de *perfidie* contre la France.

~~~~~~~~~~~

S'il entrait dans mon plan de traiter le fond de la question qui divise aujourd'hui les deux Cours, je n'aurais nul besoin d'établir, par les faits particuliers qui me concernent, que, non seulement nos ministres ont montré plus d'égards qu'ils n'en devaient à l'Angleterre, à la nature des liaisons subsistantes; mais qu'ils sont restés, par complaisance pour la cour de Londres, fort en-deçà des droits non disputés de toute puissance indifférente et neutre. C'est par des faits nationaux et connus de l'Europe entière, que je ferais évanouir le reproche de perfidie tant de fois appliqué dans ce *Mémoire justificatif*, à la conduite de la France; et je le repousserais si victorieusement sur ses auteurs, que je ne laisserais aucun doute sur la vérité de mon assertion.

En effet, quelle est donc la nation qui prétend aujourd'hui nous souiller du soupçon de perfidie, en réclamant avec tant d'assurance et l'honneur et la foi des traités? N'est-ce pas cette même nation anglaise, injuste envers nous par système, et dont la morale, à notre égard, a toujours été renfermée dans cette maxime applaudie mille fois à Londres, dans la bouche du grand politique Chatam : *Si nous voulions être justes envers la France et l'Espagne, nous aurions trop à restituer. Les affaiblir ou les combattre est notre unique loi, la base de tous nos succès?*

N'est-ce pas ce même peuple dont les outrages et les usurpations n'ont jamais eu d'autres bornes que celles de ses pouvoirs; qui nous a toujours fait la guerre sans la déclarer; qui, après avoir, en 1754, assassiné M. de Jumonville, officier français, au milieu d'une assemblée convoquée en Canada pour arrêter des conventions de paix et fixer des limites, a, sans aucun objet même apparent, commencé la guerre de 1755, en pleine paix, par la prise inopinée de 500 de nos vaisseaux, et l'a terminée en 1763, par le traité le plus tyrannique, et l'abus le plus intolérable des avantages que le sort des armes lui avait donnés sur nous dans cette guerre injuste?

N'est-ce pas cette nation usurpatrice, pour qui la paix la plus solennellement jurée n'est jamais qu'une trève accordée à son épuisement, et dont elle sort toujours par les plus criantes hostilités; qui, dès 1774, avait souffert que son commandant au Sénégal, le sieur Macnémara, fit enlever un vaisseau français du commerce de Nantes, qu'on n'a jamais rendu; qui, dans l'année 1776, après nous avoir outragés de toute façon dans l'Inde, insulta, sur le Gange, trois vaisseaux français, la *Sainte-Anne*, la *Catherine*, et l'*Isle de France*, et fit tirer sur eux à boulets, au passage de Calcuta, brisa nos manœuvres, tua ou blessa nos matelots, et, couronnant l'atrocité par la dérision, leur envoya sur-le-champ des chirurgiens pour panser les blessés? Outrage dont tous les commerçants de l'Inde, irrités et consternés, n'ont cessé de demander justice et vengeance au roi de France.

N'est-ce pas encore cette même nation qui, toujours fidèle à son système, avait donné l'ordre, un an avant l'ouverture des hostilités, de nous attaquer dans l'Inde à l'improviste, et de nous chasser de toutes nos possessions, comme cela est irrévocablement prouvé par la date de l'investissement de Pondichéry en 1778 ; et qui, imperturbable en son arrogance, ne rougit pas de faire avancer froidement aujourd'hui par son doucereux écrivain, *qu'il est au-dessous de la dignité de son roi d'examiner les époques où les faits se sont passés ;* comme si dans toute querelle il n'était pas reconnu que le tort est tout entier à l'agresseur ?

N'est-ce pas cette nation toujours provoquante, qui, pendant ce même temps de paix, s'arrogeant le droit de douane et de visite sur tout l'Océan, se fesait un jeu d'essayer notre patience, en arrêtant, insultant et vexant tous nos vaisseaux de commerce à la vue de nos côtes même ?

N'est-ce pas un marin de cette nation que désigne le capitaine Marcheguais de Bordeaux, arrêté en mars 1777, à 130 lieues de la côte de France, lorsqu'il déclare qu'on lui a tiré huit coups de canon à boulets, brisé toutes ses manœuvres ; et que même après avoir envoyé quatre hommes et son second faire visiter ses passeports, et prouver qu'ils étaient en règle, il n'en a pas moins vu passer sur son bord dix scélérats, vu crever ses ballots, bouleverser tout dans son navire, le piller, l'emmener prisonnier, et le retenir, lui sixième, à leur bord, tant qu'il leur a plu de lui voir avaler le poison de l'insulte et des plus grossiers outrages?

N'était-ce pas aussi par des capitaines anglais que, dans ce même temps de paix, plusieurs navires de Bordeaux, entre autres le *Meulan* et la *Nancy*, furent enlevés en sortant du cap, et les équipages indignement traités, quoiqu'ils fussent expédiés pour France, et ne continssent aucunes munitions de guerre; qu'un capitaine Morin fut arrêté à la pointe des prêcheurs, atterrage de la Martinique, et conduit à la Dominique, malgré des expéditions en règle pour le cap français et Saint-Pierre de Miquelon? Nos greffes d'amirautés sont remplis de pareilles plaintes et déclarations faites en 1776 et 1777, contre les Anglais, ce peuple si loyal en ses procédés, qui nous accuse aujourd'hui de perfidie!

Ils nous enlevaient donc nos navires marchands à l'atterrage même de nos îles. Ils poursuivaient leurs ennemis jusque sur nos côtes, et les y canonnaient de si près, que les boulets portaient à terre; et ils ne fesaient nul scrupule de répondre par des bordées entières aux représentations que les commandants de nos frégates venaient leur faire de l'indécence de leurs procédés : témoin le chevalier de Boissier, qui, ne pouvant retenir son indignation, se crut obligé de châtier cette insolence, auprès de l'Isle-à-Vache, en désemparant, à coups redoublés, une frégate anglaise, et la forçant de se retirer dans le plus mauvais état à la Jamaïque.

Ils tiraient à boulets sur des navires entrés dans les ports de France ; témoin ce vaisseau marchand arrêté dans les jetées de Dunkerque, par plusieurs coups de canon à boulets, et forcé d'en ressortir à tous risques, pour se laisser visiter par une patache anglaise, qui se tenait sans pudeur en rade à cet effet.

Ne portaient-ils pas l'outrage au point de tenter de brûler des vaisseaux américains jusque dans nos bassins ? Insulte constatée à Cherbourg, et qu'on ne put attribuer à l'étourderie d'aucun particulier, puisque c'était une corvette du roi, capitaine en uniforme, et parti de Jersey par ordre exprès de la cour, avec promesse de trois cents guinées, s'il exécutait son projet insultant.

Ces plaintes et mille autres semblables arrivaient de toutes parts aux ministres de France, qui, pouvant et devant peut-être éclater contre l'Angleterre à de tels excès, avaient pourtant la modération d'en porter seulement leurs plaintes aux ministres anglais, dont les réponses, aussi souvent dérisoires que la conduite des marins était odieuse, contenaient en substance, *ou qu'on était mal instruit, ou que les capitaines étaient ivres, ou que c'était un malentendu, ou même que c'étaient de perfides Américains masqués sous pavillon anglais.* Jamais d'autre raison, encore moins de justice ; et c'est là le scrupuleux voisin, le candide ami, le peuple équitable et modéré qui nous accuse aujourd'hui de perfidie !

A qui donc l'écrivain du *Mémoire justificatif* prétend-il donner le change en Europe ? Est-ce pour détourner l'attention des Anglais de la conduite insensée de leur ministère, qu'on essaie en cet écrit d'y inculper le nôtre ? En accusant nos ministres d'avoir trompé la nation française et son roi, pensent-ils étouffer les cris du peuple anglais qui fait retentir à leurs oreilles ces mots si redoutés : Rendez-nous l'Amérique et le sang de nos frères ; rendez-nous notre commerce et nos millions engloutis dans cette guerre abominable. Ce n'est pas la perfidie de nos rivaux qui nous a causé toutes ces pertes, c'est la vôtre. Eh ! quelle part, en effet, les ministres français ont-ils eue à l'indépendance de l'Amérique ?

Lorsque la France, à la dernière paix, mit l'Angleterre en possession du Canada ; lorsque, long-temps avant cette époque, le clairvoyant M. Pitt avait prédit *que si on laissait seulement forger aux Américains les fers de leurs chevaux, ils briseraient bientôt ceux de leur obéissance;* lorsque ce même lord Chatam prédit encore à Londres, en 1762, *que la cession du Canada par la France ferait perdre l'Amérique aux Anglais;* lorsque la jalousie de toutes les colonies sur les priviléges accordés à la nouvelle possession et leurs inquiétudes sur l'établissement d'un monarchisme qui semblait menacer la liberté, commencèrent les murmures et les troubles; lorsque les concussions et les mauvais traitements firent sonner l'alarme et secouer aux Américains le joug de la dure Angleterre, en resserrant les bornes du grand mot *patrie* aux limites du continent; la France entra-t-elle pour quelque chose dans les motifs de cette rupture? son intrigue ou sa perfidie aveugla-t-elle enfin les ministres anglais sur les conséquences et les suites de cette effrayante rumeur qu'ils affectaient de mépriser?

Le feu du mécontentement couvait de toutes parts en Amérique. Mais lorsqu'au moment de l'acte du timbre en 1766, l'incendie allumé à Boston se propagea dans toutes les villes du Nord; quand l'émeute sanguinaire de cette ville anima les habitans à poursuivre hautement le rappel des gouverneur et lieutenant de Massachussets-Bay; lorsque l'affaire du senau de Rodes-

Island força les Anglais de rappeler ces deux officiers, et de retirer l'acte imprudent du timbre; l'intrigue ou la perfidie de la France eutelle la moindre part à ces événements préparatoires de la liberté des colonies, sur lesquels l'administration anglaise daignait à peine encore ouvrir les yeux ?

Bientôt le fatal impôt sur le thé, l'évocation des grandes affaires à la métropole, l'installation des tribunaux nommés par la cour, et mille autres attentats à la liberté des colonies, firent prendre les armes à tous les citoyens, et former enfin ce grand corps devenu si funeste aux Anglais d'Europe, *le congrès de Philadelphie*. Mais tant d'imprudence et d'aveuglement de la part du cabinet de Saint-James furent-elles le fruit de l'or, de l'intrigue et de la perfidie de notre ministère ?

Excitâmes-nous le soulèvement des cadets, les hostilités du général Gages à Boston, la proscription du thé dans toutes les colonies, et tous ces grands mouvements qui avertirent l'Univers que l'heure de l'Amérique était enfin arrivée; pendant que les ministres anglais, tels que ce duc d'Olivarès, si connu par le compte insidieux qu'il rendit à son roi, Philippe, de la révolte du duc de Bragance, trompaient ainsi leur roi, Georges, et le berçaient perfidement du plus absurde espoir sur la réduction de l'Amérique ?

L'intrigue ou la perfidie de la France dirigea-t-elle les efforts vigoureux d'un peuple élancé vers la liberté par la tyrannie, quand les vaisseaux anglais furent si fièrement renvoyés en Europe ? Fut-ce la France encore qui échauffa l'obstination anglaise à les ramener en Amérique, et celle des Américains à les refuser, à en brûler les cargaisons ?

Et la rupture ouverte entre les deux peuples, et les armements réciproques, et l'affaire honteuse de Lexington, et celle de Bunkershill, et la lâcheté des Anglais d'armer les esclaves contre les maîtres en Virginie, et celle encore plus grande d'y contrefaire les papiers-monnaies pour les discréditer, espèce d'empoisonnement inconnu jusqu'à nos jours, et toutes les horreurs qui ont porté l'Amérique à publier enfin son indépendance, à la soutenir à force ouverte, ont-elles été le fruit de l'intrigue et de la perfidie française, ou celui de l'avidité, de l'orgueil, de la sottise et de l'aveuglement anglais ?

Vit-on la France alors se permettre d'user des droits du plus ancien, du plus profond, du plus juste ressentiment, pour fomenter, chez ses voisins malheureux, la révolte et le trouble ?

Spectatrice tranquille, elle oublia tous les

manques de foi de l'Angleterre, et les intérêts de son propre commerce, et la grande raison d'état qui permet, qui peut-être ordonne de profiter des divisions d'un ennemi naturel pour entretenir sa détresse, ou provoquer son affaiblissement ; quand une expérience de plus d'un siècle a prouvé que nul autre moyen ne peut le rendre juste et loyal envers nous.

Ainsi, quoique le palais de Saint-James ne méritât, comme on voit, aucuns des égards que celui de Versailles lui prodiguait en cette occasion si majeure, la France n'en resta pas moins rigoureusement indifférente et passive sur les querelles intestines de son injuste rivale.

Elle fit plus. Pour tranquilliser cette rivale inquiète, elle déclara qu'elle garderait la neutralité la plus exacte entre les deux peuples, et l'a religieusement gardée, jusqu'au moment où la raison, la prudence, la force des événements, et surtout le soin de sa propre sûreté, l'ont obligée, sous peine d'en être victime, à changer publiquement de conduite, à se montrer ouvertement sous un autre aspect.

Mais pourquoi l'Angleterre, à l'instant de la neutralité, n'osa-t-elle pas l'envisager comme un manque de foi de la France, et la lui reprocher comme une infraction aux traités subsistants ? C'est qu'elle savait bien que la question qui soulevait ses colonies, ne pouvait pas s'assimiler à ces mouvements séditieux que le succès même ne justifie point, et que le prince a droit de punir dans des royaumes plus absolus.

C'est que le nom générique *roi*, dont la latitude est si étendue, qu'aucun de ceux qui s'en honorent n'a un état, un sort, un pouvoir, ni des droits semblables : c'est que ce nom, si difficile à porter, ayant une acception absolument différente dans les pays soumis au gouvernement d'un seul, tels que la paisible monarchie française, et dans les gouvernements mixtes et turbulents, tels que la royal-aristo-démocratie anglaise ; l'acte qui, du Languedoc ou de l'Alsace en France, eût été justement regardé chez nous comme un crime de lèse-majesté au premier chef, n'était en Angleterre qu'une simple question de droit soumise à l'examen de tout libre individu.

C'est que le refus, de par le roi, de faire justice à l'Amérique, et le redressement, à coups de canon, de ses longs griefs, y devaient être envisagés comme un des plus grands abus du pouvoir, comme la subversion totale des lois constitutives, et l'usurpation la plus dangereuse pour un prince de la maison de Brunswick ; car il ne devait pas oublier qu'un pareil soulèvement avait fait passer la couronne en sa maison, mais à condition de la porter comme *King* anglais, et non à la manière du roi de France.

C'est que la réclamation véhémente des colonies, sur le droit de n'être jamais taxé sans représentans, et celui d'être toujours jugé par ses pairs, sous la forme des jurés, avait trouvé tant de partisans en Angleterre, qu'elle tenait et tient encore la nation très-divisée sur un objet si intéressant à l'état civil de chaque citoyen anglais.

C'est que même aux assemblées du parlement, et dans quelques ouvrages des hommes les plus respectés des deux chambres, on a porté le doute à ce sujet au point d'agiter hautement : si les Anglais ne sont pas plus rebelles à la Chartre commune et constitutive, que les Américains.

C'est que milord Abington, l'un des hommes les plus justes et les plus éclairés d'Angleterre, a été jusqu'à proposer en pleine chambre, à toute l'opposition, de se retirer du parlement, et d'y graver sur les registres, pour cause de leur *secession* (mot nouveau qu'il fit exprès pour exprimer cette insurrection nationale), que le parlement et le prince avaient de beaucoup passé leur pouvoir en cette guerre; que le parlement surtout, composé des représentants du peuple anglais, n'avait pas dû jouer la farce odieuse des valets-maîtres, et sacrifier l'intérêt de ses commettants à l'ambition du prince et des ministres.

C'est que, dans le cas d'un pareil abus, le peuple avait droit, dit-il, de retirer un pouvoir aussi mal administré, parce qu'à lui seul appartient la décision d'une guerre comme celle d'Amérique, en sa qualité de législateur suprême et de premier fondateur de la constitution anglaise.

Or si, même en Angleterre, il n'était pas décidé lequel est rebelle à la constitution, de l'Anglais ou de l'Américain ; à plus forte raison, un prince étranger a-t-il bien pu ne pas se donner le soin d'examiner la question qui divisait les deux peuples, et rester froid en leur querelle ! et c'est aussi le terme où le roi s'est tenu.

Ce refus de juger entre l'ancienne et la nouvelle Angleterre, ce principe équitable et non contesté de la neutralité du roi de France une fois posé, détruisait d'avance cette foule d'objections subtiles échappées depuis aux logiciens d'Oxford, de Cambridge et de Londres : à savoir, si le roi de France devait ouvrir ou fermer ses ports aux vaisseaux des deux nations belligérantes, ou seulement à l'une des deux ? s'il ne devait pas restreindre les droits de son commerce par complaisance pour une nation qui ne respecte les droits de personne ? et surtout s'il ne devait pas interdire à ses armateurs les ports du continent d'Amérique, en recevant les Américains dans les siens ? Questions, comme on voit, aussi vaines à proposer, qu'inutiles à répondre. Car, par le droit absolu de sa neutralité, le roi ne devait aux deux nations qu'un traitement absolument égal, soit qu'il admît, soit qu'il rejetât leurs navires.

Ainsi, de même qu'il y aurait contradiction, quand la France ouvre ses ports aux vaisseaux anglais, danois, hollandais et suédois, d'interdire aux négocians français la liberté d'aller commercer à Londres, à la Baltique, au Zuiderzée, etc.; de même, en recevant les vaisseaux américains sur le pied de toutes ces nations dans ses ports, la France ne pouvait, sans contradiction, refuser à ses armateurs la liberté d'aller commercer à Boston, à Williamsburg, à Charlestown, à Philadelphie; car tout ici devait être égal.

Telles étaient, selon mon opinion, les conséquences rigoureusement justes que la France devait tirer de sa neutralité, relativement à son commerce; et si le roi de France, oubliant les longs ressentimens de ses auteurs, voulait bien avoir des égards pour ses injustes voisins en guerre avec leurs frères, sa majesté devait croire, à plus forte raison, sa justice intéressée à ne pas soumettre en pleine paix ses fidèles sujets les commerçants maritimes à des interdictions, à des privations qu'aucun souverain de l'Europe ne paraissait imposer aux siens.

Laisser nos ports ouverts et libres à toutes les nations qui ne nous fesaient pas la guerre, et ne point priver les Anglais du droit de nous épuiser, par le commerce, de toutes les productions françaises, en laissant aux Américains la liberté de nous les acheter en concurrence; n'était-ce pas, de la part du roi, conserver à la fois les égards accordés aux étrangers, et maintenir la protection essentiellement due par tout monarque équitable, au commerce de ses États?

Eh bien! en déclarant franchement, et selon mon opinion, que telle était la conduite que la France devait tenir, je suis obligé d'avouer que, soit délicatesse, austérité dans la morale d'un jeune et vertueux roi, dont le cœur n'a pas vieilli, ne s'est pas consumé dans cette colère et ce désir de se venger des Anglais, que son aïeul a gardé jusqu'au tombeau; soit amour pour la paix, soit égards de nos ministres pour les embarras de l'injuste Angleterre, ou je ne sais quelle aveugle complaisance pour les représentations du vicomte de Stormont qui ne cessait de les harceler; tout en reconnaissant les négociants français fondés dans leurs demandes de protection pour le commerce qu'ils voulaient ouvrir avec l'Amérique, les ministres du roi se sont toujours tenus à leur égard dans la plus excessive rigueur. Si quelque chose aujourd'hui doit les faire repentir de leur condescendance, n'est-ce pas de voir l'honnête écrivain du *Mémoire justificatif* essayer d'établir, comme un trait de leur perfidie, cette anxiété qui ne fut qu'une lutte perpétuelle et douloureuse entre leur autorité réprimante et les efforts très-actifs d'un commerce éclairé sur nos vrais intérêts ?

Lorsqu'à toutes les raisons qui militaient, dans mes requêtes, en faveur du commerce de France, j'ajoutais, avec cette liberté qu'un grand patriotisme peut seul excuser ; quand j'ajoutais, dis-je, qu'il paraîtrait bien étrange à toute l'Europe que le roi de France eût la patience de laisser payer à sa ferme du tabac, jusqu'à cent francs le quintal de cette utile denrée, de souffrir même qu'elle en manquât, pendant que l'Amérique en regorgeait : que si la guerre entre l'Angleterre et ses colonies durait encore deux ans, le roi, pour n'avoir pas voulu même user des plus justes droits de sa neutralité, s'exposait à avoir les vingt-six ou trente millions de sa ferme du tabac très-compromis ; et cela, parce qu'il plaisait aux Anglais, qui ne pouvaient plus nous fournir cette denrée, de nous en interdire insolemment l'achat dans le seul pays du monde où sa culture était en vigueur : espèce d'audace si intolérable, qu'à Londres même on plaisantait hautement de notre mollesse à la supporter!

Lorsque, par ces raisons et d'autres semblables, je pressais nos ministres de délier les bras au commerce de France ; comme on ne peut pas supposer que ce fût faute de nous bien entendre qu'ils nous tenaient rigueur, il faut donc en conclure qu'un excès de condescendance pour nos ennemis les rendait sourds à nos instances ! Excès d'autant plus étonnant, qu'il était aisé de deviner, ce que l'expérience prouve aujourd'hui, qu'on ne leur en saurait jamais nul gré de l'autre côté de la Manche.

Maintenant, si j'ai bien montré qu'après plusieurs siècles d'un ressentiment légitime, et selon les principes du *Droit naturel*, sous les relations seules duquel les peuples ou les royaumes existent les uns à l'égard des autres, la France aurait pu, sans scrupule, user de toutes les occasions de se venger de l'Angleterre, et de l'abaisser en favorisant les mouvements de ses colonies ; et qu'elle ne l'a pas fait !

Si j'ai bien montré qu'en suivant l'exemple, en imitant les procédés de l'Angleterre, la France pouvait abuser des embarras où la guerre d'Amérique plongeait ses ennemis naturels, pour fondre inopinément sur leurs flottes marchandes, ou sur leurs possessions du golfe; ce qui, loin de nous attirer la guerre, eût condamné l'Angleterre à une paix éternelle; et que, par délicatesse et par honneur, elle ne l'a pas voulu faire!

Il ne me reste plus qu'à prouver, d'après les citations du *Mémoire justificatif*, qui touchent à notre commerce, à ma personne, à mes vues, au prétendu concours du ministère, il me reste à prouver que le vicomte de Stormont, contre la vérité, contre ses lumières et contre sa conscience, n'a pas cessé d'envoyer à sa cour des exposés très-insidieux, très-faux, de la conduite de la nôtre; et c'est ce que je vais faire à l'instant.

Je commencerai par convenir franchement et sans détour que les négociants français, parmi lesquels je me nomme, ont fait, malgré la cour, des envois d'habits, d'armes et de munitions de toute espèce en Amérique; et que s'ils ne les ont pas multipliés davantage, c'est que la rigueur de notre administration n'a pas cessé de mettre des entraves à leurs armements; et je conviens de cela, non seulement parce que c'est la vérité, mais parce que je crois qu'en cette occasion les armateurs français n'étaient tenus à d'autre devoir qu'à celui de ne pas heurter, par les spéculations de leur intérêt, l'intérêt politique du roi de France.

Ils pouvaient même ignorer si le roi, par austérité, voyait leurs efforts de mauvais œil ; car sous un prince aussi bon, aussi juste, il y a bien loin encore du malheur de lui déplaire, au crime affreux de lui désobéir. D'ailleurs, l'écrivain anglais, qui fait dans son *Mémoire justificatif* une si fausse application du mot *contrebande* aux expéditions hasardées de notre commerce, ne sait-il pas, ou feint-il d'ignorer qu'une marchandise dont l'échange ou la vente est libre en un royaume, n'y devient point contrebande, uniquement parce que son exportation ou sa destination peut nuire à une puissance étrangère ; et que le négociant, qui n'est jamais appelé dans les traités entre les rois, ne doit se piquer de les étudier que dans les points qui croisent, ou favorisent ses spéculations ?

A quel titre donc un armateur devrait-il des égards aux rivaux étrangers, aux ennemis de son commerce ? Par la nature même des choses, dans la guerre maritime, le malheureux armateur n'est-il pas condamné à supporter seul tout le poids des pertes que fait l'Etat, sans jamais obtenir de dédommagement ? Dans la guerre de terre au moins, pendant que les stipendiaires de la royauté se disputent à coups de canons, ou de fusils, un terrain, une ville, un pays, un immeuble enfin, dont le revenu doit dédommager le prince attaquant, des frais qu'il fit pour la conquête; le citadin, le marchand, le bourgeois qui n'a pas pris les armes, attend l'événement sans le craindre, et reste libre possesseur de son bien, à condition seulement de payer au nouveau maître le tribut que l'ancien exigeait, à quelques abus près.

Mais comme il est écrit qu'on ne se bat jamais pour ne rien piller; que si l'homme est né pillard, la guerre, et surtout celle de mer, réveille en lui cette passion que le frein des lois n'a fait qu'assoupir; et comme, dans cette guerre de mer, il n'y a point d'immeuble à conquérir, qui puisse acquitter les dépens en donnant des subsides, et que le champ de bataille est toujours aux poissons, quand les nobles enragés sont séparés, partis, ou coulés bas, tous les héros de l'Océan sont convenus entre eux, pour premier retour de leurs frais, et suivant la morale des loups, de commencer par courir sur les vaisseaux désarmés du commerce paisible, et de s'emparer, sans raison, sans pitié, ni pudeur, de la propriété du négociant, qui ne fait nulle défense; sauf à combattre et à se déchirer entre eux lorsqu'ils se rencontreront face à face. En sorte qu'à la paix, lorsque les Etats fatigués se font grâce ou justice, ou que se forçant la main, à raison des succès, ils se dédommagent réciproquement de leurs pertes, le pauvre armateur, à qui l'on ne songea seulement pas, qui perdit tout, à qui l'on ne rend rien, reste seul dépouillé, par le vol impuni qui lui fut fait, à lui qui n'était en guerre avec personne !

De cet abominable état des choses il résulte que la violence avec laquelle on rend l'armateur première victime des querelles entre les rois, ne peut laisser dans son cœur qu'une haine invétérée contre les étrangers ennemis de son commerce et de ses propriétés. Il en résulte encore qu'on ne pourrait lui envier, sans porter un cœur infernal, la seule ressource qui lui reste contre tant de périls accumulés, celle de saisir toutes les occasions, tous les moyens de rendre ces spéculations et promptes et lucratives.

Donc, et n'en déplaise au vicomte de Stormont, qui fait des négociants français, de vils instruments de la perfidie de nos ministres, il ne nous a fallu que l'espoir de balancer les risques par les avantages, pour nous déterminer d'armer pour l'Amérique; et notre calcul, à cet égard, étant plus fort que toute insinuation ministérielle, nous avons cru, comme je l'ai dit, être seulement tenus à l'obligation de ne pas heurter dans nos entreprises l'intérêt reconnu du prince qui nous gouverne. Mais, certes, et n'en déplaise encore au vicomte de Stormont, au cabinet anglais, à l'écrivain du Manifeste, aucun de nous n'a pensé qu'il dût à l'injuste Angleterre le délicat égard de détourner ces spéculations d'un pays, parce qu'il était devenu son ennemi. Tous, au contraire, ont dû prévoir que les Américains, ayant de plus pressants besoins en raison de la guerre anglaise, mettraient un plus haut prix aux denrées qui leur étaient nécessaires : tel a été le véhicule général du commerce de France.

Quant à moi, qu'un goût naturel pour la liberté, qu'un attachement raisonné pour le brave peuple qui vient de venger l'univers de la tyrannie anglaise, avait échauffé, j'avoue avec plaisir que, voyant la sottise incurable du ministère anglais, qui prétendait asservir l'Amérique par l'oppression, et l'Angleterre par l'Amérique, j'ai osé prévoir le succès des efforts des Américains pour leur délivrance ; j'ai même osé penser que, sans l'intervention d'aucun gouvernement, ni des colosses maritimes qu'ils soudoient, l'humiliation de l'orgueilleuse Angleterre pourrait bien être avant peu l'ouvrage de ces *vils poltrons* si dédaignés, de l'autre continent, aidés de quelques vaisseaux marchands ignorés, partis de celui-ci.

J'avoue encore que, plein de ces idées, j'ai osé donner, par mes discours, mes écrits et mon exemple, le premier branle au courage de nos fabricants et de nos armateurs ; et que je n'ai jamais cru, quoi qu'on ait pu dire, manquer au devoir d'un bon sujet envers mon souverain, en formant une société maritime, en établissant une liaison solide de commerce entre l'Amérique et ma maison, en me chargeant d'acheter et d'embarquer en Europe tous les objets qui pouvaient être utiles à mes braves correspondants, *les vils poltrons de l'Amérique.*

Mais, si je ne prétendais pas à la protection de la Cour, j'avoue que j'étais loin de croire que le vicomte de Stormont, dont la plus grande affaire était de harceler l'administration, aurait le crédit de l'engager, par ses clameurs, à porter une inquisition sévère, et jusqu'alors inouie, sur le cabinet des négociants, et d'en arrêter les spéculations.

Mais puisque cet objet de sa mission, qu'il n'a que trop bien rempli à l'avantage de l'Angleterre, a malheureusement ruiné les efforts et les entreprises des armateurs français, pourquoi donc cet ingrat vicomte, qui, dans ses rapports ministériels, cite, avec tant d'emphase, neuf ou dix vaisseaux chargés par moi pour les Américains, à la fin de 1776, et qui les distingue si subtilement de ma frégate *l'Amphitrite*, a-t-il omis d'apprendre à sa cour que notre ministère, étourdi de ses plaintes, avait perdu de vue la protection qu'il nous devait peut-être; et que, loin de nous l'accorder, il avait accablé le commerce de prohibitions, et surtout avait presque étouffé ma société naissante, en mettant un embargo général sur tous mes bâtiments?

En vain représentai-je alors, qu'être soumis à l'inspection des douaniers anglais sur mer, et s'y voir exposés à tout perdre, sans espoir de réclamation, si l'on était pris à l'atterrage de l'Amérique avec des marchandises prohibées par l'Angleterre, était courir assez de dangers, sans que la France aidât encore à restreindre les plans de ses armateurs ; le ministère inflexible exigea rigoureusement que tous ces bâtiments prissent des expéditions pour nos îles, et fissent leurs soumissions de ne point aller commercer au continent.

Quel motif engagea donc cet ambassadeur de taire à sa cour les complaisances excessives que la nôtre avait pour lui ? Pourquoi lui cacha-t-il que, sur sa délation, le 10 décembre 1776, le ministre de la marine fit arrêter au Hâvre et visiter exactement tous mes vaisseaux ? Que dans ce port, où se trouvaient alors l'*Amphitrite*, le *Romain*, l'*Andromède*, l'*Anonyme*, et plusieurs autres, si le premier de ces bâtiments, déjà lancé dans la grande rade, esquiva la visite, tous les autres la subirent, et si rigoureuse, qu'ils furent déchargés publiquement, au grand dommage de mon entreprise ?

Pourquoi, dans la joie qu'il en devait ressentir, n'ajouta-t-il pas que, ne pouvant espérer aucun terme, obtenir aucun adoucissement à ces ordres prohibitifs, je fus obligé de désarmer tous mes navires ? en effet, il est de notoriété que si quelques-uns ensuite ont pu partir, ce n'a été qu'en avril, mai et juin de l'année suivante : encore a-t-il fallu changer leurs noms, leurs chargements, et donner les plus fortes assurances qu'ils n'iraient qu'à nos îles du golfe ! M. l'ambassadeur niera-t-il qu'ils y ont été réellement, lorsqu'il sait que l'un d'eux, *la Seine*, a, pour prix de mon obéissance, été enlevé à la pointe des prêcheurs, atterrage de la Martinique, au grand scandale de tous les habitants qui le virent, et conduit à la Dominique, où, sans autre forme de procès, le pavillon anglais y fut arboré sur-le-champ, et le nôtre jeté dans la mer avec de grands cris d'*huzza*, et les plus tristes feux de joie.

Comment ce profond politique, cet ambassadeur devenu ministre, s'est-il abstenu d'écrire à sa cour que le même embargo fut mis sur mes vaisseaux à Nantes, et que la *Thérèse* arrêtée dans ce port ne put partir qu'en juin 1777, après la plus sévère visite, et lorsqu'on fut bien certain qu'elle ne portait point de munition ; surtout lorsque le capitaine se fut soumis à n'aller qu'à Saint-Domingue, où il a demeuré près d'un an, ainsi que l'*Amélie*, à mon très-grand dommage encore ; puisque quatre petits bâtiments bermudiens que j'y avais fait acheter, pour conduire au continent les cargaisons de ces navires d'Europe, ont été tous pris, soit en allant, soit en revenant ?

Pourquoi ne manda-t-il pas à sa cour, qu'en janvier 1777, mon *Amphritite* ayant relâché à l'Orient, le ministère, à sa sollicitation, fit arrêter ce bâtiment, sous prétexte que plusieurs officiers s'y étaient embarqués pour aller offrir leurs services aux Américains ?

Comment, à cette occasion, put-il omettre dans ses dépêches ; que la cour envoya l'ordre au plus considérable de ses officiers de rejoindre à l'instant son corps à Metz, et d'y rendre compte de sa conduite ; et qu'apprenant que l'officier éludait d'obéir, elle fit dépêcher exprès un courrier à l'Orient, avec ordre de l'arrêter, de le casser et de l'enfermer pour le reste de ses jours au château de Nantes ; rigueur à laquelle il n'échappa qu'en se sauvant seul et presque nu, sans oser reparaître au vaisseau : que le ministre ne rendit même à ma frégate la liberté de partir, qu'après avoir exigé du capitaine une soumission positive et par écrit, qu'il n'irait qu'à Saint-Domingue, sous toutes les peines qu'il plairait de lui infliger à son retour, s'il y manquait.

Mais une autre réflexion se présente, et je ne dois pas la retenir, puisque l'écrivain du roi d'Angleterre l'a négligée. La cour de France, une puissance étrangère indifférente et neutre, s'opposait au noble emploi que des officiers, la plupart étrangers, voulaient faire de leur loisir en faveur des Américains! Mais que nous importait à nous, pour qui leur bravoure allait s'exercer? et par quel excès de complaisance pour l'ambassadeur anglais, nos ministres établissaient-ils une telle inquisition contre les partisans de l'Amérique, lorsqu'il est prouvé, par le fait, que le neveu du maréchal de Thomond, de milord Clare, que le comte de Bulkley enfin, le plus ardent Anglais qui ait jamais été souffert au service de France, obtenait d'eux, sans peine, la permission d'aller solliciter à Londres du service contre l'Amérique? Si la solution de ce problème échappe à mes lumières, ce qui frappera tout le monde ainsi que moi, c'est que la comparaison et le rapprochement de ces deux procédés devraient au moins faire trouver grâce à nos très-complaisants ministres devant ce terrible ambassadeur, et que son zèle et ses travaux n'eussent pas semblé moins importants à sa patrie, et l'eussent également porté lui-même au ministère où il brûlait d'arriver, si, au lieu de calomnier notre cour, il eût rendu compte à la sienne de tout ce qu'il en obtenait journellement.

Quoique la politique au fond ne soit partout qu'une sublime imposture, on n'a pas encore vu d'ambassadeur se donner des licences aussi étendues sur la sublimité de la sienne ! il était réservé au vicomte de Stormont d'en offrir le digne exemple à l'univers ! — Mais c'est la France, dit-il, qui envoyait ces officiers en Amérique. — Eh! grand *Polititien* ou *Politiqueur !* y a-t-il beaucoup de raisonneurs de votre force en Angleterre ? et pensez-vous que le congrès, qui n'a pas cru devoir tenir un seul des engagements pris devant moi par ses agents en Europe, avec les officiers que je lui adressais, qui même a refusé du service à presque tous en arrivant, eût manqué d'égards à ce point pour notre cour, s'il eût pensé que ces généreux guerriers lui étaient envoyés par un roi dont il sollicitait si vivement le secours et l'amitié ? de quel œil aussi pensez-vous que le roi de France eût vu le renvoi des officiers, si ce prince eût été pour quelque chose en l'arrangement de leur départ ? On se fait donc un grand bonheur de déraisonner à Londres ?

Cette réflexion seule est un trait de lumière, qui nous met tous dans notre vrai jour, Anglais, Français, travailleurs et raisonneurs.

A la vérité, mon zèle empressé pour mes nouveaux amis pouvait être blessé du peu d'accueil qu'ils faisaient à de braves gens que j'avais porté moi-même à s'expatrier pour les servir. Mes soins, mes travaux et mes avances étaient immenses à cet égard. Mais je m'en affligeai seulement pour nos malheureux officiers, parce que, dans ces refus même des Américains, je ne sais quelle émulation, quelle fierté républicaine, attirait mon cœur, et me montrait un peuple si ardent à conquérir sa liberté, qu'il craignait de diminuer la gloire du succès, s'il en laissait partager le péril à des étrangers.

Mon âme est ainsi composée : dans les plus grands maux elle cherche avec soin, pour se consoler, le peu de bien qui s'y rencontre. Ainsi, pendant que mes efforts avaient si peu de fruit en Amérique, et que les Anglais essayaient de tout corrompre autour de moi pour l'atténuer encore, de lâches ennemis m'accusaient dans mon pays d'être soudoyé par la cour de Londres, pour l'avertir à temps du départ de tous nos vaisseaux de commerce, et la mettre à même de s'en emparer. Et moi, soutenu par ma fierté, je dédaignais de me défendre, et je livrais ces méchants à leur propre honte, en me promettant bien de ne jamais souiller mon papier de leur nom. Les oisifs de Paris enviaient mon bonheur et me jalousaient comme un favori de la fortune et des puissances : et moi, triste jouet des événements, seul, privé de repos, perdu pour la société, desséché d'insomnie et de chagrins, tour à tour exposé aux soupçons, à l'ingratitude, aux anxiétés, aux reproches de la France, de l'Amérique et de l'Angleterre, travaillant nuit et jour, et courant à mon but avec effort, à travers ces landes épineuses, je m'exténuais de fatigue, et j'avançais fort peu. Mais mon courage renaissait, quand je pensais qu'un grand peuple allait bientôt offrir une douce et libre retraite à tous les persécutés de l'Europe ; que ma patrie serait vengée de l'abaissement auquel on l'avait soumise, par le traité de 1763 ; que le voile obscur, le crêpe funéraire dont notre port de Dunkerque était enveloppé depuis soixante ans, serait enfin déchiré ; qu'enfin la mer devenue libre aux nations commerçantes, Marseille, Nantes et Bordeaux pourraient le disputer à Londres, et devenir à leur tour les cabarets de l'Univers. J'étais soutenu par l'espoir qu'un nouveau système de politique allait éclore en Europe, et que l'Angleterre une fois remise à sa vraie place, le nom français serait aimé, chéri, respecté partout. J'ajouterais encore que j'étais ranimé par l'espoir de voir le règne actuel exalté comme un des plus beaux de la monarchie, si, dans cet écrit austère et brusquement jeté, je ne m'étais pas interdit tout éloge, et même celui du jeune roi, qui nous donne un si grand espoir par la sagesse de ses vues, et son amour simple et vrai pour le bien, dans l'âge où presque tous les hommes ne se font remarquer que par des folies, des ridicules, ou des travers.

Ce bel avenir me rendait mon courage et ma gaîté même ; au point qu'un ministre anglais m'ayant fait l'honneur, au sujet de *l'Amphitrite*, de dire à quelqu'un, en riant, que j'étais un bon politique, mais un mauvais négociant, je répondis, sur le même ton, qu'il laisse faire au temps ; la fin seule peut nous montrer lequel aura plus prospéré, moi dans mon petit commerce, et lui dans sa grande administration.

Dans un pareil état des choses, on sent bien que le cabinet de Saint-James eût appris avec joie, par son ambassadeur, qu'au retour de ma frégate l'*Amphitrite*, mon capitaine, accusé de désobéissance, avait été scandaleusement arrêté, puis traîné en prison, quoique son journal prouvât qu'il n'avait fait que céder à l'empire des circonstances ; et qu'ayant resté quatre-vingt-dix jours en route, et trente-cinq sans se reconnaître, il s'était vu près de périr de misère à l'instant qu'il fut porté sur le continent : mais son crime était d'y avoir jeté l'ancre ; et je suis persuadé, moi, que le lord North aurait su bon gré à l'ambassadeur, s'il eût appris par lui que la mine terrible qu'il en fit à nos ministres, avait coûté trois mois de cachot à mon malheureux capitaine, et à moi deux mille écus d'indemnité que je crus lui devoir, pour payer les humeurs du vicomte de Stormont.

C'est ainsi que chaque fait articulé dans le *Mémoire justificatif*, d'après le rapport de cet ambassadeur, est faux, insidieux ou controuvé. Voyez-le citer comme un crime, un bâtiment, l'*Heureux*, à moi, parti de Marseille en septembre 1777, et dissimuler en même temps à sa cour, que ce vaisseau, l'*Heureux*, le plus malheureux des vaisseaux, était depuis dix mois dans le port, équipé, chargé, prêt à partir, puis arrêté à la sollicitation de lui vicomte, enfin déchargé deux fois publiquement, par ordre du ministre; et que ce n'est qu'après ces éclats scandaleux et dommageables, que ce vaisseau, qui m'avait ruiné par un si long séjour, et des dépenses si énormes, a obtenu la liberté de sortir du port avec des comestibles seulement, et sans aucunes munitions de guerre. Car s'il a relâché ailleurs pour accomplir son chargement, qui n'était pas même au tiers, c'est un fait absolument étranger à nos ministres, puisqu'il s'est passé loin du royaume, et hors de la longueur de leurs bras.

Ainsi, lorsque ce Mémoire parle de mes armements de Dunkerque, il se garde bien d'avouer que l'administration, toujours aussi sévère à mon égard, qu'attentive aux plaintes de l'ambassadeur anglais, donna l'ordre exprès de visiter, dans ce port, tous les vaisseaux annotés par l'inquisition *stormonienne*, et de les décharger sans pitié, s'ils avaient à bord des munitions de guerre ; que l'un d'eux, la *Marie Catherine*, se trouvant en rade à l'instant où l'ordre arriva, put se dérober à sa rigueur, et se rendre à la Martinique avec un chargement d'artillerie, assuré à Londres même ; mais que les autres furent visités, déchargés et forcés d'aller en lest chercher du fret en Amérique, sans que j'aye pu depuis trouver une autre occasion de rembarquer mes cargaisons militaires ; tant l'attention du gouvernement à y veiller a été sévère et continuelle.

Voilà ce que le vicomte de Stormont pouvait bien apprendre à sa cour ; il eût honoré sa vigilance, et n'eût point trahi la vérité : mais c'est ce dont on s'embarrasse le moins en politique. Il devait même ajouter que, dans la colère où je fus de ce qui m'arrivait à Dunkerque, ayant appris que le sieur Frazer, commissaire anglais, odieux par son emploi, mais personnellement détesté dans ce port, avait osé corrompre et fait passer en Angleterre un de nos bons pilotes-côtiers, et beaucoup de matelots français, je me procurai toutes les preuves juridiques de ce honteux délit: mais que je ne pus jamais obtenir du gouvernement, que le commissaire insolent fût poursuivi pour ce crime de lèse-nation; et je ne l'obtins pas, je m'en souviens bien, parce que les soins que je m'étais donnés à ce sujet pouvaient être taxés de récrimination par l'ambassadeur anglais. Je dirai tout; car ce n'est ici ni le lieu ni le temps de flatter personne. Un écrit destiné à relever le flagornage anglais du *Mémoire justificatif*, ne doit pas être à son tour accusé d'une imbécille partialité pour la France.

Mais le comble de la mauvaise foi, dans les rapports de l'ambassadeur d'Angleterre, est le compte insidieux qu'il rend à sa cour de l'*Hippopotame*, ce vaisseau que j'ai nommé le *fier Rodrigue*, et qui depuis a eu l'honneur d'être jugé digne par le général-amiral d'Estaing, de contribuer, sous ses ordres, au succès des armes du roi près la Grenade, lesquels ne sont point, comme le dit l'écrivain emmiellé du *Mémoire justificatif*, des triomphes de gazettes, ni des succès à coups de presse, mais de beaux et bons succès à coups de canon.

C'est le compte insidieux qu'il rend à sa cour de ces prétendus *quatorze mille fusils que j'y devais embarquer, et des autres munitions de guerre à l'usage des rebelles*, cités dans le *Mémoire justificatif*; aucun armement n'ayant été plus ouvertement, plus cruellement molesté, pour complaire au vicomte de Stormont. Voici le fait; on le trouvera concluant.

Tant de vaisseaux arrêtés dans nos ports; tant de déchargements faits par ordre supérieur; tant d'opérations manquées ou suspendues; tant d'or et de temps perdu, et surtout l'obligation forcée d'exécuter rigoureusement les ordres prohibitifs de la cour, sur les munitions de guerre, avaient enfin changé mes plans d'armements.

Bientôt apprenant que les Anglais m'avaient enlevé beaucoup de navires, et qu'il ne me restait d'autres moyens de marcher librement que de me rendre redoutable aux corsaires, je fis acheter par un tiers et sur criées publiques, en avril 1777, l'*Hippopotame*, vaisseau de ligne que le roi fesait vendre à Rochefort. On le mit au radoub aussitôt, pour être armé en guerre et marchandises; et toute sa cargaison, de la valeur d'un million, consistant en vin, eau-de-vie, marchandises sèches, et sans une seule arme, une seule caisse de munitions, fut à l'instant transportée à Rochefort pour partir au plus tôt.

Mais ce fatal ambassadeur, dont la grande affaire était de désoler notre commerce sur terre, pendant que les corsaires de sa nation l'outrageaient et le pillaient sur mer ; ce profond politique, qui partageait son temps entre le plaisir d'impatienter nos ministres en France, et celui de les calomnier en Angleterre, s'en vint faire à Versailles des lamentations..... si lamentables sur ce navire, en disant que je feignais d'équiper un bâtiment pour le commerce, et ne fesais qu'armer un vaisseau de guerre pour le service du congrès, que la cour en fut ébranlée.

Sur ces nouvelles criailleries, le ministère, ignorant absolument que j'eusse part à cet armement qui se fesait sous un nom supposé, donna les ordres les plus précis aux commandant et intendant de Rochefort, de découvrir sous main le nom et l'objet du vrai propriétaire de ce vaisseau. J'appris la recherche de la cour, et je fis adresser du lieu de l'armement le mémoire suivant au ministre de la marine, sous une signature étrangère. Si je le joins ici, c'est que son caractère et son style donneront mieux que tous mes raisonnements une juste idée des relations qui existaient alors entre l'administration et le commerce de France.

Monseigneur,

« Sur les interrogations faites à notre commissionnaire de Rochefort, par le commandant de la marine, nous pensons qu'il n'y a qu'un de ces Anglais inquiets et rôdeurs dont nos ports sont remplis, qui ait pu semer l'alarme si mal à propos sur nous, et fait inspirer à votre grandeur, par des voies qui leur sont familières, le dessein de porter une inquisition inconnue jusqu'ici sur le cabinet et les spéculations des négociants français.

» Monseigneur, le vaisseau du roi, l'*Hippopotame*, était à vendre, apparemment que c'était pour que quelqu'un l'achetât. Nous l'avons bien acheté, bien payé ; nous le fesons radouber à grands frais, et nous ne croyons pas qu'il y ait rien là de contraire aux lois du commerce, ni qui nous doive exposer au soupçon de vouloir contrarier les vues pacifiques du gouvernement.

» Mais si un vaisseau d'un tel gabaris ne peut être destiné qu'à de hautes spéculations, n'est-il pas naturel, Monseigneur, que nous mettions ce navire en état de ne pas craindre, en pleine paix, de se voir harcelé, canonné, visité, fouillé, insulté, dépouillé, peut-être emmené et confisqué malgré la régularité de nos expéditions (comme cela est arrivé à tant d'autres), s'il se trouve une aune d'étoffe dans nos cargaisons, dont la couleur ou la qualité déplaise au premier malhonnête Anglais qui nous rencontrera ?

» Lorsqu'il nous aurait bien outragés et fait perdre le fruit d'un bon voyage, peut-être il en serait quitte pour vous faire répondre par le ministère anglais, *que le capitaine était ivre, ou que c'est un malentendu*. Mais votre grandeur sait bien que, si cette excuse banale et triviale suffit pour appaiser la vindicte du gouvernement français, l'utile négociant dont le métier est de confier sa fortune aux flots, sur la foi des traités, n'en reste pas moins ruiné, malgré les dédommagements promis dont on sait toujours trop bien éluder l'accomplissement.

» Cependant, Monseigneur, le négociant maritime étant de tous les sujets du roi celui que les traités doivent le plus envisager, est aussi celui qui a besoin d'une protection plus immédiate. Jetez un coup-d'œil sur tous les états de la société, Monseigneur, et vous verrez que l'administration, le fisc, le militaire, le clergé, la robe, la terrible finance, et même la classe utile des laboureurs, tirent leur subsistance ou leur fortune de l'intérieur du royaume; tous vivent à ses dépens. Le négociant seul, pour en augmenter les richesses ou les jouissances, met à contribution les quatre parties du monde; et vous débarrassant utilement d'un superflu inutile, il va l'échanger au loin, et vous enrichit en retour des dépouilles de l'univers entier. Lui seul est le lien qui rapproche et réunit tous les peuples, que la différence des mœurs, des cultes et des gouvernements tend à isoler ou à mettre en guerre.

» Si donc le négociant se voit désormais obligé de rendre compte d'avance de ses spéculations, dont la réussite dépend toujours de la diligence et du secret, et qui sont soumises à des variations dépendant de tous les événements politiques, il n'y a plus pour lui ni liberté, ni sûreté, ni succès, et la chaîne universelle est rompue.

» Votre grandeur s'appercevra bien que ce n'est pas pour éluder d'obéir que nous observons, mais seulement parce que nous pensons que d'établir une inquisition sur les secrets des négociants, par complaisance pour les rivaux du commerce français, et les ennemis naturels de l'État, est un emploi de l'autorité sujet à des conséquences terribles, dont la moins funeste est de dégoûter le commerce, et d'éteindre l'émulation, sans laquelle rien ne se fait.

» Lorsque notre commissionnaire s'est rendu, sous son nom, adjudicataire de l'*Hippopotame*, vous avez eu la bonté, Monseigneur, de lui promettre l'assurance du premier fret royal pour les colonies. Daignez remplir cette promesse; son exécution est le meilleur moyen de vous assurer de la vraie destination de notre vaisseau. Nous croyons, Monseigneur, que ce seul mot renferme toutes les explications que votre grandeur désire.

» Nous sommes avec le plus profond respect, etc. »

Ce mémoire, fait pour fixer la vraie destination du *fier Rodrigue*, et désarmer la cour, produisit un effet tout contraire en me décelant. On crut m'y reconnaître; et les cris de l'ambassadeur continuant sans relâche, et contre mon navire et contre ma personne, le ministère, à l'instant qu'il levait l'embargo momentané mis sur tous les autres vaisseaux du commerce, ordonna durement d'arrêter le mien dans le port, sans lui laisser l'espoir de partir en aucun temps.

Ayant eu dessein de l'armer en pièces de bronze pour qu'il fût plus léger à la marche, en guerre et marchandises, j'avais fait acheter et transporter à grands frais de ces canons la quantité qui m'était nécessaire. Un nouvel ordre, arraché par mon Euménide, arriva, qui me força de revendre mon artillerie à toute perte, et n'en laissa pas moins subsister l'embargo mis sur mon navire.

En vain j'offris personnellement au ministère d'embarquer sur ce vaisseau des troupes du roi pour Saint-Domingue, afin qu'on fût bien sûr de sa destination. En vain, je proposai de soumettre ma cargaison à la visite la plus rigoureuse, pour qu'on fût certain qu'aucunes munitions n'entraient dans le chargement du *fier Rodrigue*. En vain je déposai ma soumission de faire rentrer ce vaisseau dans six mois, avec expédition et denrées de Saint-Domingue, sous peine de la perte entière et du navire et de sa cargaison, si j'y manquais. Le ministère fut inexorable; et, malgré les plaintes qu'une telle rigueur m'arracha; malgré la dépense énorme d'un double achat, double transport et dispendieux chargement d'artillerie; malgré la perte résultant d'une cargaison d'un million retenue une année entière au lieu de son départ; malgré la mise continuelle et ruineuse de l'équipement d'un vaisseau de cette force, arrêté dans le port le même temps d'une année; enfin, malgré les protestations que le désespoir me fit faire, de rendre l'administration garante de mes pertes devant le roi même, et pour lesquelles aujourd'hui je suis en instance aux pieds de sa majesté; les ministres, fidèles à je ne sais quelle parole arrachée par l'ambassadeur anglais, ne voulurent jamais consentir à lever l'embargo de mon navire, et je déclare avec douleur que je n'ai obtenu cette tardive justice qu'après la notification du traité de commerce entre la France et l'Amérique, faite à Londres par le marquis de Noailles, et la brusque retraite de l'ambassadeur d'Angleterre, c'est-à-dire, plus d'un an après le chargement et l'équipement du *fier Rodrigue*.

Voilà ce que le vicomte de Stormont s'est bien

gardé d'écrire à sa cour, et ce qu'il n'oserait démentir aujourd'hui. Je laisse en blanc mille autres faits très-affligeants pour notre commerce, et notamment pour moi, parce que cet extrait suffit au-delà pour montrer quelle foi doit être accordée aux narrés, aux inculpations de ce long *Mémoire justificatif.*

Lorsque le vicomte de Stormont résidait à Paris, et qu'il s'y débitait un mensonge politique, une fausse nouvelle un peu fâcheuse pour les Américains; on se souvient encore que le mot des députés du congrès, interrogés par tout le monde, était constamment: Ne croyez pas cela, Monsieur, *c'est du Stormont tout pur.*

Eh bien! Lecteur, on en peut dire autant du Mémoire justificatif; *c'est du Stormont tout pur,* au style près, qui, bien qu'un peu traînant dans la traduction, ne manquerait pas de grâces, ni la logique de justesse, si l'écrivain n'oubliait pas sans cesse que le lord Stormont en a fourni les données, et qu'il écrit pour l'injuste Angleterre, dont les usurpations, la mauvaise foi, l'arrogance et le despotisme ont fait une classe absolument séparée de toutes les sociétés humaines.

Car, si les royaumes sont de grands corps isolés, et plus séparés de leurs voisins par la diversité d'intérêts que par les barrières, les citadelles ou la mer qui les renferment; si leurs seules relations sont celles du *droit naturel*, c'est-à-dire celles que la conservation, le bien-être et la prospérité de chacun lui imposent; et si ces relations, diversement modifiées sous le nom de *droit des gens*, ont pour principe général, selon Montesquieu même, *de faire son propre bien avec le moins de mal possible aux autres*, il semble que l'Angleterre, ayant mis tout son orgueil à s'écarter de cette loi commune, ait choisi pour principe fondamental de se rendre odieuse et redoutable à tout le monde, quand il n'en devrait résulter aucun avantage pour elle-même.

Ajoutez à ce damnable principe la commodité toujours subsistante d'enfreindre les traités, et de manquer à toutes les conventions, sous prétexte que son roi, n'ayant qu'une autorité partagée entre lui, le peuple et la noblesse, les engagements qu'il prend ne peuvent empêcher la fougueuse nation de se porter à des excès qui n'en subsistent pas moins, quoique désavoués par l'équité du prince, ou son respect pour la foi jurée. Réunissez, dis-je, toutes ces notions, et vous n'aurez encore qu'une faible idée du peuple audacieux qui nous accuse aujourd'hui de perfidie.

Mais pourtant, si le roi d'Angleterre ne peut pas toujours être rendu garant des infractions de son peuple aux traités subsistants, à qui donc gardons-nous notre foi? Quoi! vous nous liez, Anglais, et ne croyez jamais l'être ? Etrange et superbe nation, qu'il faut admirer pour ton patriotisme, et la fermeté romaine, que tu montres en tes revers actuels, mais qu'il est temps d'humilier, pour punir et réprimer l'abus affreux que tu te plais toujours à faire de ta prospérité !

Marâtre insensée ! qui prétends à l'amour de tes enfants, quand tu ne veux les enchaîner que pour épuiser le sang de leurs veines, et l'employer à tes prostitutions ! Si l'instant est venu que ton exemple doit apprendre aux nations qu'il n'est de politique heureuse et durable que celle fondée sur la morale universelle, et sur la réciprocité des devoirs et des égards........

Si tes ministres, aveuglés par une ambition inepte en ses vues et trompée dans ses mesures, ont imprudemment porté leur système oppressif sur tes colonies, et les ont forcé, en prenant les armes, d'adopter pour devise ce vers terrible, instructif et sublime de notre grand Voltaire :

L'injustice à la fin produit l'indépendance.

Et si, par une suite de cette inquiète arrogance, qui ne vous permet jamais de goûter de liberté que celle qui s'appuie sur l'oppression de vos frères, vous allez encore avoir, ô Anglais! à pleurer la perte de l'Irlande si long-temps par vous, et si injustement avilie ; repentez-vous ; frappez votre poitrine ; accusez-vous, et cessez d'accuser vos voisins de l'orage et des maux infinis que vous seuls avez attirés sur votre patrie malheureuse.

J'ai prouvé, par vos procédés affreux envers nous, qu'il ne vous était dû, de notre part, qu'anathème et vengeance; et cependant, Anglais, vous êtes les agresseurs !

J'ai prouvé que, si la France eût suivi l'impulsion du plus juste ressentiment, elle eût dû secourir l'Amérique, la prévenir même, et hâter l'instant de son indépendance; et cependant, Anglais, vous êtes les agresseurs !

J'ai prouvé que tournant contre l'honneur de nos ministres l'effet de leur condescendance pour vos embarras, vous prétendez les couvrir du ridicule ineffaçable d'avoir sans cesse arrêté d'une main ce que vous les accusez d'avoir encouragé de l'autre; qu'au lieu de leur rendre grâces du peu de fruit que l'Amérique a tiré des faibles efforts du commerce, vous mettez ces efforts sur le compte de leur perfidie : en cela même, Anglais, vous êtes des agresseurs très-malhonnêtes et très-ingrats.

Cependant, passe encore pour injurier. C'est votre manière de vous défendre, elle est connue; et quand on s'est fait une mauvaise réputation, il reste au moins à jouir du triste privilége acquis par elle. On sait bien que, dans votre style, il en est, ô Anglais ! de la *perfidie* de la France comme de la *poltronnerie* des Américains qui ont fait mettre armes bas à vos troupes, et vous ont chassés de leur pays. A vous donc permis d'injurier tout le monde.

Mais déraisonner pour le seul plaisir d'outrager, déraisonner dans un écrit grave, et soumis au jugement des raisonneurs de l'Europe, n'est-ce pas abuser à la fois de toutes les façons d'être audacieux ? Car enfin, si le roi de France eût eu le dessein de secourir secrètement l'Amérique, il eût au moins voulu le faire efficacement ; et dans ce cas, il ne fallait pas un grand effort pour deviner qu'en prêtant seulement un million sterling aux Etats-Unis, une espèce de proportion, à l'instant rétablie entre le numéraire et le papier de leur pays, aurait soutenu le crédit et l'émulation générale, eût augmenté l'ardeur des soldats par la réalité de la paye, et peut-être eût mis les Américains, sans autre secours, à portée de terminer promptement leur guerre. Economie, ou libéralité qui nous eût épargné près de quatre cents millions, que notre protection militaire nous à déjà coûtés !

Donc, si la morale ou la noble politique du roi de France l'empêcha de prendre ce parti, c'est que ce roi, jeune et vertueux, ne voulut pas permettre ce qu'il ne pouvait pas avouer. Toute sa conduite subséquente est la preuve de cette assertion. — Mais pourquoi donc ce roi si juste a-t-il subitement renoncé à sa neutralité pour s'allier avec l'Amérique ? — Ecoutez-moi, lecteur, et pesez mes paroles : cette réponse est la fin de tout.

Après avoir demeuré long-temps spectateur passif, et tranquille de la guerre existante, le roi de France instruit, par les débats du Parlement d'Angleterre et par le succès des armes américaines ; que, malgré les efforts des Anglais, pendant trois campagnes successives, la force des événements séparait enfin l'Amérique de l'Angleterre : instruit aussi que les meilleurs esprits de la nation anglaise s'accordaient à penser, à dire hautement dans les deux chambres, qu'il fallait à l'instant reconnaître l'indépendance des Américains, et traiter avec eux sur le pied de l'égalité : le roi ne pouvant plus se tromper sur le véritable objet des armements de l'Angleterre, lorsqu'il voyait le peuple anglais demander à grands cris la guerre contre lui, faire offre de lever la milice nationale à ses frais, et de fournir volontairement, par chaque *shire* ou comté, un certain nombre de soldats, pourvu qu'ils fussent employés contre la France : s'étant d'ailleurs bien assuré que les amiraux anglais qui avaient nettement refusé de servir contre l'Amérique, étaient néanmoins nommés à des commandements d'escadres qui ne pouvaient donc plus la menacer : trop certain enfin des millions qu'on répandait et des efforts on fesait pour diviser les esprits, tant ceux du congrès en Amérique, que ceux de la députation en France; et surtout connaissant bien l'espoir secret qu'on avait à Londres, d'engager les Américains, par l'offre inopinée de l'indépendance, à se réunir aux Anglais contre la France, à la punir par une guerre sanglante et combinée, de trois ans de froideurs et de refus de s'allier à l'Amérique. Pressé par tant de motifs accumulés, le roi s'est déterminé; mais publiquement et sans aucun mystère; mais sans déclarer la guerre aux Anglais, encore moins la leur faire sans la déclarer, comme ils en ont établi l'odieux usage, sans vouloir même entamer des négociations préjudiciables à la cour de Londres, et par une suite modérée de la neutralité qu'il avait adoptée : le roi, dis-je, s'est enfin déterminé à reconnaître l'indépendance de l'Amérique, à former un traité de commerce avec les nouveaux Etats-Unis; mais sans exclusion de personne, pas même des Anglais à la concurrence de ce commerce.

Certes, si les règles de la justice, de la prudence et le soin de sa propre sûreté n'ont pas permis au roi de différer plus long-temps cette reconnaissance d'un honorable affranchissement et d'une indépendance dont les Anglais se flattaient de faire tourner bientôt leur honteux aveu contre nous-mêmes; au moins faut-il convenir qu'aucun acte aussi intéressant, ssi grand, aussi national, ne s'est fait avec plus de modération, de candeur, de noblesse et de simplicité; tous caractères absolument opposés à la *perfidie* dont l'insolence anglaise a voulu tacher la France et le roi dans son *Mémoire justificatif*: c'est ce qu'il fallait prouver.

Quant à moi, dont l'intérêt se perd et s'évanouit devant de si grands intérêts; moi faible particulier, mais courageux citoyen, bon Français, et sincère ami du brave peuple qui vient de conquérir sa liberté; si l'on est étonné que ma faible voix se mêle aux bouches du tonnerre qui plaident cette grande cause, je répondrai qu'on n'a besoin de puissance que pour soutenir un tort, et qu'un homme est toujours assez fort quand il ne veut qu'avoir raison. J'ai fait de grandes pertes; elles ont rendu mes travaux moins utiles que je ne l'espérais à mes amis indépendants : mais comme c'est moins par mes succès que par mes efforts que je dois être jugé, j'ose encore prétendre au noble salaire que je me suis promis, l'estime de trois grandes nations, la France, l'Amérique, et même l'Angleterre.

P. A. CARON DE BEAUMARCHAIS.

AVERTISSEMENT

DE L'ÉDITEUR

Au sujet de la Requête à la Commune, et des Six Époques.

Pendant le cours de la révolution, M. de Beaumarchais ne songea qu'à être obscurément utile, à secourir les malheureux ouvriers de son arrondissement, dont les événements suspendaient les travaux, à servir son pays par quelques opérations de haut commerce que lui seul pouvait entreprendre, et qui vinrent s'offrir à lui plutôt qu'il ne les chercha. On ne le vit aspirer à aucune place, paraître dans aucun club, et haranguer dans aucune assemblée.

On le porta malgré lui à la commune. Ses envieux voulurent l'en éloigner et n'y parvinrent pas.

Dans ces temps d'anarchie, il suffisait

d'être riche ou qualifié, ou éminent en mérite, pour être massacré ou guillotiné ; il courut les plus grands dangers. La maison qu'il avait construite dans un genre nouveau pour embellir un des quartiers alors les plus négligés de Paris, devint la source de mille accusations portées contre lui par des gens qui désiraient s'enrichir de ses dépouilles. Il les repoussa toutes, fut légalement justifié malgré la rage de l'envie et de la haine, recouvra ce qui restait de ses biens mis vingt fois sous le scellé, et finit enfin ses jours dans cette maison qu'on avait voulu lui enlever tant de fois.

Ces nombreuses accusations portées contre un citoyen paisible, et qui n'était revêtu d'aucun emploi public, rappellent à l'homme instruit que le plus célèbre des Romains fut cité quarante fois, comme coupable devant le peuple, qui le renvoya quarante fois absout.

Ainsi deux hommes qui ne se ressemblaient point, si ce n'est par un ardent amour de leur patrie, eurent cependant, dans des siècles et dans des pays qui différaient en tout, un rapport assez singulier, celui d'être toujours accusé et toujours justifié.

La gravité peut-être trop affectée du premier, la légèreté plutôt apparente que réelle du second, firent croire à leurs envieux qu'ils parviendraient à les perdre dans l'esprit public, et l'intégrité de leur conduite les montra toujours exempts de reproche dès qu'on porta l'œil scrutateur de la justice sur leur conduite.

Les pièces qu'on lira dans la suite de ce volume sont d'un ton plus grave que les Mémoires précédents. Mais dans des jours atroces la plaisanterie, les sarcasmes eussent été trop déplacés. Ce n'était pas quand les trônes s'écroulaient, quand les Français commettaient un crime, dont les seuls Anglais avaient donné l'exemple au monde, qu'on pouvait employer pour sa propre défense l'arme du ridicule, et M. de Beaumarchais était trop profondément affecté des malheurs publics pour que ses discours ne se ressentissent pas de sa peine intérieure.

On sera frappé, en les lisant, de l'effort qu'il se fesait pour surmonter son indignation. On y sentira le courage d'un honnête homme aux prises avec la férocité, l'intrigue, la fraude, et qui, attaqué par des tigres, cherche à les faire rougir de leur soif du sang et de leur propre inconséquence; loin de s'en laisser intimider, il trace le tableau de leurs crimes, leur peint l'horreur qu'ils inspirent, et les avertit que leur perte s'approche.

Les six époques seront utiles aux historiens; elles leur feront connaître quel désordre régnait alors dans l'administration, et quelles accusations atroces on vociférait à la tribune, sans la moindre preuve contre les hommes les mieux intentionnés. Elles leur en donneront une idée plus juste que tout ce qu'ils liront dans les journaux et dans les autres écrits de ces temps horribles.

REQUÊTE

A MM. LES REPRÉSENTANTS

DE LA COMMUNE DE PARIS;

Par Pierre-Augustin Caron de Beaumarchais, membre de ladite Représentatioin.

Messieurs,

Le nom de *citoyen français* est devenu d'un si grand prix, qu'aucun homme ne peut souffrir que l'on altère en lui la pureté d'un si beau titre.

En repoussant aux yeux de tous l'horrible injure qui m'est faite, c'est votre cause, ô citoyens, que je défends plus que la mienne : vous avez tous des ennemis, mais vous n'êtes pas tous armés contre leurs coups, leurs attentats. Aujourd'hui moi, demain ce sera vous; et s'ils viennent à soupçonner que l'assemblée prête l'oreille à leurs affreuses délations, aucun de vous n'est plus en sûreté.

Ecoutez-moi donc, citoyens; je vais dévoiler des horreurs qui intéressent tous les hommes.

Lorsqu'on commençait l'an passé à concevoir des inquiétudes sur la cherté, la rareté des grains, des ennemis, trop méprisables pour se montrer à découvert, firent répandre parmi le peuple inquiet, que j'étais un accapareur, que mes maisons étaient pleines de blé. On le fit placarder la nuit sur toutes mes portes et dans les rues voisines. Je m'en plaignis aux magistrats qui firent courir des patrouilles déguisées, pour s'assurer des placardeurs ; on ne put se saisir d'aucuns.

Depuis, dans les premiers moments de l'effervescence du peuple, ma personne et mes possessions ont couru les plus grands dangers. J'étais désigné hautement pour troisième victime, lorsqu'on pilla les deux maisons d'*Henriot* et de *Réveillon*.

Un grenadier des gardes-françaises ayant reconnu l'un de ces incendiaires qui criaient dans tout le faubourg qu'il fallait brûler mes maisons, crut devoir le faire arrêter et conduire à la caserne de Popincourt, par quatre ou cinq soldats du guet. Mais l'incendiaire avait ses protecteurs, il leur fit parvenir ce qui lui arrivait. Le lendemain, allant monter sa garde, le pauvre grenadier fut mis (comme on le sait) pour trois semaines en prison à Versailles, et cependant cet incendiaire n it qu'un vil portier, chassé de ma maison, qu'un des faux témoins reconnus dans l'instruction du procès Kornman.

Quand je citai ce fait du grenadier devant votre noble assemblée, je fus surpris du peu d'effet que ma déclaration produisit. Le fil dont je tenais le bout me semblait pouvoir vous conduire au labyrinthe inextricable que vous cherchez à pénétrer. Un incendiaire reconnu! Son dénonciateur mis en prison au lieu de lui! J'en ai conclu que, sur ces faits, vous êtes plus savants que moi.

Puis, quand le désespoir changea ce peuple si soumis, en conquérant de la Bastille, quand il crut devoir s'assurer des gens suspects à la patrie, mes incendiaires et tous leurs commettants ne manquèrent pas de crier dans les places publiques que non seulement j'avais des blés cachés, mais plus de douze mille fusils que j'avais engagés au prévôt des marchands *Flesselles*; que des souterrains de chez moi communiquaient à la Bastille, par où des soldats ennemis s'y introduisaient en secret; que j'étais un agent des grands ennemis de l'Etat, et qu'il fallait me massacrer, piller et brûler mes maisons. La lâcheté ne peut aller plus loin!

Tous mes amis épouvantés me suppliaient de m'éloigner. Mais moi dont la religion est que, dans les grands troubles, un citoyen zélé doit rester à sa place, se rendre utile et faire son devoir (car où en serions-nous, bon Dieu! si tout le monde s'enfuyait) ? j'ai osé braver le péril, j'ai monté la garde la nuit, et suivi dans le jour tous les travaux de mon district.

Pendant ce temps je suppliais et la Ville et tous les bureaux, qu'on visitât mes possessions, et qu'on apprît au moins au peuple qu'il était abusé sur moi par d'exécrables scélérats.

Après bien des soins et du temps, j'ai obtenu péniblement qu'une de ces visites se fît dans ma maison, vieille rue du Temple; six commissaires ont constaté la fausseté des bruits qu'on avait répandus.

Mais le district des Blancs-Manteaux, dans lequel j'occupais cette maison de location, m'ayant refusé durement de visiter mes vraies propriétés, parce qu'elles étaient, dit-il, dans le faubourg Saint-Antoine, j'ai couru m'aggréger au district de mes possessions. J'y ai posé mon domicile, espérant bien en obtenir cette visite refusée.

Une grande rumeur, l'inquiétude d'une révolte occasionnée par la misère, y agitaient tous les esprits. En m'agréant avec honneur, l'assemblée me peignit l'état du faubourg si pressant, surtout si dangereux pour la tranquillité publique, que sans trop consulter mes embarras actuels, l'âme suffoquée de douleur, je contribuai d'une somme de douze mille livres au soulagement de ce peuple.

J'avais payé aux Blancs-Manteaux ma demi-capitation pour le soutien de nos soldats; je donnai, quatre jours après, la même somme à mon nouveau district pour le même service militaire, mais je refusai de m'asseoir au comité qui m'avait adopté, jusqu'à ce qu'on eût fait une visite sévère de mes différentes maisons. Il ne convient pas, écrivis-je, qu'un homme suspecté de trahison d'État s'asseye avec les citoyens, tant qu'il n'est pas justifié ce que les visites seules de mes possessions peuvent faire.

Dix jours se sont passés avant que je les pusse obtenir, et pendant ces dix jours je n'ai point paru au district. On peut juger, à ces détails, si j'y mettais de l'ambition.

Enfin, la Ville ayant ordonné, à ma pressante réquisition, que douze commissaires se transporteraient chez moi, les visites furent effectuées.

Je remis alors un Mémoire à votre assemblée même, pour obtenir que les procès-verbaux qui fesaient ma tranquillité, fussent imprimés et placardés. La multitude des affaires a laissé douze jours cette demande sans réponse. Je courais le plus grand danger sous cette suspicion du peuple.

Pendant ce temps, je travaillais au comité de Sainte-Marguerite, où j'ai donné différents plans de bienfesance, agréés, j'ose dire, avec acclamation; où, pour tourner tous les esprits du peuple sur des objets moins affligeants, ma motion pour le mariage d'un jeune homme du faubourg tous les ans, le 14 juillet, anniversaire de la Bastille, a été appuyée par moi d'une somme de 1,200 liv.

Bientôt l'assemblée du district a procédé à la nomination d'un troisième député, son représentant à la vôtre. Je n'en avais aucun avis; le hasard seul m'y fit trouver, croyant n'aller qu'au comité. J'y fus nommé député du district, à la très-grande majorité. Je voulus en vain m'en défendre; on me força de l'accepter.

Je crois bien, en effet, que, dans ce quartier de douleur où l'administration doit être si compatissante et si douce, j'eusse été plus utile en travaillant au comité, qu'en représentant le district à l'assemblée de la commune, où l'homme le plus sage est, selon moi, celui qui écoute et qui parle le moins. Car, un des grands inconvénients de toute nombreuse assemblée est l'éternité des débats sur les points les moins contestables.

Je n'avais pas, après huit jours, obtenu, moi représentant, cette permission d'imprimer les procès-verbaux des visites qu'on avait faites dans mes maisons. Les bruits infâmes continuaient; ma personne et mes possessions étaient dans le même péril, lorsque six députés des Blancs-Manteaux sont venus me dénoncer à l'assemblée de la commune, comme un fuyard de leur district qu'ils avaient droit de réclamer. Ils ont soutenu que les mécontentements qui m'avaient engagé à me présenter au faubourg, n'étaient que des cris de cabale que j'aurais bien dû mépriser ; que mon chef-lieu étant dans leur district, ils demandaient que j'y fusse renvoyé, et que celui de Sainte-Marguerite nommât un autre député.

Quelqu'obligeant que fût pour moi le plaidoyer des Blancs-Manteaux, je défendis mon nouveau domicile, en assurant que le bien seul que j'espérais faire au faubourg avait déterminé mon choix.

Après un débat de deux heures, les députés et moi rentrés, on m'apprit *que j'appartenais au district de Sainte-Marguerite, où je remplirais désormais tous mes devoirs de citoyen.* J'en rendis grâces à l'assemblée, mais je profitai du moment pour vous dire que je courais le risque d'y remplir bien mal mes devoirs, si vous ne daigniez pas veiller à ma tranquillité, en opposant une permission d'imprimer mes procès-verbaux de visites, au brigandage des écrits scandaleux qui me livraient à la fureur du peuple.

Votre assemblée ayant enfin égard à la justice de ma requête, m'a permis, pour ma sûreté, l'impression des procès-verbaux.

Je me croyais hors de danger. Mais tandis que divers districts du faubourg me députaient des remercîments pour le peu de bien que j'avais fait ; pendant que le respectable curé de Sainte-Marguerite venait arranger avec moi la forme des distributions des secours que j'avais donnés aux femmes, aux enfants de ses pauvres ; la rage d'ennemis inconnus me poursuivait dans un district si éloigné de moi, Messieurs, que je n'aurais jamais dû croire que l'on y prononçât mon nom.

Un libelle diffamatoire, sous la forme d'une motion dirigée, dit-on, contre moi, part du district des Récollets, et se répand dans tous les autres : on le montre à l'Hôtel-de-Ville. Avant d'en demander justice, je crois devoir bien m'assurer si M. le maire a reçu officiellement ce libelle ; car chacun aurait trop affaire, s'il s'armait ou voulait vous armer contre tant d'écrits scandaleux, contre tant d'auteurs pseudonymes dont la ville est partout remplie.

Pendant que je m'en informais, une mission m'est imposée par vous avec trois autres membres, pour examiner en commun la nomination contestée d'un des officiers militaires.

Le lendemain, un de vos présidents, M. *de Vauvilliers*, me prenant à part, m'avertit, avec l'onction d'un homme d'honneur, vraiment sensible et pénétré, qu'un *sieur Morel*, l'un des commissaires nommés, venait de lui dire que ses collègues et lui ne voulaient pas remplir leur mission avec moi. — Vous a-t-il donné ses motifs, Monsieur? — Non, me dit-il avec bonté; non, mais, si vous vouliez m'en croire, pour l'amour de la paix que ces débats altèrent, vous m'autoriseriez à demander, de votre part, qu'on charge un autre membre de la mission d'hier, quelques embarras personnels vous empêchant de la remplir. Mais, Monsieur, dis-je, ces motifs peuvent tenir à certains faits que j'ai intérêt d'éclaircir : il insista, je me rendis.

Le lendemain, en entrant à la Ville, je rencontrai le sieur *Morel*, que je priai de vouloir bien m'apprendre les motifs qui l'avaient engagé à l'acte rigoureux de refuser une mission avec moi. Sur ce qu'il m'assura que le refus venait de ses collègues, je lui observai que l'un d'eux m'avait fait là-dessus les avances les plus obligeantes. Il éluda, moi j'insistai, lui demandant de s'expliquer devant quatre de nos amis, parce que j'avais grand intérêt à démêler les causes d'une conduite aussi étrange, avant que d'en porter mes plaintes à votre honorable assemblée.

Il me renvoya sèchement au secrétariat pour l'apprendre, sans vouloir me donner aucune explication.

Entrés dans l'assemblée, nous étions tous à

l'ordre et prêts à entamer le grand travail municipal, lorsqu'un membre, à moi inconnu, se lève et dit : « Messieurs, je vous dénonce M. de » Beaumarchais qui vient de provoquer en duel » un des membres de l'assemblée. »

Vous savez bien, Messieurs, que je répondis simplement : *Si l'assemblée croit devoir préférer les affaires publiques aux miennes, qui sont bien moins intéressantes, je ne suis point pressé de me justifier. Si elle en ordonne autrement, je vais lui expliquer un fait dont l'honorable membre, qui me dénonce ici, ne peut avoir de connaissance, puisque nous étions seuls, la personne dont il parle et moi, quand il suppose que je l'ai provoquée. La plus grande preuve, Messieurs, que je ne l'ai point fait, c'est qu'un étranger vous en parle : ce n'est point là la marche de l'honneur ; aucun homme un peu délicat ne l'y aurait autorisé.*

Je pris alors la liberté, Messieurs, de rapporter le fait tel que je viens de vous le rendre. J'ajoutai seulement : *L'explication que je désirais obtenir du sieur Morel devant quatre personnes choisies, je la lui demande à présent devant soixante que nous sommes, et telle est ma provocation.*

Quant à mes motifs, les voici : Un libelle diffamatoire, sous la forme d'une motion, est *parti, m'a-t-on dit, du district des Récollets. Je n'examine point de quel droit un district empiète sur les droits d'un autre, en voulant critiquer ses choix, ni comment ce district s'arroge un droit de calomnie sur moi; je vous dénonce sa motion.*

On y articule :

Qu'on sait *à quel point je me suis lié avec les principaux agents du despotisme pour asservir cette contrée ;*

Qu'on sait *par quels affreux moyens je me suis procuré la fortune avec laquelle j'insulte le public ;*

Qu'on sait *jusqu'à quel point j'ai avili la nation française par ma cupidité* (dans mes grandes relations avec les Américains) ;

Que l'on connait *tous les malheurs dont mon avarice est la cause* (chez ce peuple que j'ai secouru);

Qu'on sait *que j'ai été chassé de mon district des Blancs-Manteaux ;*

Que l'on sait *que j'ai eu recours à la basse, à la vile intrigue pour parvenir à me faire nommer député du district de Sainte-Marguerite* (dans l'assemblée de la commune).

O citoyens! on ose articuler dans cette prétendue motion, portée en assemblée légale de bons citoyens réunis pour arrêter tous les désordres; on ose articuler, comme chef d'accusation, *que mon nom était inséré dans des listes de proscriptions, et que le peuple m'attendait dans la place de ses massacres !* Comme si l'horrible lâcheté qui a fait imprimer ces listes, pouvait servir d'inculpation contre les victimes dévouées au gré de leur inimitié! comme si la fureur d'un peuple qu'ils égarent, et des férocités duquel ils sont les seuls vraiment coupables, pouvait devenir à vos yeux un titre de réprobation !

Et une assemblée de district où personne ne me connaît, n'a jamais vécu avec moi, se rend publiquement complice de cette exécrable infamie (1).

Je vous dénonce ici cet attentat, de quelque part qu'il vienne, et j'en attends vengeance en réclamant votre justice pour en connaître les auteurs.

Hier, continuai-je, *vous avez ordonné qu'un district de Paris, qui a fait enlever des fusils*

---

(1) Je me trompe en disant que personne ne m'y connaît : on m'assure à l'instant que le sieur *Kornman* et quelqu'autre agent qui se cache ont soulevé tout ce district où leur domicile est situé ; que sept ou huit brigands, qui tous vivaient de calomnies pendant le procès Kornman, contre lesquels j'ai rendu plainte chez le commissaire *Dufresne*, conduisent cette sale intrigue; heureusement pour moi je n'ai jamais vu ni connu un seul de ces honnêtes gens.

dans le château d'un citoyen, M. Anisson du Perron, vint nous en donner ses motifs : un district aujourd'hui veut m'enlever l'honneur; je demande qu'il soit tenu de vous nommer ses motionnaires, ou de répondre devant vous du crime affreux dont il se charge ; d'autant plus grand, Messieurs, que son premier effet est sans doute l'insulte d'un refus dont j'ai demandé ce matin l'explication qui vient d'amener celle-ci. Le sieur Morel, que je ne connais pas, n'était pour moi qu'un échelon, qu'un moyen d'arriver à l'éclaircissement d'une atrocité révoltante dont tout citoyen doit frémir. Je n'y ai mis aucune vivacité ; mais quand j'en aurais mis, Messieurs, en parlant dans un lieu qui n'était pas votre assemblée, quel intérêt croit-on que vous dussiez y prendre ? Ce fait vous était étranger. Je ne craindrai point d'ajouter qu'hier matin, à cette place, deux membres débattant une question dans l'assemblée, l'un deux insulta l'autre, en qualité de financier; lequel, ne pouvant modérer sa sensibilité extrême, lui répondit imprudemment..... par l'injure la plus grossière. Cette provocation eût eu des suites fâcheuses, si le membre offensé, qui s'était emporté trop loin, n'eût désavoué, sur nos représentations, le mot qui lui était échappé dans un mouvement de colère dont il n'avait pas été maître. Vous avez cru dans votre sagesse ne devoir donner nulle suite à cette rixe véhémente ; à plus forte raison, Messieurs, n'y a-t-il pas lieu, selon moi, de délibérer sur une prétendue provocation de duel, qui n'a pas existé de ma part, que je nie hautement, et qui, fût-elle bien prouvée, n'intéresse en rien l'assemblée, puisqu'elle se serait faite à bas bruit, sur un escalier, et loin d'elle : à moins qu'il ne suffise qu'une chose très-simple ait quelque rapport avec moi, pour mettre ici tout le monde en rumeur : ce que je suis bien loin de supposer. La plainte que je vous porte contre l'atrocité du libelle que je dénonce, a seule une vraie importance, et je vous prie d'y faire droit.

Tel fut, Messieurs, mon plaidoyer. Vous nous fîtes sortir, le sieur *Morel* et moi, pour délibérer librement. Vos débats durèrent six heures, à mon très-grand étonnement ; et ma surprise fut extrême, quand votre président, Messieurs, m'apprit, au nom de l'assemblée, que, *sur la dénonciation de propos violents tenus par moi, et sur les inculpations de quelques districts*, DONT JE DEMANDAIS A ME JUSTIFIER, l'assemblée avait arrêté que je m'absenterais jusqu'à ce qu'elle eût prononcé sur l'une et l'autre affaire.

J'eus l'honneur de vous observer que j'avais désavoué cette provocation d'un duel qu'on me prêtait gratuitement. A quoi le président répondit qu'aussi l'arrêté ne parlait-il que d'une dénonciation faite, et non d'une chose jugée.

Sur la seconde question, j'observai que seul j'avais investi l'assemblée de l'affaire du libelle par la plainte que j'en portais; que n'ayant point exprimé cette plainte en la donnant comme formée sur des inculpations *dont j'entendais me justifier*, mais seulement contre une atrocité dont je vous demandais justice; l'énoncé de votre arrêté ne me paraissait point avoir cette exactitude honorable qui caractérisait les autres.

D'ailleurs, ai-je ajouté, *Messieurs, le droit très-certain de juger dont est pourvue cette assemblée* N'EMPORTE POINT LE DROIT DE PRÉJUGER. *Et l'exclusion d'un membre étant la plus forte peine d'une faute quelconque dont vous l'auriez jugé coupable; l'invitation de s'absenter avant que vous sachiez s'il est coupable ou non, me semble outre-passer le droit respectable d'un juge.*

De plus, vous n'êtes point, Messieurs, la municipalité de la ville, mais une assemblée provisoire, établie pour la composer, en exerçant ses droits aussi par provision. Si l'abondance de vos travaux vous forçait d'oublier mon affaire, ou de l'éloigner à tel point que, la municipalité formée, votre mission vînt à finir avant que vous m'eussiez jugé, il en résulterait deux maux : l'un, de me laisser sous le coup d'une horreur, de laquelle je vous ai demandé justice ; l'autre, que pendant ce temps vous auriez privé mon district de l'appui de son député ; car il n'en peut nommer un autre, avant que d'avoir eu la preuve tirée de votre jugement, que son choix méritait d'être improuvé par vous. Je demande donc à rester ; ou la parole de l'assemblée qu'elle va s'occuper SANS DÉLAI ET SANS SUSPENSION *de l'arrêt que je sollicite : alors je ne regarderai point comme une peine préjugée, mais comme une chose d'usage, l'invitation de m'absenter pendant qu'on instruit mon affaire.*

M. le président, Messieurs, a bien voulu, en votre nom, m'assurer qu'on allait s'occuper *sans délai* de faire droit à mes demandes, et qu'on me ferait avertir pour procéder aux éclaircissements. J'ai salué la compagnie, et me suis retiré pour qu'on délibérât sur moi.

Voilà quinze jours écoulés, sans que j'aye aucune nouvelle. Puis-je rester dans cet état ? Vous ne le voulez pas, Messieurs ! Vous ne souffrirez pas qu'on dise que cette étrange ardeur qui semble animer tant de monde, quand on espère m'inculper, se tourne en glace quand il faut me rendre la moindre justice!

Quoi qu'il en soit, comme mon devoir est d'aider à votre instruction par tous les moyens de mon fait; prenant exemple sur M. le comte *de Parois*, sur son argument à l'anglaise, par lequel il s'engage à donner mille écus à celui qui pourra prouver une accusation qu'il repousse; je déclare, ainsi qu'il l'a fait dans le journal de cette ville, que je payerai mille écus à tel qui prouvera que *j'aye été chassé du district des Blancs-Manteaux*, lequel m'est venu réclamer devant vous, comme lui appartenant de droit : démarche bien contraire à l'atrocité supposée par le district des Récollets.

Je déclare que je payerai mille écus à celui qui prouvera que *j'aye usé d'aucune intrigue pour me faire nommer député du district de Sainte-Marguerite, à l'assemblée de la Commune*, où j'étais loin de désirer d'entrer; sachant d'avance combien j'y serais inutile aux intérêts de tous mes commettants.

Je déclare, par extension, que je donnerai mille écus à celui qui prouvera que *j'aye jamais eu chez moi*, depuis que j'ai aidé généreusement l'Amérique à recouvrer sa liberté, *d'autres fusils* que ceux qui m'étaient utiles à la chasse. Autres mille écus, si l'on prouve la moindre relation de ce genre entre moi et M. *de Flesselles*, à qui je n'ai parlé que deux fois en ma vie. Et sachez, citoyens, que, lorsque le district du Sépulcre vint me montrer, par députés, cette infâme dénonciation qu'on avait faite à son bureau, je conduisis aux Blancs-Manteaux un manufacturier d'armes, de Charleville, qui déclara, dans ce district, que c'était lui, *et non pas moi*, qui avait offert à la ville, au prévôt des marchands *Flesselles*, et aux électeurs assemblés, de leur fournir douze ou quinze mille fusils sous huit jours : les ayant, disait-il, en caisses au magasin de Charleville. Mais, comme, en déclarant qu'il se nommait *Preffort*, il avait ajouté qu'il demeurait Vieille rue du Temple; vous concevez bien, citoyens, que mes scélérats d'ennemis, sur ce léger rapport de rue, n'ont pas manqué de répandre partout que j'étais un traître à l'État; que j'avais douze mille fusils dans ma maison, Vieille rue du Temple; que je les avais proposés au prévôt des marchands *Flesselles*, pour foudroyer les citoyens ; car voilà comme tout s'enchaîne, sitôt qu'il est question de moi.

Je déclare que je payerai mille écus à qui prouvera que *j'ai des souterrains chez moi, qui communiquent à la Bastille*, ainsi qu'on l'a fait croire au peuple pour l'exciter à me piller et me brûler.

Que je donnerai deux mille écus à celui qui prouvera que *j'aye eu la moindre liaison* avec aucun de ceux qu'on désigne aujourd'hui sous le nom des Aristocrates, *avec les principaux agents du despotisme, pour asservir cette contrée* (ce sont les termes du libelle).

Et je déclare, pour finir, que je donnerai dix mille écus à celui qui prouvera que *j'ai avili la nation française par ma cupidité*, quand je secourus l'Amérique, propos qui se rapporte à la très-lâche imputation qu'ils m'ont faite dans cent libelles. pendant le procès Kornman, d'avoir envoyé, il y a douze ans, aux insurgents américains, des armes, des munitions, des marchandises détestables, que je leur vendais comme bonnes, *à cent pour un de leur valeur*, pendant que j'ose me vanter de procédés très-généreux envers cette grande nation, *dont mon avarice*, dit-on, *a occasionné les malheurs* (1).

─────────

(1) Un ouvrage considérable où mes services rendus à ce peuple alors insurgent, depuis devenu souverain, et que d'autres fripons (car tous ne sont pas en Europe) ont rendu injuste envers moi, fera bientôt gémir la presse. Il ne laissera rien à désirer sur le plus grand événement du siècle (la liberté de l'Amérique) *auquel j'ai plus contribué* que tout autre. Qu'on se souvienne de ce mot(*).

(*) Les troubles qui survinrent bientôt après empêchèrent cet ouvrage de paraître. On ne l'a pas retrouvé dans les papiers de M. de Beaumarchais.

Voilà, certes, bien des moyens de gagner quelque peu d'argent, pour les auteurs de la motion du district des Récollets, dont le métier peu lucratif est de calomnier à 12 sous par paragraphe.

Mais comme j'espère bien ne pas me ruiner par ces offres, je demande, Messieurs, que si les libellistes ne prouvent aucun de leurs dires, s'ils ne gagnent point mon argent, ils soient dévoués par vous à l'exécration générale.

Ces écumeurs travaillaient en sous-ordre sous les deux chefs de bande, qu'un arrêt de cour souveraine a condamnés en 2000 liv. de dommages et interêts envers moi, comme CALOMNIATEURS, *instigateurs de faux témoins*, de l'un desquels M. l'avocat général disait dans son éloquent plaidoyer : *cet homme audacieux qui ne connaît rien de sacré quand il s'agit de calomnier!* Je ne me permettrai de plainte que contre l'un de ces deux hommes. Mon profond respect pour le Temple où l'autre s'est réfugié, le rend presque sacré pour moi. O ma nation! quels sacrifices n'avez-vous pas droit d'exiger d'une âme vraiment citoyenne!

Ils disent que *ma vie est un tissu d'horreurs*, les malheureux! tandis qu'il est de notoriété que j'ai passé ma vie à être le père, le nourricier de tout ce qui m'est proche. Ils me condamnent à dire du bien de moi, à force d'en dire du mal.

Attaqué par des furieux, j'ai gagné avec trop d'éclat peut-être tous les procès qu'ils m'ont suscités, *car je n'en ai jamais fait à personne ;* quoique, pour les plus grands bienfaits, j'aye éprouvé, j'ose le dire, une ingratitude constante, inouie, presque universelle.

J'ai subi, entre autres tourments, cinq procès très considérables.

Le premier en Espagne, pour les intérêts d'une sœur mourante, au secours de qui je courus. Le crédit de mon adversaire manqua de m'y faire périr. Grâce au ministre M. *Whall*, le roi d'Espagne me rendit la justice la plus éclatante, chassa mon ennemi de ses places, et le fit traîner en prison, malgré mes efforts généreux pour faire modérer sa peine.

Mon second procès fut contre l'héritier *Duverney*. Après l'avoir gagné aux requêtes de l'hôtel, puis perdu par appel, au rapport d'un M. *Goëzman ;* avoir fait casser cet arrêt inique, au conseil ; m'être vu renvoyé, pour le fond, au Parlement d'Aix ; après cinquante-trois séances, et l'examen le plus sévère, ce Parlement a condamné le légataire *Duverney* à me payer la somme de 80,000 francs ; surtout l'a condamné en 12,000 fr. de dommages intérêts envers moi, *pour procédures tortionnaires, et pour raison* DE LA CALOMNIE. C'était pour obtenir ce *subs-*

tantif dans un arrêt, que je plaidais depuis huit ans. Le reste me touchait fort peu. J'employai cet argent à marier de pauvres filles, et je partis de la Provence, comblé des félicitations des riches, et des bénédictions des pauvres. Mon adversaire lui-même eut à se louer de ma noblesse : à la prière de ses amis, je modérai les frais énormes auxquels il était condamné, en lui accordant un long terme pour me payer toute la dette; car ma colère s'éteint toujours au moment où finit le combat.

Le troisième, si connu, fut mon fameux procès contre le conseiller *Goëzman*. Alors l'iniquité fut portée à l'excès. J'aurais dû périr mille fois; mon seul courage m'a sauvé. Quatre ans après, le parlement de Paris, sur un ordre émané du roi, de revoir cette affaire, m'a rendu, par un arrêt d'éclat, l'état de citoyen qu'un autre arrêt m'avait ravi.

Un quatrième grand procès m'a été intenté par les héritiers de ma femme. Après quinze ans d'une spoliation avérée, ils m'ont plaidé, vexé, dénigré pendant dix ans consécutifs; puis *trois arrêts du parlement de Paris* les ont condamnés, envers moi, en tous les dommages, les frais, les capitaux, les intérêts du procès; et comme toute leur fortune ne suffisait pas au payement, ils se sont jetés à mes pieds, et je leur ai fait grâce d'une partie de ma créance, en consentant que tout le reste ne me rentrât qu'après leur mort. Puissent-ils en jouir long-temps!

Mon cinquième et dernier procès est celui de ce *Kornman*. On sait avec quelle fureur ils ont acharné contre moi la *populace de la plume*, tous les *meurs-de-faim* de Paris, et comment un célèbre arrêt les a bien déclarés MES CALOMNIATEURS. Mais ce qu'on ne sait pas encore, c'est comment l'honnête *Kornman*, qui fesait plaider au palais que la dot de sa femme était déposée, prête à rendre, a tout soldé depuis l'arrêt, par une belle déclaration *qu'il ne possède rien au monde; que, suivant un accord honnête entre son frère et lui, la maison même qu'il occupe et les meubles qui la garnissent, appartiennent à ce frère depuis l'époque de la banqueroute qu'ils firent en* 1782. O malheureuse mère! épouse infortunée! c'était bien la peine de plaider si long-temps, pour arriver, après l'arrêt, à la conviction douloureuse que votre bien était dilapidé! Voilà donc, grâce à votre époux, l'affreux sort qui vous attendait!

Telle est l'espèce de gens qui me poursuit encore, en armant sourdement contre moi ce qu'il y a de plus vil à Paris. Que serait-ce donc, juste ciel! si j'eusse perdu tous ces procès! puisque, les ayant tous gagnés, mes *calomniateurs* trouvent encore le secret de troubler ma vie sans relâche ; puisque mille gens, dans le monde, qui ne réfléchissent sur rien, se rendent les tristes échos des horreurs et des turpitudes que ces brigands leur soufflent aux oreilles.

Maintenant voulez-vous savoir de quoi ma vie s'est glorifiée ?

Pendant huit ans, la famille royale, et M. le dauphin, père du roi, ont, au vu de toute la France, honoré ma jeunesse d'une bienveillance particulière.

Ayant eu depuis le bonheur de rendre un grand service à l'*École militaire*, de faire doter cet établissement, ouvrage de M. *Duverney* ; ce vieillard vénérable a toujours conservé pour moi la plus vive reconnaissance. Il m'a très-tendrement aimé. Je lui dois le peu que je vaux.

Puis le feu *prince de Conti*, qui combattit si fièrement les attentats de nos ministres, lors de la subversion de la magistrature, m'a honoré jusqu'à sa mort d'une tendresse paternelle. Tout Paris a su que le jour qu'un très-inique arrêt *m'honora*, même en me *blâmant*, ce prince me fit l'honneur de venir lui-même chez moi me prier à souper, avec toute la France, au Temple, en me disant d'un ton céleste : *Monsieur, nous sommes, je crois, d'assez bonne maison, mon neveu et moi, pour donner l'exemple au royaume de la manière dont on doit traiter un grand citoyen comme vous.* On juge si je me prosternai.

Enfin, et sans parler de mes liaisons politiques, je citerai l'estime et l'amitié constantes dont m'honora M. le comte *de Maurepas*, cette âme douce et le dernier de tant de puissants protecteurs ! Tout cela, ce me semble, devrait bien rendre circonspects les gens qui, ne me connaissant point, font le méprisable métier de déchirer un homme pacifique, dont la destinée singulière fut d'avoir ses amis dans l'ordre le plus grand, et ses ennemis dans la boue.

Certes ! la plus horrible accusation de ces derniers, c'est d'avoir osé m'imputer *d'être lié avec vos oppresseurs.*

Et comment, citoyens, pourrait-on le penser ? Moi qui, depuis près de dix ans, vis dans la disgrâce connue de Versailles et de ses entours, parce que mon caractère libre, ennemi de toute servitude, s'y est toujours montré à découvert ; que je n'ai fléchi le genou devant nulle idole encensée !

N'est-ce pas moi qu'ils ont puni d'avoir fait servir l'arme du ridicule (la seule que l'on pût employer au théâtre) à fronder les abus de leur crédit, de leur puissance, ou de leurs places ; qu'ils ont puni, en irritant contre mes phrases, et les falsifiant à ses yeux, l'homme le plus juste et le meilleur des rois ?

Leur fureur a causé ma détention de quatre jours, et dans un lieu si ridicule, qu'ils regardèrent cela comme une excellente gaîté (1). C'est à la justice du roi que j'ai dû l'ordre prompt de sortie, auquel je refusais si obstinément d'obéir, voulant être jugé et puni très-sévèrement si j'étais coupable du crime d'avoir offensé un bon roi, qui comprit, sans doute bientôt, qu'on lui en avait imposé. Au moins l'ai-je très-bien prouvé dans un Mémoire aussi respectueux qu'énergique que lui présenta son ministre, et que je n'ai pas imprimé.

N'est-ce pas moi qui, le premier, dans la tyrannie la plus dure contre la liberté de la presse, osai couvrir de ridicule le despotisme des censures, qui portant partout le dégoût d'avoir vu de trop près la politique de nos cours, en ai donné certain portrait qu'on trouvait assez ressemblant ?

De même que cette définition du vil métier de courtisan : *recevoir, prendre et demander, voilà le secret en trois mots* ; applaudie à notre théâtre, et depuis applaudie de nouveau à l'assemblée nationale, quand un membre du souverain n'a pas

---

(1) A Saint-Lazare.

cru au dessous de lui de la rajeunir en ces termes ; *il n'est que trois moyens d'exister, d'être mendiant, voleur ou salarié.*

N'est-ce pas moi qni, pendant le règne despotique d'un prêtre, lequel voulait tout asservir, eus le courage de faire chanter, avec quelque risque, au théâtre, ces vers trop difficiles à dire à Paris, sans musique ?

> Pontifes ! pontifes adroits !
> Remuez le cœur de vos rois.
> Quand les rois craignent,
> Les prêtres règnent,
> La tiare agrandit ses droits.

N'est-ce pas moi qui, dans le même ouvrage, osai donner les éléments de *la Déclaration des Droits de l'Homme*, en fesant dire à la *Nature* par la peuplade qui l'invoque ?

> O bienfesante déité !
> Ne souffrez pas que rien altère
> Notre touchante égalité ;
> Qu'un homme commande à son frère.

Et ces vers qui complètent le sens moral de tout l'ouvrage :

> Mortel, qui que tu sois, prince, prêtre ou soldat,
> Homme ! ta grandeur sur la terre
> N'appartient point à ton état,
> Elle est toute à ton caractère.

Et cette leçon terrible à tout despote qui vou-

Époques. V.

drait abuser d'un pouvoir usurpé par la force :

> Roi féroce, as-tu donc compté,
> Parmi les droits de ta couronne,
> Celui du crime et de l'impunité ?
> Ta fureur ne peut se contraindre;
> Et tu veux n'être pas haï !
> Tremble d'ordonner. —
>   — Qu'ai-je à craindre ?
> — De te voir toujours obéi,
> Jusqu'à l'instant où l'effrayante somme
> De tes forfaits déchaînant leur courroux.....
> Tu pouvais tout contre un seul homme;
> Tu ne pourras rien contre tous.

Et ce tableau prophétique et *prévu* du roi chéri d'un peuple libre qui le couronne avec transport :

> Enfants, vous l'ordonnez, je garderai ces fers;
> Ils seront à jamais ma royale ceinture;
> De tous mes ornements, devenus les plus chers,
> Puissent-ils attester à la race future,
> Que, du grand nom de roi, si j'acceptai l'éclat,
> Ce fut pour m'enchaîner au bonheur de l'état !

Et ces vers sur la vanité de la naissance : (*à la Nature.*)

> Au moins vous employez des éléments plus purs,
> Pour former les puissants et les grands d'un empire?
> (*Rép.*) C'est leur langage, il faut bien en sourire;
> Un noble orgueil les en rend presque sûrs.

Et ceux-ci, dans la bouche de la *déesse* parlant

à deux êtres créés, dont elle vient de fixer le sort :

> Enfants, embrassez-vous : égaux par la nature,
> Que vous en serez loin dans la société !
> De la grandeur altière à l'humble pauvreté,
> Cet intervalle immense est désormais le vôtre ;
> A moins que de Brâma la touchante bonté,
> Par un décret prémédité,
> Ne vous rapproche l'un de l'autre,
> Pour l'exemple des rois et de l'humanité !

Voilà, citoyens, comment *j'étais lié avec tous vos grands oppresseurs* ; tandis qu'ils n'ont cessé pendant dix ans de me persécuter ; tandis que c'est chez eux que mes ennemis acharnés ont trouvé toute la protection dont eux et leurs libelles ont tant abusé pour me nuire. Ils ont changé, les lâches, et de langage et de parti ! Mais moi je ne changeai jamais.

N'est-ce pas moi qui osai dire, huit ans avant qu'on s'occupât du sort des Protestants en France, dans un Mémoire à ce conseil, si jaloux de son despotisme : *Accordez au moins cette grâce aux Protestants, jusqu'à ce qu'un temps plus heureux permette enfin de rendre à leurs enfants* LA LÉGITIMITÉ CIVILE QU'AUCUN PRINCE DE LA TERRE N'A DROIT D'OTER A SES SUJETS (1).

---

(1) Voyez ce Mémoire, rapporté dans le second de moi, contre *Kornman*, intitulé : *Court Mémoire, en attendant l'autre*. Cette citation est à la page 482.

N'est-ce pas moi qui, consulté par les ministres sur le rappel des parlements, osai combattre avec courage, en 1774, les prétentions du pouvoir arbitraire, en ces termes : *Il existe donc, en tout état monarchique, autre chose que la volonté arbitraire des rois. Or, cette chose ne peut être que le corps des lois et leur autorité, seul vrai soutien de l'autorité royale et du bonheur des peuples*; et qui appuyai ce principe par les raisonnements les plus forts, comme on peut le voir page 7 et suivantes du *court Mémoire* cité dans la note ci-dessus ?

Qu'on se rappelle, si l'on peut, le courage qu'il fallait alors pour dire de telles vérités !

N'est-ce pas moi qui, dans des temps plus éloignés, seul, dénué de tout, ayant pour ennemis tous les puissants de cet empire, osai braver leur injustice, les livrer au mépris de notre nation indignée, pendant qu'ils me jugeaient à mort ? Ce qui fit dire à un grand homme (M. de Voltaire) : *Pour servir son pays, il brave tout, le malheureux ! Il rit dans les griffes des tigres.*

Je me rappelle avec plaisir que ce courage me valut, dans le temps, l'honneur d'une lettre de Londres arrivée par la poste, avec cette adresse dessus : *Au seul homme libre dans un pays d'esclaves, Monsieur de Beaumarchais, à Paris,* laquelle me fut remise, parce qu'on espérait que je me compromettrais en y répondant, et qu'on me prendrait en défaut. Je n'eus garde. Je fis alors comme aujourd'hui ; je ne répondis à personne.

Et si mes ennemis, en désespoir de cause, font la lourde bêtise de rappeler qu'il y a seize ans, quand le despotisme opprimait la nation et ses magistrats, je fus victime de ses coups, dont tous n'ont pas été guéris ; je m'honorerai devant vous des blessures d'un bon soldat qui combattait pour sa patrie, en rappelant à mes concitoyens qu'au milieu du plus grand péril je leur donnai l'exemple d'un courage qu'ils admirèrent ; que le jour où je perdis mon état, et celui où je le recouvrai, furent deux jours d'un triomphe égal ; et que l'acclamation de tous les citoyens n'a pas moins honoré en moi le premier jour que le second.

Mais après m'en être applaudi, respectant, comme je le dois, le patriotisme inquiet d'un autre district, celui de *Saint-Étienne-du-Mont*, lequel, présidé par un sieur *Duverrier*, avocat du sieur *Kornman*, n'a pas dédaigné de s'occuper aussi de moi, en posant pour principe public : *que le sieur de Beaumarchais, dans les liens d'un décret d'ajournement personnel décerné contre lui en 1773, dans son procès Goëz-*

man, *lequel* N'A PAS ÉTÉ PURGÉ, *ne peut remplir aucun emploi public*; je répondrai à ce district, après avoir loué sa délicate inquiétude, par une citation très-propre à la calmer. C'est celle d'un arrêt en parchemin, que j'ai, du parlement de Paris, du 23 juillet 1779, *grand'chambre et tournelle assemblées*, lequel, *convertissant le décret d'ajournement personnel décerné contre ledit Caron de Beaumarchais*, par JUGEMENT *du 2 juillet* 1773, *en décret d'assigné pour être ouï*, RENVOIE LEDIT CARON DE BEAUMARCHAIS DANS L'EXERCICE DE SES CHARGE ET OFFICE *de secrétaire du roi et de lieutenant-général au bailliage de la Varenne du Louvre*.

Si mandons, etc. Collationné, LEBRET.

Sans ajouter un mot, je livre, sur ce fait, l'assemblée à ses réflexions.

N'est-ce pas moi enfin qui, profitant du long séjour que l'arrêt qui m'avait *blâmé* me congnit de faire à Londres, osai y concevoir le plan si grand, si dangereux, de séparer à tout jamais l'Amérique de l'Angleterre? Et puisque je suis attaqué sur ce point, je veux me vanter, devant vous, des travaux inouïs qu'un seul homme a pu faire pour accomplir cette grande œuvre.

Français qui vous louez d'avoir puisé le désir et l'ardeur de votre liberté, dans l'exemple de l'Amérique, apprenez que cette nation *me doit en grande partie la sienne* : il est bien temps que je le prouve à la face de l'univers. Et si quelqu'un prétend me contester ce que je dis, qu'il se lève et se nomme ! mes preuves répondront aux imputations que je dénonce :

Que j'ai déshonoré la France par mon avide cupidité (dans mes relations d'Amérique.)

Que l'on connaît tous les malheurs dont mon avarice est la cause (et dont ce peuple a tant souffert).

Car ces accusations aussi vagues que méprisables se rapportent aux Américains, *que j'ai servis si généreusement !* moi qui serais réduit à cette aumône que je répands, si de nobles étrangers, pris dans un pays libre, ne m'eussent associé aux gains d'un grand commerce, pendant que je les associais à mes pertes constantes, dans le mien avec l'Amérique ! moi qui osai former tous les plans de secours si nécessaires à ce peuple, qui les offrais à nos ministres ! moi qui osai blâmer leur indécision, leur faiblesse, la leur reprocher hautement dans ma fière réponse au Manifeste anglais par *Gibbon;* qui osai promettre un succès qu'on était bien loin d'espérer. Entre cent preuves que j'en pourrais donner, je ne citerai que celle-ci, parce qu'elle est nette et simple, et qu'elle fait présumer les autres.

Pressé par le chagrin de voir rejeter mes idées, j'osai écrire à notre auguste roi, bien jeune alors, dans un Mémoire, ces propres mots, qui le terminent, et qu'on ne peut me contester; car je l'ai en original, tout apostillé de sa main, et certifié par son ministre. Voici les phrases de mon Mémoire répondant à l'opposition que le conseil montrait pour mon projet sur la séparation de l'Amérique et de l'Angleterre.

Enfin je demande, avant de partir (pour Londres, à sa majesté), la réponse positive à mon dernier Mémoire; mais si jamais question a été importante, il faut convenir que c'est celle-ci. Je réponds sur ma tête, après y avoir bien réfléchi, du plus glorieux succès pour le règne entier de mon maître, sans que jamais sa personne, celle de ses ministres, ni ses intérêts, soient en rien compromis.

Aucun de ceux qui en éloignent sa majesté, osera-t-il, de son côté, répondre également sur sa tête, au roi, de tout le mal qui doit arriver infailliblement à la France, de l'avoir fait rejeter?

Dans le cas où nous serions assez malheureux pour que le roi refusât constamment d'adopter un plan si simple et si sage, je supplie au moins sa majesté DE ME PERMETTRE DE PRENDRE DATE AUPRÈS D'ELLE *de l'époque où je lui ai ménagé cette superbe ressource, afin qu'elle rende jus-*

tice un jour à la bonté de mes vues, lorsqu'il n'y aura plus QU'A REGRETTER AMÈREMENT DE NE LES AVOIR PAS SUIVIES.

Signé CARON DE BEAUMARCHAIS.

Ce 13 décembre 1775.—Et en marge au bas est écrit de la main du ministre.

Toutes les apostilles en réponse sont de la main du roi.

Signé DE VERGENNES.

Tout ce que je pus obtenir, encore avec bien de la peine, par un autre Mémoire très-fort sur les droits de notre neutralité que j'établissais sans réplique, ce fut qu'on me laisserait faire, sans aucunement s'en mêler (ce que M. *de Maurepas* appelait gaîment, *me livrer à mon sens réprouvé*), en me rendant garant de tous les événemens envers la France et l'Angleterre, à condition surtout *d'être arrêté si les Anglais formaient la moindre plainte, et de me voir puni s'ils en fesaient la preuve;* ce qui mit tant d'entraves à mes opérations maritimes, que, pour secourir l'Amérique, je fus obligé de masquer et de déguiser mes travaux intérieurs, les expéditions, les navires, le nom des fournisseurs, et jusqu'à ma raison de commerce, qui fut un masque comme le reste (1).

---

(1) Je pris le nom de *Rodrigue Hortalez et compagnie*,

Le dirai-je, Français ! le roi seul avait du courage; et moi je travaillais pour sa gloire en voulant le rendre l'appui d'un peuple fier qui brûlait d'être libre. Car j'avais une dette immense à remplir envers ce bon roi, qui n'a pas dédaigné de remplir envers moi celle du feu roi son aïeul, lequel m'avait promis, avant sa mort, de me restituer dans mon état de citoyen, qu'un lâche tribunal m'avait ravi par un inique arrêt. Oui, le roi Louis XVI, qui fit rendre la liberté à l'Amérique gémissante, qui vous rend la vôtre, Fran-

---

d'où est venu celui de *fier Rodrigue* que je donnai à mon vaisseau de guerre de 52 canons, lequel a eu depuis l'honneur de combattre en ligne avec ceux de Sa Majesté à la prise de la Grenade, sous le commandement du valeureux comte d'*Estaing*; d'y recevoir 80 boulets dans son corps, sans ceux qui mirent tous ses agrès en pièces. J'eus le malheur d'y perdre le plus important, le plus brave de mes capitaines, coupé en deux par un boulet ramé, sans la dispersion entière de ma flotte de 11 navires, dont ce vaisseau était le convoyeur. Quand on en reçut la nouvelle à Versailles, M. de Maurepas me dit que le roi, très-content du service de mon vaisseau de guerre, voulait savoir ce que je désirais. = *De n'être jamais jugé sans être entendu, M. le comte, et je me croirai trop bien récompensé.* Aussi disait-il fort souvent : *Voilà le seul homme qui travaille, et n'a jamais rien demandé.* J'espère bien qu'ils vont crier que tout cela est controuvé : je les attends avec mes preuves.

çais, m'a fait rendre aussi mon état. Qu'il soit béni par tous les siècles !

Et ce Mémoire de moi, que je viens de citer ; tel est mon premier titre à la haute prétention que j'établis ici d'avoir généreusement secouru l'Amérique, *et d'avoir contribué* PLUS QUE TOUT AUTRE *au retour de sa liberté*.

Puis laissant à part les travaux que je suis prêt à mettre au jour ; ouvrage par lequel je prouverai que j'ai envoyé, à mes risques et périls, *ce qu'il y avait de meilleur en France*, en munitions, en armes, en habits, aux insurgents manquant de tout, à crédit, au prix des factures, les laissant maîtres de la commission, qu'ils payeraient un jour à leur ami (car c'est ainsi qu'ils me nommaient); *qu'après douze ans je n'en suis point payé :* je déclare que la démarche que je fais faire en ce moment auprès de leur nouvelle *Cour fédérale*, pour obtenir justice de l'infidèle rapport qu'un comité de trésorerie vient de donner sur mes créances, aussi avérées que sacrées, est le dernier effort d'un créancier très-généreux auprès de débiteurs abusés, négligents, ou bien... etc. La fin décidera le nom qui leur est dû ; mais je publierai tout, et l'univers nous jugera.

Sautant, dis-je, par-dessus tous les détails de mes travaux, de mes services envers ce peuple, je passe au témoignage que m'en rendit l'agent, le ministre de l'Amérique lorsqu'il partit de France avec M. *le comte d'Estaing.* Sa lettre authentique, du 18 mars 1778, porte ces mots que je copie :

« J'espère que votre agent (*à Philadelphie*) vous fera passer des retours considérables, et que le congrès ne différera pas plus long-temps A RECONNAITRE LES GRANDS ET IMPORTANTS SERVICES QUE VOUS AVEZ RENDUS A LA CAUSE DE LA LIBERTÉ DE L'AMÉRIQUE. D'après les scènes embarrassantes à travers lesquelles vous avez eu à passer, vous devez éprouver le plus grand plaisir DE VOIR ENFIN L'OBJET DE VOS TRAVAUX REMPLI, et qu'une flotte française va mettre à la voile ; ce qui convaincra l'Amérique et le monde entier de la sincère amitié de la France et de l'absolue détermination où elle est de protéger la liberté, l'indépendance de l'Amérique. Je vous félicite de nouveau sur cet événement glorieux, AUQUEL VOUS AVEZ CONTRIBUÉ PLUS QUE TOUT AUTRE.

« Je suis, avec respect, etc. »

Signé SILAS DEANE.

Hélas ! ce fut la fin de mes succès. Un ministre de département, à qui je montrai cette lettre, et qui m'avait traité jusqu'alors avec la plus grande bonté, changea de ton, de style tout-à-coup. J'eus beau lui protester que j'entendais ne rien m'approprier de cette gloire, et la lui laisser toute entière ; le coup était porté, il avait lu l'éloge ; je fus perdu dans son esprit.

Ce fut pour lui ôter toute idée sur mon ambition, et conjurer l'orage, que je recommençai à m'amuser des frivoles jeux du théâtre, en gardant un profond silence sur mes grands travaux politiques : mais cela n'a rien ramené.

Il est bien vrai qu'un an après, le congrès général ayant reçu mes vives plaintes, sur le retard de ses acquittemens, me fit écrire la lettre suivante, par l'honorable M. *John-Jay*, son président, le 15 janvier 1779.

Par ordre exprès du Congrès siégeant à Philadelphie.

A M. de Beaumarchais.

MONSIEUR,

« Le congrès des États-Unis de l'Amérique, RECONNAISSANT DES GRANDS EFFORTS QUE VOUS AVEZ FAITS EN LEUR FAVEUR, vous présente ses remercîments et l'assurance de son estime.

» IL GÉMIT DES CONTRE-TEMPS QUE VOUS AVEZ SOUFFERTS POUR LE SOUTIEN DE CES ÉTATS. Des circonstances malheureuses ont empêché l'exécution de ses désirs; mais il va prendre les mesures les plus promptes POUR L'ACQUITTEMENT DE LA DETTE QU'IL A CONTRACTÉE ENVERS VOUS.

» Les sentiments généreux et les vues étendues qui seuls pouvaient dicter UNE CONDUITE TELLE QUE LA VÔTRE, font bien l'éloge de vos actions et l'ornement de votre caractère. Pendant que, par vos rares talents, vous vous rendiez utile à votre prince, vous avez gagné l'estime de cette république naissante, ET MÉRITÉ LES APPLAUDISSEMENTS DU NOUVEAU-MONDE, etc. »

Signé JOHN-JAY, président.

Si ce n'était pas de l'argent, c'était au moins de la reconnaissance. L'Amérique, plus près alors des grands services que je lui avais rendus, n'en était pas encore à chicaner son créancier, à me fatiguer d'injustices, pour user, s'il se peut, ma vie, et parvenir à ne me point payer.

Il est encore très-vrai que, dans la même année, le respectable M. *de Jefferson*, leur ministre en France aujourd'hui, et gouverneur alors de Virginie, frappé des pertes affreuses que la dépréciation de leur papier-monnaie me ferait supporter, si l'on avait l'injustice d'y englober mes créances, écrivit à mon agent général, en Amérique, M. *de Francy*, en ces termes, le 17 décembre 1779.

Monsieur,

« Je suis bien mortifié que la malheureuse dépréciation du papier-monnaie, dont personne, je pense, n'avait la moindre idée, lors du contrat passé entre le supercargue du fier Rodrigue (1), et cet État, ait enveloppé dans la perte commune M. de Beaumarchais, qui a si bien mérité de nous, et qui a excité notre plus grande vénération par son affection pour les vrais droits de l'homme, son génie et sa réputation littéraire ! etc. »

Signé Thomas Jefferson.

Et j'ai ces lettres originales.

---

(1) Vaisseau de guerre à moi, très-richement chargé, dont j'avais remis à crédit la cargaison à l'État de Virginie qui me la doit encore presque entière, après plus de douze ans passés.

Dans l'ouvrage que je vais mettre au jour, lorsque je montrerai les preuves de *l'excellence de tous mes envois* à ce peuple, d'après les visites exactes qu'ils en firent faire eux-mêmes avant que mes vaisseaux partissent, bien attestées par leur ministre, *et les excuses qu'il m'en fit*, DONT J'AI TOUS LES ORIGINAUX, on sera quelque peu surpris de la patience avec laquelle j'ai supporté les invectives de tous les brigands qui m'attaquent depuis le procès Kornman. Mais j'aurais cru trop avilir le plus grand acte de ma vie, *l'honorable part que j'ai eue à la liberté de l'Amérique*, si j'en avais mêlé la discussion à un vil procès d'adultère, dont les mensonges les plus grossiers alimentaient sans cesse la très-déplorable instruction. C'est mon mépris, c'est mon indignation, qui m'ont fait garder le silence. Il est rompu ; je ne me tairai plus sur ce grand objet, la gloire de ma vie entière.

Ils disent *que mon avarice sordide a causé les malheurs du peuple américain !* Mon avarice ! à moi, dont la vie n'est qu'un cercle de générosité, de bienfesance ! et je ne cesserai de le prouver, forcé de dire du bien de moi, puisque leurs farouches libelles ont rendu tant d'hommes injustes.

Pas un seul être alors n'allait d'Europe en Amérique sans m'avoir des obligations pécuniaires, dont presque toutes sont encore dues; et nul Français n'a souffert dans ce pays-là, que je ne l'aye aidé de ma bourse.

A ce sujet, j'invoquerai un témoignage que vous faites gloire de respecter, Messieurs; celui du très-vaillant général de vos troupes. Demandez-lui si mes services n'allaient pas chercher les Français malheureux, dans tous les coins de l'Amérique.

Demandez-lui si mon agent ne sut pas l'avertir lui-même, *de ma part*, que les usuriers du pays lui vendaient l'or à cent pour un ; ce dont sa très-grande jeunesse l'empêchait de s'appercevoir? s'il ne lui fit pas toucher du doigt la dilapidation de sa fortune entière, malgré la dépense modeste à laquelle il se réduisait ? s'il ne lui offrit point, en mon nom, *suivant les ordres qu'il en avait de moi,* de lui fournir l'argent dont il aurait besoin, qu'il me ferait rendre en Europe, au seul intérêt de la loi ? Rendez justice à mon bon cœur, *noble marquis de la Fayette!* Votre glorieuse jeunesse n'eût-elle pas été ruinée, sans les sages avis et les avances de mon agent ? Vous m'avez bien rendu l'argent qu'on vous a prêté par mon ordre ; et, je le dis à votre gloire, en me remerciant à Paris, en achevant de me rembourser, vous avez voulu que je retinsse *cinquante louis* de plus qu'il ne m'était dû par vous, pour joindre cet argent aux charités que je fesais aux pauvres mères qui nourrissent, *pour avoir part à ma bonne œuvre*, dont plusieurs établissements m'ont coûté déjà vingt mille francs. Certes, je ne les regrette point ; mais je veux dire du bien de moi, puisque l'on me force à en dire. Rendez-moi justice aujourd'hui, vous, noble général dont j'ai prédit les hautes destinées, lorsqu'appelé à Versailles, pour essuyer de vifs reproches sur votre fuite en Amérique, à laquelle pourtant je n'avais pas contribué, je dis à M. *de Maurepas*, ce mot sur vous, qui est resté : *cette étourderie-là, Monsieur, est le premier feuillet de la vie d'un grand homme.*

Ce ministre me dit, quelques semaines après, qu'on vous avait fait arrêter près de la Corogne, en Espagne, et que vous aviez feint de revenir en France ; mais que, trompant le garde conducteur, vous aviez rejoint le vaisseau où vous attendaient vos amis, et ma réponse fut celle-ci : *Bon! voilà le second feuillet.*

Vous avez fait depuis, mon général, de ces feuillets un fort beau livre ; mais, d'après ce que vous savez de moi, croyez-vous un seul mot de ce que ces brigands impriment ? Pardon, mon général, j'ai invoqué, dans d'autres temps, le témoignage respectable *du comte d'Estaing*, votre ami. Si c'est votre tour aujourd'hui, je puis faire de ma part une fort belle liste aussi de tous les gens de bien que j'ai droit d'invoquer. Et vous, baron *Steuben*, comtes *Poularsky*, *Bienousky*; vous, *Tronçon*, *Prudhomme*, et cent autres qui m'avez dû la gloire que vous acquîtes en Amérique, sans vous être jamais acquittés envers moi, sortez de la tombe, et parlez, ou vos lettres et vos effets, que j'ai, s'exprimeront en votre place.

Quinze cent mille livres au moins de services rendus remplissent chez moi un porte-feuille qui ne sera jamais peut-être acquitté par personne, et plus de mille infortunés, dont j'ai prévenu les besoins, sont tous prêts à lever leur voix pour attester ma bienfesance. Entre mille, un seul suffira. Parlez, vous, *Joseph Péreyra*, négociant de Bordeaux, qui m'écrivîtes, en frémissant, du fond des cachots de l'inquisition, près Cadix, où votre état connu de juif vous avait fait jeter, vous exposait à être brûlé vif! Vous vous souvîntes de mon nom, et trouvâtes moyen de me faire tenir une lettre. Mes cheveux, en la recevant, se hérissèrent sur ma tête. Je courus à Versailles, où, pleurant à genoux devant M. le comte *de Vergennes*, je le tourmentai tant, que j'obtins qu'on vous redemandât, comme appartenant à la France; et je vous arrachai au feu, en vous fesant passer tout l'argent pour votre voyage. Vous êtes un des hommes que j'ai trouvé les plus reconnaissants ; toute votre nombreuse famille m'a écrit pour me rendre grâce. Cette aventure mérite bien que je la cite en mon honneur.

M'accuser, moi, *de sordide avarice!* Je veux prendre encore à témoin de ma froide résignation les vingt-quatre commissaires du district des Blancs-Manteaux, qui me fesaient l'honneur de travailler chez moi à la collecte de la capitation, le jour que l'on prit la Bastille. Un homme effaré entre, et dit : *M. de Beaumarchais, deux mille hommes sont dans votre jardin; ils vont mettre tout au pillage.* Chacun, très-effrayé, se lève, et moi je réponds froidement : *Nous ne pouvons rien à cela, Messieurs; c'est un mal pour moi seul, occupons-nous du bien public;* et je les invitai de se remettre en place. Ils sont loin d'être mes amis ; c'est leur témoignage que j'invoque, et je profiterai de ceci pour rendre grâce à ce district. Quelqu'un ayant couru y dire qu'on allait piller ma maison, quatre cents personnes généreuses en partirent pour défendre ma possession attaquée ; mais le mal était appaisé, quand ces Messieurs y arrivèrent. Voilà comment mon avarice et mon ingratitude se montrent en toute occasion.

Le tiers de ma fortune est dans les mains de tous mes débiteurs ; et depuis que j'ai secouru les pauvres de *Sainte-Marguerite*, quatre cents lettres au moins sont là sur mon bureau, d'infortunés levant les mains vers moi. Mon cœur est déchiré ; car je ne puis répondre à tous. Pendant que les brigands de la forêt de Bondi, entrés par le district des Récollets dans cette ville, me poursuivent avec grand bruit, les malheureux de l'intérieur me crient : *Homme bienfesant, jetes sur nous un regard de votre pitié!* C'en est trop, je n'y puis tenir ; et j'offre ici de faire la preuve que tel qui dit du mal de moi, n'est qu'un malheureux salarié par tel monstre qui m'a les plus grandes obligations : ou c'est ce monstre-là lui-même, ou des gens entraînés qui ne m'ont jamais vu ni parlé. Cette rage est poussée aujourd'hui jusqu'à la démence.

Allons, mes braves adversaires, voilà de quoi vous exercer. Répétez à quelques Français, qu'un peu de jalousie tourmente, que tout cela n'est qu'un vain conte. Oh! quel plaisir j'aurai de bien prouver à ces gens-là ce que j'ai fait pour l'Amérique ingrate.... ou peut-être trompée ; car je ne sais encore lequel.

Mais, citoyen d'un état libre,
Je mettrai l'univers entre ce peuple et moi.

Et vous, nobles concitoyens, tous membres, ainsi que moi, de la commune de Paris, mes pairs et mes *jurés* enfin, donnez un généreux exemple *d'un bon jugement par jurés ;* prononcez sur la cause que je vous ai soumise; mais prononcez très-promptement, *comme vous vous y êtes engagés*. Savez-vous que, pour un homme qui souffre, quinze jours écoulés font déjà vingt-un mille six cents minutes? car c'est ainsi que l'indignation douloureuse fait le calcul de son attente. Si je suis *traître à la patrie*, ne me faites point de quartier; je leur fais grâce des injures, ne nous attachons qu'à des faits.

Pendant cette affreuse anarchie, pendant ce terrible intervalle entre la loi qu'on a détruite et celle que l'on va créer, je ne sais pas encore comment un citoyen blessé peut avoir raison d'un district qui se rend coupable envers lui de la plus noire calomnie. Où porter ma plainte? où l'instruire? à quel tribunal, en un mot, pourrai-je en obtenir justice? Les atrocités sont au comble, et toutes les lois sont muettes.

Puisque vous avez accueilli leur inculpation diffamante, *vous ne pouvez rejeter ma justification*. C'est au nom de la liberté que je vous demande vengeance. Si les brigands, qui brûlent les châteaux appellent cela *liberté*, cette canaille plumitive qui flétrit les réputations nomme aussi cela *liberté*; permettez donc que je l'invoque, cette *liberté* précieuse, pour obtenir au moins un jugement de vous. Le mépris que je fais de mes accusateurs ne vous dégage point du devoir *imposé* de prononcer entre eux et moi. Vous ne souffrirez pas qu'on dise *que mes grands ennemis sont dans votre assemblée*, ni que l'on vous applique l'apophtegme si dur de ce grand penseur, l'abbé *Sieyes*. *Ils veulent être libres, et ne savent pas être justes.* Ma confiance en votre équité ne me permet pas de le craindre.

Non que je vous demande à rester parmi vous, je n'ai rien fait pour y entrer; mais NUL ICI N'A DROIT DE M'EN EXCLURE, si l'on ne prouve pas,

Que je suis traître à la patrie;

Que je me suis lié avec vos oppresseurs;

Que j'ai été chassé d'un district;

Que j'ai fait des intrigues pour être député d'un autre;

Que j'ai accaparé des grains;

Que j'ai promis douze mille fusils au prévôt des marchands Flesselles;

Que j'ai chez moi des souterrains qui conduisent à la Bastille;

Que j'ai déshonoré la France dans mes relations d'Amérique;

Que mon avarice sordide a causé les malheurs de ce peuple.

Car voilà les imputations de cette nuée de libellistes qui a fondu sur moi comme une plaie d'Égypte. Ah! faites-moi justice de tant d'horreurs accumulées, et je remets modestement cette dignité qu'on envie. Tant de gens m'en semblent avides, qu'un homme las qui se retire, doit trouver grâce devant eux!

Des accusations si étranges pouvaient seules excuser le témoignage que je me rends, et les aveux qu'un vil complot m'arrache. Deux ans plus tôt, ils eussent été sans fruit, imprudents, même impolitiques. Deux ans plus tard, la constitution achevée, et le corps des lois décrété mettant tout citoyen à l'abri des lâches atteintes, ils ne seraient qu'un jeu de misérable vanité. Ce moment seul, livré aux délations, aux calomnies, aux désordres de tous les genres, permet peut-être à la fierté blessée de s'écarter du silence modeste que tout homme doit s'imposer sur ce qu'il a fait de louable; et surtout, Messieurs, quand l'oubli, quand le retard d'un jugement, par vous *si solennellement promis*, semble autoriser quelque plainte, est inexplicable pour tous, et rend le public inquiet sur les motifs qui vous ferment la bouche. N'en doutez point, Messieurs, il y va de l'honneur de votre nombreuse assemblée de tenir parole à ses membres, quand vous croiriez ne rien devoir à un citoyen poignardé qui réclame votre secours.

Dans l'attente de votre décision, je suis avec le plus profond respect,

  Messieurs,   Votre, etc.

    Caron de Beaumarchais.

Paris, ce 2 septembre 1789.

POST-SCRIPTUM.

Du 5 septembre.

Au moment où j'achève d'imprimer cette Requête, je reçois deux écrits qui, bien que différents, se prêtent un mutuel secours. L'un est une motion imprimée, par laquelle un sieur *le Marchant* félicite naïvement le district des Récollets de la conduite honnête qu'il a tenue envers moi. Ce sieur *le Marchant* ne doute point qu'une pareille conduite n'honore à jamais ce district. On voit que c'est un fort bon homme.

L'autre est une lettre anonyme d'une écriture contrefaite, et figurée ainsi :

On dit que tu réponds, misérable. Si tu fais le moindre effort pour sortir de l'état où nous voulons que tu reste, tu ne sera pas en vie dans huit jours. Le papier semblable à cette lettre servira de réponse au tien, et tu n'aura pas même

l'honneur du réverbère. (A Monsieur Beaumarchet, etc., à Paris).

Et cette lettre est écrite sur le revers *d'un billet d'enterrement.* Certes, le district des Récollets a là d'honorables champions ! Il faut convenir aussi que la petite-poste est une merveilleuse invention pour les donneurs de bons conseils ! J'ai gardé l'avis imprimé de l'obligeant sieur *le Marchant* ; mais j'ai porté celui de l'autre galant homme au commissaire *Defresne*, en le priant de joindre cette pièce à toutes les autres du dossier de mes plaintes au criminel. Et pour servir ces MM. à leur gré, j'ai fait presser mon imprimeur ; car je voudrais être jugé, avant qu'ils exécutent leur noble plan sur ma personne.

O citoyens ! quels fruits de la liberté ! Ce sauvageon amer a grand besoin d'être greffé sur de sages lois réprimantes !

Caron de Beaumarchais.

Note additionnelle du 6 septembre.

Le commissaire *Defresne* me fait remarquer ce matin que le *billet d'enterrement,* dont on a pris moitié pour m'écrire cette infamie, est celui d'un citoyen mort au mois de juillet dernier *dans le district des Récollets, et enterré à Saint-Laurent.* Ainsi le style et l'écriture de l'anonyme, *en tout pareils* à d'autres que j'ai reçues pendant le procès Kornman ; la demeure de ce dernier ET AUTRES, dans la rue *de Carême-Prenant*, dont les Récollets sont très-proches ; le billet d'enterrement d'un homme de ce district, employé pour m'écrire (*quel raffinement d'horreurs ! choisir un papier mortuaire pour faire la menace d'un meurtre*) ! l'identité des termes de la motion des Récollets avec ceux de libelles dont j'avais déjà rendu plainte ; les preuves faites contre les payants et les payés de ces libelles correspondants (et je les nommerai tous, afin qu'ils soient connus) ; toutes ces circonstances rapprochées pourront mettre un jour mes héritiers à mon défaut, ou moi sur la voie de ces scélérats, quand nous aurons des tribunaux.

Cependant, braves ennemis, vous entendez mal votre affaire. Assassiner un homme, est sans doute un moyen certain pour lui faire perdre, en un moment, *sa représentation à la Ville*. Mais n'est-ce pas le plus faible de tous les arguments, quand il s'agit de prononcer sur lui ?

Et vous, Messieurs de la commune qui augmentez leur audace et ma peine, par un oubli de dix-neuf mortels jours ; vous qui, suspendant mes fonctions *pour délibérer sur ma plainte*, m'avez puni avant de juger, ne voulez-vous plus me juger parce que vous m'avez puni ? On en usait ainsi à la Bastille. Ah ! n'oubliez jamais que vous l'avez détruite pour substituer des jugements légaux à des vengeances arbitraires !

CARON DE BEAUMARCHAIS.

PRÉCIS

ET

JUGEMENT DU PROCÈS

DE PIERRE-AUGUSTIN CARON DE BEAUMARCHAIS, membre de la représentation de la Commune de Paris.

Sur la dénonciation faite à l'assemblée de la commune, le 19 août 1789, d'une rixe entre *M. Caron de Beaumarchais* et un autre membre de la même assemblée, présent; et sur l'explication donnée par M. de Beaumarchais de cette rixe, en priant l'assemblée de vouloir bien porter ses regards très-sévères sur plusieurs motions diffamatoires faites et imprimées contre lui, dans le district *des Récollets* et autres, qu'il dénonçait, et dont il rendait plainte à l'assemblée, est intervenu l'arrêté suivant :

Extrait du procès-verbal de l'assemblée des Représentants de la commune de Paris.

Du mardi 19 août 1789.

« L'assemblée, délibérant sur la dénonciation

» faite de propos violents, tenus contre un de
» ses membres, par M. Caron de Beaumarchais ;
» ensemble sur les différentes inculpations por-
» tées par plusieurs districts contre lui, et sur
» lesquelles il a demandé lui-même à se justifier,
» a arrêté que le sieur de Beaumarchais s'absen-
» terait de l'assemblée, jusqu'à ce qu'elle ait
» prononcé sur les faits ci-dessus détaillés.

» *Signé* Vauvilliers et Blondel, Présidents.

» De Joly, Secrétaire. »

L'assemblée a nommé quatre commissaires pour faire les enquêtes ; et son jugement en étant retardé, M. de Beaumarchais lui a présenté, le 6 septembre, une requête imprimée, tendante à obtenir une justice prompte et définitive. L'assemblée a bien voulu y avoir égard ; il en a reçu, le 14, l'invitation suivante :

Assemblée des représentants de la commune de Paris.

« M. Caron de Beaumarchais voudra bien se
» rendre demain, à dix heures du matin, à
» l'assemblée des représentants de la commune,
» pour être entendu. Ce lundi 14 septembre 1789.

» *Signé* Vauvilliers, Président.

» Brousse des Faucherets, Secrétaire. »

M. de Beaumarchais s'est rendu au jour et à l'heure indiqués, dans la salle de l'assemblée; et toutes les pièces du procès ayant été mises sur le bureau, pour qu'il en prît une connaissance légale, et les discutât publiquement, il a, dans un plaidoyer d'environ une heure et demie, démontré l'absurdité, *la calomnie*, le vice et l'odieux de toutes les imputations qui lui étaient faites, par des gens qu'il n'a jamais vus ni connus; et, lui retiré, l'assemblée, ayant mûrement délibéré sur les attaques et la défense, a prononcé le jugement qui suit :

Extrait du procès-verbal de l'assemblée des représentants de la commune de Paris.

Du mardi 15 septembre 1789.

« L'assemblée, après avoir pris lecture des
» pièces mises sur le bureau, contre M. Caron
» de Beaumarchais, et l'avoir entendu dans sa
» justification,
» Déclare que rien ne s'oppose à ce que M. de
» Beaumarchais reprenne sa place dans l'as-
» semblée.
» *Signé* Vauvilliers, Blondel et
» Vincendon, Présidents.
» De Joly, Secrétaire. »

M. de Beaumarchais a remercié l'assemblée, et a repris à l'instant sa place entre les honorables membres qui venaient de l'en juger digne. Et le souffle des gens de bien a fait évanouir les fantômes hideux qui la lui disputaient.

Je certifie tous les extraits de l'assemblée des représentants de la Commune, conformes aux originaux dans mes mains. Ce 18 septembre 1789.

Signé CARON DE BEAUMARCHAIS.

PÉTITION

DE

PIERRE-AUGUSTIN CARON-BEAUMARCHAIS,

A LA CONVENTION NATIONALE.

Londres, ce 16 décembre 1792, l'an premier de la République.

CITOYEN PRÉSIDENT,

Quand le législateur *Chabot*, dans l'Assemblée nationale, et devant beaucoup de ses membres, qui, depuis, ont passé dans cette *Convention*, me dénonça comme ayant dans mes caves *soixante mille fusils cachés, dont la municipalité*, dit-il, *avait parfaitement connaissance*, il commit un délit public, qui serait devenu d'une terrible conséquence, si l'Assemblée, sur la foi de ce membre, et sans preuve, se fût hâtée de me décréter d'accusation, comme vous l'avez fait, sur la foi du législateur *Lecointre*, et sans que l'on m'ait entendu.

Les conséquences, dis-je, en eussent été terribles, car j'étais alors à Paris; et soixante mille fusils supposés dans mes caves, me fesaient plus que soupçonner de trahison contre la France. Le peuple, épouvanté par tous les genres de terreurs, m'aurait massacré sans pitié; car il n'eût pas douté qu'on ne vous eût fourni les preuves de cette déclaration atroce, puisque vous aviez prononcé, sur-le-champ, contre moi, le décret d'accusation: heureusement vous ne l'avez pas fait, *alors*.

Qui me sauva de cet affreux péril, qu'un mensonge avait enfanté? Un autre mensonge innocent, à l'instant proféré par un membre de l'Assemblée, aussi mal instruit que le législateur *Chabot*. Je sais ce que c'est, vous dit-il: c'est un traité conclu avec le ministère; *il y a trois mois que ces fusils nous sont livrés.*

Le fait de cette livraison était tout aussi faux que l'autre; et je me dis en l'apprenant: « Grand
» Dieu! si toutes nos affaires sont traitées avec
» ce désordre, avec cette légèreté, où es-tu
» donc, ô pauvre France? La vie du plus pur
» citoyen lui peut être arrachée par la fureur, la
» malveillance, ou seulement la précipitation.
» Mais si la vie d'un homme, et le malheur
» d'une famille, se perdent dans l'immensité des
» maux qui nous accablent, quel pays libre, ou
» même assujetti, peut rester la demeure d'un
» être raisonnable, quand des crimes pareils s'y

» commettent impunément ? » — Voilà ce que
» je dis alors : pourtant je restais dans Paris.

Sauvé d'un aussi grand danger, je n'aurais pas même relevé la faute du législateur, si plusieurs menteurs littéraires (ce n'est point *littéraires*, c'est *journaliers* que je veux dire) n'eussent pas à l'instant, comme ils font aujourd'hui, dénaturé le fait, en envenimant bien la délation du législateur *Chabot*, et taisant au peuple abusé le correctif qu'un autre y avait mis, quoiqu'il se fût trompé lui-même.

Déjà l'on avait placardé sur tous les murs de mon jardin, que non seulement j'avais les soixante mille fusils cachés, mais que c'était moi seul qui fesais forger les poignards avec lesquels on devait assassiner le peuple. *Sauvez-vous*, disaient mes amis, *vous y périrez à la fin*. Moi qui ne me sauve jamais tant qu'il me reste une défense, je fis afficher dans *Paris* ma réponse au législateur *Chabot*, beaucoup moins grave, en apparence, que le fait ne le comportait : mais je parlais au peuple ; et l'on avait fait parmi nous un tel abus du style injuriel, qu'il en avait perdu sa force. Je crus donc que la vérité, que la raison, assaisonnée d'un peu de douce moquerie, était ce qui convenait le mieux pour bien classer mon dénonciateur. Le peuple lut, et rit, et fut désabusé ; et moi je fus sauvé encore cette fois-là.

Mais ceux qui avaient mis *le législateur Chabot* en œuvre, ne rirent point de mon dilemme; ils me gardèrent toutes les horreurs dont ils se rassasient encore ; et celle-ci n'est pas une des moins piquantes pour eux.

Posons maintenant la question.

Ai-je été traître à ma patrie? ai-je cherché à la piller comme les gens qui la fournissent..... ou la font fournir? *c'est tout un.* C'est ce que je m'apprête à bien éclaircir devant vous, ô citoyens législateurs. Car je ne vous fais pas l'injure de supposer qu'après m'avoir décrété sans m'entendre ; c'est-à-dire, qu'après avoir mis ma personne en danger, ma famille dans les pleurs, mon crédit en déroute, et mis mes biens en saisie, sur quatre phrases indigestes d'un dénonciateur *trompé*, vous repousserez mes défenses, dont cette pétition est la première pièce. Elles sont les défenses d'un très-bon citoyen, qui ne le prouverait pas moins à la face de l'univers, *quand vous ne l'écouteriez pas :* ce que je ne présume point ; car la justice est d'intérêt commun. Et, croyez-moi, législateurs : dans l'état où sont nos affaires, il n'en est pas un parmi vous, dont la tête, aujourd'hui garantie, ne puisse un jour courir l'horrible chance que la scélératesse a posée sur la mienne. Jugez moi sans faveur, c'est tout ce que je vous demande.

Le citoyen *Lecointre*, excellent patriote, et point méchant homme, dit-on, mais sans doute un peu trop facile à échauffer sur les objets qui blessent l'intérêt du peuple ; trompé lui-même étrangement, vient de tromper *la Convention* par une si triste dénonciation, que, dans la partie qui me touche, *il n'est pas une seule phrase qui ne soit une fausseté.*

Après avoir parlé de certain marché de fusils, qui s'était fait, dit-il, *sur le pied de huit francs*, avec de certains acheteurs qui, n'ayant point payé leurs traites, furent évincés très-justement; le citoyen *Lecointre*, sans même vous apprendre si ces huit francs étaient en assignats, argent de France, ou florins de Hollande, la première chose cependant qu'un homme exact eût dû vous dire, arrive brusquement à moi.

« Beaumarchais, vous dit-il, *s'empara de ce marché* (jamais, Lecointre, jamais je ne m'en suis emparé). Il acheta ces fusils à raison *de six livres* (jamais) ; fit partir deux vaisseaux *du port de la Haye*, chargé de ces fusils (*jamais*). Mais ils furent arrêtés dans le port de Tervère, *par ordre de Provins et compagnie,* premier acheteur (*jamais*). Et qui n'a pas voulu *céder son marché* à Beaumarchais (*jamais*). Celui-ci *a reconnu son droit* (*jamais*). Et cependant *il a feint* que *ses deux vaisseaux avaient été arrêtés* par ordre du gouvernement hollandais (*jamais*). Et, en conséquence, *a réclamé une indemnité de* 500,000 *francs* (*jamais au grand jamais*). Indemnité qu'*il a obtenue* (*jamais, jamais, jamais; pas un mot de vrai à tout cela*).

« Lecointre lit ensuite la teneur du marché
» passé entre *Beaumarchais* et les ministres *La-*
» *jard* et *Chambonas* : il conclut à *l'annihilation*
» *du marché et au décret d'accusation contre*
» *Beaumarchais.*

» Après une *légère* discussion (*grand Dieu!*
» LÉGÈRE)! *Et il s'agit de la vie d'un bon*
» *citoyen*, l'annihilation du marché et le dé-
» cret d'accusation sont prononcés. »

O citoyens législateurs ! je viens de copier mot à mot *le Moniteur* du *jeudi* 29 *novembre* (car je n'ai de public, sur ces faits, que ce *Moniteur* que je cite; et une sottise de *Gorsas*, qui trouvera sa place ailleurs). Je le copie à *Londres*, où des avis certains de l'infamie qui se tramait m'ont fait accourir de *la Haye* pour en apprendre les détails que l'on n'osait m'envoyer en Hollande, où l'on dit que la liberté des personnes dont on veut payer la capture n'est pas si sûre qu'en Angleterre.

Je viens de lire à Londres tout le tissu d'horreurs qu'on m'y a fait passer de France. Mais cet objet est réservé pour le Mémoire dont je m'occupe, et qui vous est destiné, législateurs, si cruellement abusés par l'un de vous, qui l'a été lui-même, et qui regrettera bien, quand il aura lu mes défenses, de s'être fait le crédule instrument de la méchanceté d'une horde que mon devoir est de bien démasquer.

Aujourd'hui je ne dois répondre qu'au paragraphe du *Moniteur*.

Prenant l'article phrase à phrase, je déclare, 1° *que je ne me suis emparé du marché de personne*, relativement aux fusils de Hollande; que je résistais par prudence aux prières qui m'étaient faites de procurer ce bien à mon pays, et que la certitude acquise que ces soixante mille fusils pouvaient bientôt passer *dans les mains de nos ennemis*, seule éveilla mon inquiétude et mon patriotisme ; que cette inquiétude me fit arrher, *sans les acheter*, tous ces fusils, en couvrant les nouveaux marchés entamés, soumettant aux plus fortes peines le vendeur, si l'on en écartait un seul pour le service d'aucune puissance, avant d'avoir reçu mes dernières paroles ; ce qui arrêta ces marchés, jusqu'à ce que j'eusse conféré, sur le plus ou moins de besoin que ces armes pouvaient nous faire, avec le ministre *de Graves*, à qui je rendrai hautement la justice qui lui est due ; car, depuis la révolution, tout entier à la chose publique, je n'épouse aucune faction.

2° Je déclare que je n'ai point acheté ces armes *à raison de six livres le fusil*. La seule vue du traité, *très-civique*, par lequel je suis resté maître de disposer des armes en faveur de la France, vous montrera, ô citoyens, ou l'erreur, ou l'horreur de cette funeste imputation.

3° Je déclare *que je n'ai point fait partir deux vaisseaux du port de la Haye*, 1° parce qu'il n'y a point de port *à la Haye*, ce qui n'est de leur part qu'une ignorance géographique; 2° parce que ces fusils ont passé directement des citadelles de *Malines et Namur*, dans les magasins du vendeur, qui depuis sont les miens, à *Tervère* en Zélande, par charrois, et sur des bélandres, et non *sur des vaisseaux à moi*. Cette annonce est aussi ridicule que si l'on disait, législateurs, que j'ai fait venir ces fusils de *Versailles à Paris*, sur *des vaisseaux* de la rivière *de Somme*, en passant par *Bordeaux*. La Zélande est plus près de Bruxelles que de *la Haye, où il n'y a point de port*, comme tout le monde sait, excepté ces Messieurs.

4° Je déclare que jamais ces fusils *n'ont été ni pu être arrêtés dans des vaisseaux à moi* (où ils n'ont jamais été), ni dans mes magasins, où ils ont toujours demeuré, *par un nommé Provins*, ni par aucun autre homme qui prétendit avoir droit sur ces armes; car personne n'a droit sur aucune marchandise (comme M. *Lecointre* le sait) ; que celui qui, l'achetant, la paye ; et c'est ce que j'ai fait moi seul, exclusivement à tous autres.

5° Je déclare que jamais, *ni un nommé Provins*, ni aucun autre acheteur de ces armes, *sans les payer*, antérieurement à mon traité (car ils sont au moins 5 ou 6) ; je déclare, dis-je, qu'aucun n'a été dans le cas *de me céder le droit* qu'il n'avait pas, *sur aucune demande que je lui en aye faite.*

Il est aussi trop ridicule de me faire acheter, à moi, haut négociant français, des armes d'un étranger, à qui je les ai bien payées, pour me faire jouer ensuite, à la convention nationale, le stupide rôle du solliciteur des prétendus droits d'un failli.

Je déclare à mes juges, et je le prouverai, qu'après avoir loyalement traité avec le seul et vrai propriétaire de l'acquisition des fusils, aux conditions civiques et honorables, *que je mettrai sous vos yeux, citoyens ;* qu'après les avoir bien payées, il n'est resté d'autres difficultés, sur l'extradition de ces armes, du port de *Tervère* pour *le Hâvre*, que celles, 1° que le gouvernement de Hollande, vivement sollicité par celui de Bruxelles, m'a suscitées, non par haine pour ma personne, mais dans l'espoir de nuire *à notre France*, au service de laquelle ils présumaient que ces armes étaient consacrées.

2° Je vous déclare, et je le prouverai encore, que des difficultés bien plus insurmontables, provenant de Paris, du fond de ces intrigues que l'on appelle en France *les vilenies bureaucratiennes*, n'ont cessé d'arrêter cette importante cargaison d'armes, depuis le 3 avril jusqu'au 16 décembre où j'écris, dans mes magasins en Zélande, par toutes les voies odieuses que j'expliquerai fort au long ; et que, plus malveillants que la Hollande et que l'Autriche, ils ont forgé tous les obstacles qui ont arrêté vos fusils. Car, de quelque patriotisme qu'un citoyen soit animé pour l'intérêt de notre France, sachez, législateurs, que la grande, l'unique et l'irréfragable maxime est, dans ces bureaux-là : *Nul ne fournira rien, hors nous et nos amis.*

Si je ne prouve point toutes ces vérités, au gré du lecteur étonné, je consens de bon cœur à perdre les fusils, et j'en fais présent à la France, quoique un tel don me conduise à ma ruine.

Je déclare que *je n'ai jamais feint que deux vaisseaux à moi* eussent été arrêtés par ordre du gouvernement hollandais ; que *je n'ai jamais réclamé en conséquence une indemnité de* 500 *mille francs ; que je n'ai jamais obtenu une telle indemnité :* de sorte qu'ici la mauvaise foi passe toutes les bornes permises.

Je déclare au contraire que, loin d'avoir d'argent à la nation, ce sont les hauts-seigneurs du département de la guerre, qui, depuis le 5 avril dernier, ont à moi 250 mille livres très-réelles, desquelles, sans pudeur, malgré vingt paroles données, ils ne m'ont pas permis d'user, pour vous faire arriver de Hollande tous ces fusils retenus à *Tervère*.

Car, lorsque le ministre *de Graves*, à qui je ne reproche rien, me fit remettre pour 500 mille francs d'assignats, *mais nullement pour une indemnité*, lesquels, réduits en bons florins de banque, ne me rendirent pas 300 mille livres ; moi, je lui déposai, en sûreté de cette somme, pour 750 mille francs *de vos propres contrats*, que je vous ai payés en beaux louis d'or, sur lesquels, nulle part, il n'y avait rien à perdre, *et que vous avez garantis de la nation à la nation.*

Or, mes 250 mille francs réels, et au-delà de ce qu'il fallait pour couvrir leurs 500 mille francs, d'une valeur aussi précaire, *ils les ont encore dans leurs mains*. Qu'on m'apprenne donc pourquoi les scellés sont chez moi. La garantie de nos propriétés n'est-elle plus qu'un jeu barbare, pour les piller plus sûrement ? Fusils livrés, ou non, soit par ma faute, ou par la leur, suis-je donc votre débiteur, pour saisir ainsi tous mes biens ? Ou plutôt, n'est-ce donc pas vous qui êtes le mien dans cette affaire ?

Et quand on vous fait faire l'énorme faute de renoncer à de fort bons fusils, qui sont pour vous la chose la plus nécessaire, si l'on croit vous faire punir le citoyen qui vous les destina ; quand les Anglais défendent qu'on vous porte aucunes munitions de guerre, on vous trompe, citoyens ; c'est vous-mêmes que vous punissez. Car, en sacrifiant toutes les pertes que neuf mois de retard, des courses, des dépenses que leur brigandage me causent, ne vaudrait-il pas mieux pour moi, si je cesse un moment d'être un bon citoyen, pour me tenir dans mon état de négociant, d'avoir 60 mille fusils, que toute l'Europe, et même certaine partie de l'Archipel-Américain, qu'on vient encore de vous aliéner, me payeraient en bon or, que de me surcharger d'assignats, lesquels ne pourraient que tomber, sous peu, dans le plus affreux discrédit, si l'on continuait à dilapider autour de vous près de 200 millions par mois, comme vous l'avez avoué vous-mêmes. Mais ce ne sont point ces dépenses même qui les discréditeront le plus ; ce sont les fautes impardonnables, si ce n'est pis, des gens qui nous gouvernent : mon grand Mémoire vous l'expliquera bien (1).

Au reste, citoyens, quand ils vous font rejeter ces fusils, dans l'espoir insensé de m'obliger à les leur livrer à vil prix, pour vous les revendre bien cher, ce n'est point à dessein d'en priver ma patrie, à qui je les ai destinés, que je viens de montrer l'avantage commercial qu'il y aurait à préférer les payements en or des étrangers à ceux que vous ne faites qu'avec des assignats : car je vous déclare hautement que je n'en disposerai pour aucune puissance, qu'après que mon pays m'aura bien entendu sur les indignes obstacles qui les ont empêchés de passer dans ses ports, depuis le temps que je les ai payés.

Quoi qu'il puise arriver, ils vous appartiendront : car si je ne prouve point que c'est par le fait même de mes accusateurs que vous ne les avez pas reçus, je consens à les perdre, et à votre profit ; j'en signerai l'engagement. Et si je prouve bien que l'on vous a trompés dans les rapports qu'on vous a faits, vous êtes trop équitables pour ne pas me faire justice : ainsi, dans tous les cas,

---

(1) Voyez le long discours du citoyen Cambon, dans le *Moniteur* du 7 décembre, qui porte 468 millions la seule dépense des trois armées, dans les trois mois qui précédaient.

les fusils sont à vous. Je poursuis mon raisonnement.

Quoi qu'il en soit, ayant entre vos mains, à moi, 250 mille francs réels, au-delà du seul argent que j'aye reçu de vous, n'êtes-vous pas bien à couvert? Tous les sophismes des méchants ne peuvent prévaloir contre ces vérités.

Ils ont eu la sotise de vous faire dire par *Lecointre*, qu'ils m'avaient accordé 500 *mille francs d'indemnité*, quand, loin que j'aye un liard à eux, ils ont à moi plus de *dix mille louis*! Ce mensonge grossier n'est-il donc pas trop ridicule? Et à moins qu'on n'ait espéré de me faire tuer avant tout éclaircissement, les trouvez-vous assez stupides?

Et c'est, ô citoyens, sur de pareilles allégations que vous me décrétez; que votre scellé est chez moi; que ma famille est dans les larmes; pendant que moi j'étais dehors, et tout entier à vos affaires, sur l'article de *vos* fusils; et j'en aurai de bons garants. Et vous l'avez prononcé, ce décret affligeant, sans avoir même soupçonné qu'il était prudent de m'entendre! Suis-je donc à vos yeux la lie des citoyens? Me croyez-vous un de ces pauvres gens que la terreur fit émigrer, pour vous emparer aussi de mes biens? Non, cette injustice envers moi révolte tous les gens sensés. Si c'est tout mon bien qu'il leur faut, pourquoi jouer, à mon égard, la fable *du Loup et de l'Agneau?* Rappelons-nous ce mot de *Frédéric* à un homme qui lui proposait, pour 200 louis, un Manifeste sur la Silésie qu'il prenait. *Quand on commande à* 100,000 *hommes,* lui dit Frédéric, *on ne donnerait pas un farding d'un prétexte.* Ce mot sanctionne toutes les usurpations. Ils sont les plus forts, avec moi; qu'ils prennent ma fortune, et me laissent mourir en paix.

Mais je pense pourtant qu'il en est de pareils décrets, comme de ces arrêts *du conseil des parties* qu'on obtenait sans preuves et sur requête, et sauf l'opposition de celui que l'arrêt grevait. Sans cela il faudrait s'enfuir, en criant avec désespoir : *O pauvre France! ô pauvre France!*

Dans cette occasion-ci, l'on ne fait véritablement ce qu'on doit le plus admirer de l'ignorance crasse où les vils machinistes qui font mouvoir *Lecointre,* sont de la vérité des faits, ou de la rare audace avec laquelle ils lui font débiter leurs mensonges.

O vous, *Lecointre,* qui, par zèle, avez si ardemment demandé, en Hollande, quelques notions certaines sur tous les achats qui s'y font! que ne m'avez-vous dit un mot? C'est moi qui vous les eusse données, ces notions si utiles dont vous êtes curieux. Je vous aurais appris confidemment ce que je vais vous confier en face de toute la France : attendez mon Mémoire ; il ne languira pas.

Mais, avant de vous bien montrer quels sont les traîtres à la patrie, de ceux qui m'accusent, ou de moi, sur l'affaire de ces fusils, je dois mourir, ou me laver d'une autre grave accusation, *de correspondance coupable avec Louis XVI*, dont le *Moniteur* ne dit mot, mais dont les gazettes hollandaises m'ont instruit avant mon départ (1).

Je vous déclare, ô citoyens, que le fait de ces lettres est absolument faux ; qu'il n'a été imaginé que pour jeter sur moi, pendant qu'on dénonçait les armes, une telle défaveur, qu'on pût croire, *sans examen*, qu'un aussi grand conspirateur qu'on suppose que je le suis, s'il trahissait la France sur un point, était bien capable, sans doute, de la desservir dans un autre. Voilà tout le secret de cette nouvelle horreur.

---

(1) Voyez dans la gazette de la Cour, à la Haye, du premier décembre, la dénonciation des fusils, par Dubois-Crancé, aux Jacobins ; puis dans cette annonce de même date : « On a été aussi occupé, hier matin, à mettre » le scellé partout dans la maison de Beaumarchais, qui » figure aussi parmi les grands conjurés, et a écrit plu- « sieurs lettres à Louis XVI. »

Je demande que mes prétendues lettres soient déposées sur le bureau, *paraphées de la main de l'honnête homme qui les présente*. Car il faut, citoyens, *qu'un des deux y périsse*. Ce mensonge est d'une lâcheté dont je ne connais point d'exemple. Certes, ce n'est faire ni un bien ni un mal que d'écrire à un roi héréditaire, ou constitutionnel, même en temps de révolution ; l'objet seul de la lettre, ou la façon de le traiter, pourrait former la matière d'un délit, s'il se trouvait contraire aux intérêts du peuple.

Mais cette discussion même est ici superflue, car je n'ai point écrit à Louis XVI.

Quoi qu'il en soit, législateurs, je vous supplie de distinguer l'accusation portée contre moi devant vous *pour mes prétendues lettres écrites à Louis XVI* (si cette accusation existe) de l'affaire des fusils de Hollande, dans laquelle j'entends bien me rendre accusateur ; car il est temps que toutes ces scélératesses finissent.

Elles sont telles ; et le décret qu'elles ont amené sur ma tête, semble si improbable aux bons esprits anglais, que l'opinion qu'ils en ont prise, est *que tout cela n'est qu'un jeu entre les Jacobins et moi, pour avoir un prétexte de demeurer en Angleterre, et d'y troubler la paix dont cet heureux peuple jouit*. Tant il leur paraît impossible qu'un homme qui s'est bien montré, depuis qu'on songe à constituer la France; qui, à travers tant de dangers, est le seul homme aisé qui ait eu le courage de rester à Paris et d'y faire du bien, quand tous les autres s'enfuyaient, éprouve sérieusement des vexations aussi multipliées. Ils ont raison, tous ces penseurs anglais; mais c'est qu'ils ne réfléchissent pas que ce n'est point notre nation qui commet toutes ces horreurs; que le peuple lui-même ne connaît pas un mot de ce qu'on lui fait faire; que, dans les temps qu'on nomme révolutionnaires, cinq ou six méchants réunis font plus de mal à toute une nation, que dix mille honnêtes gens ne peuvent lui faire de bien; et que, dans les faits qui me touchent, j'ai toujours demeuré vainqueur dès que j'ai pu me faire entendre. Essayons-le encore une fois.

Je vous demande comme une grâce, ô citoyens législateurs, la justice de me permettre de choisir parmi vous mon sévère examinateur; cela n'est point indifférent à mon succès dans cette cause. *Accordez*-moi *le citoyen Lecointre*, mon propre dénonciateur. Nul n'a plus d'intérêt que lui à me reconnaître coupable, si effectivement je le suis; mais il est, dit-on, honnête homme, et c'est un grand plaisir pour moi de ramener ce citoyen à convenir qu'on l'a trompé. Vous le condamnerez ensuite à mieux y voir une autre fois, pour peine de s'être laissé si cruellement abuser.

Et quant à moi, à qui, sans le savoir, il fait tant d'injure aujourd'hui, je le condamne, pour toute vengeance, à devenir mon avocat, sitôt que lui et d'autres citoyens m'auront entendu dans mes dires.

Bien est-il vrai que je ne puis les garantir de voir M. *Gorsas* écrire *que je les ai tous achetés.*

Lorsque je les fis condamner en 1789, lui, *Bergasse, Kornman,* et toute leur honteuse clique, comme d'infâmes *calomniateurs*, dans l'affaire de la dame *Kornman* (car ce fier substantif était bien dans l'arrêt), il s'écria, dans sa feuille si bien écrite, *que j'avais acheté le parlement de Paris.* Il en est si certain, qu'il ne saurait s'en taire ; il le dit encore aujourd'hui. Mais il y avait là des hommes qu'on n'achète point : un *Lepelletier de Saint-Fargeau*, qui présidait la chambre, magistrat pur, et dont vous faites tous le plus grand cas ; un *Dambrai*, avocat-général, homme aussi vertueux qu'éloquent, et beaucoup d'autres que je citerais, si je pouvais me rappeler leur nom.

Ce *Gorsas* dit encore aujourd'hui *que j'ai acheté, le mois d'août dernier, le terrible comité de surveillance de la mairie,* pour en obtenir, nous dit-il, *une attestation honorable,* et pour qu'on me tirât sans doute de l'abbaye, où l'on ne m'avait mis que pour être égorgé avec les autres prisonniers.

Je ne vous en dénoncerai pas moins cette infamie, à vous, *Manuel*, qui vîntes, au nom de la commune, dont vous étiez le procureur-syndic, me tirer de prison, dans les horreurs du 2 septembre, six heures avant que toutes les voies fussent fermées pour en sortir. C'est à cet acte généreux que je dois d'être encore au monde. Une erreur de votre part, sur mes contributions civiques, avait élevé un débat public entre nous, qui me laissait attendre, au plus, une justice rigoureuse ; mais vous avez mis de la grâce à la justice qui m'était faite, en venant me tirer vous-même de ce séjour d'horreur, où je devais bientôt périr, en m'y disant avec noblesse *que c'était pour me faire oublier le débat que nous avions eu.* Ce trait de vous m'a pénétré ; je me plais à le publier : vous pouviez avoir à vous plaindre, vous fûtes juste et généreux. Et ce *Gorsas*, qu'heureusement pour moi je n'ai jamais envisagé, me déchire, et nous dit *que je vous ai acheté, vous, la commune de Paris,* et son *comité*, que l'on nommait *de surveillance*, et qui, bien franchement, n'était alors que de désordre.

J'ai donc *acheté* aussi, dans cette affaire des

fusils, les trois comités si sévères, *diplomatique, militaire et des douze* réunis, lorsqu'en juillet dernier, consultés *par les deux ministres Lajard et Chambonas*, sur la conduite qu'ils devaient tenir avec moi, ces trois comités répondirent, après un très-mûr examen : *On ne saurait traiter trop honorablement M. de Beaumarchais, qui donne, en cette affaire, les plus grandes preuves de civisme et de pur désintéressement.* Et je vous dirai, citoyens, je ferai plus, j'en donnerai la preuve, qu'excepté les ministres *de Graves et Dumouriez*, que j'en excepte aussi (car il a fait ce qu'il a pu pour nous procurer ces fusils), aucuns autres depuis qui soient restés en place, sinon *Lajard et Chambonas*, n'ont fait, dans cette affaire, leur devoir de Français, et j'ose dire, de citoyens. Les preuves ne nous manqueront pas; mais M. *Gorsas*, le feuilliste, vous tranchera cette question. *De Graves*, dira-t-il, *Dumouriez, Lajard et Chambonas*, il est clair que *Beaumarchais* les a tous *achetés* comptant.

J'ai sans doute *acheté* depuis deux comités plus sévères que les premiers, *militaire* et *des armes* réunis, lorsqu'en septembre dernier, outré de ce qui m'arrivait chez le pouvoir exécutif, je présentai une pétition *pressante* à l'assemblée nationale, *lui demandant en grâce de faire examiner* très-sévèrement *ma conduite dans l'affaire de ces fusils, offrant et ma tête et mes biens, si ma conduite était seulement équivoque.* J'en ai donc *acheté* tous les membres, quand, renvoyé par l'assemblée à ces comités réunis, pour être jugé sévèrement après m'avoir bien entendu, pièces sur le bureau, pendant près de quatre heures, *ils déclarèrent et le signèrent tous*, que non seulement j'étais très-pur dans cette interminable affaire, pour laquelle j'avais fait des efforts d'un patriotisme incroyable, *mais que je méritais la reconnaissance de la nation.* Cette attestation-là m'a dû coûter un peu d'argent.

Me voilà bientôt à la fin; il ne me reste plus qu'à *acheter* mon dénonciateur *Lecointre* et *la Convention nationale*; et c'est à quoi je me prépare. Malgré qu'ils ayent saisi mes biens, je puis encore former cette puissante corruption : deux comités sévères de l'assemblée nationale, composés de cinq autres, *achetés en différents temps;* puis la commune, la mairie, leur comité de surveillance, *achetés;* puis quatre ou cinq ministres en avril, en juillet dernier, *achetés;* puis le parlement de Paris, en 1789, *acheté,* lequel ne m'aimait pas du tout, ce qui le rendait cher et pesant pour ma bourse, n'importe, *acheté, acheté;* puis enfin presque tous les corps de la magistrature française, qui ont jugé sévèrement tous les incidents de ma vie, et ont tous condamné mes lâches adversaires comme vils *calomniateurs* (car ce substantif est partout), *achetés*. Si tout cela ne m'a pas ruiné, quel magnifique acheteur je suis! Le lord *Clive* n'y ferait œuvre.

Mais ma monnaie, à moi, pour *acheter* autant de juges, et celle avec laquelle je prétends *acheter* aussi *Lecointre* et *toute la Convention*, sera de bien prouver, les pièces sur table, comme je l'ai déjà fait vingt fois dans vingt tribunaux différents, que je suis un homme juste, bon père, bon mari, bon ami, bon parent, très-bon Français, excellent citoyen, et loyal négociant, fort désintéressé. *Lecointre*, et vous législateurs, telle est ma monnaie corruptrice; pour parvenir à vous l'offrir à tous, voici ce que je vous propose :

Tous les gens suspectés de non civisme, ou de traîtrise, ou même qui craignent de l'être, frappés d'une juste terreur sur la manière dont beaucoup d'innocents ont été sacrifiés; car la loi veut qu'on répute innocent l'homme qu'un jugement légal, après avoir entendu lui ou les défenseurs *qu'il choisit*, n'aura pas déclaré coupable : tous ces citoyens suspectés se sont sauvés hors de la France, et je ne puis les blâmer; car qui veut braver le péril d'être tué sans être jugé ?

Quant à moi, citoyens, à qui une vie si troublée est devenue enfin à charge; moi qui, en vertu de la liberté que j'ai acquise par la révolution, me suis vu près, vingt fois, d'être incendié, lanterné, massacré; qui ai subi, en quatre années, quatorze accusations plus absurdes qu'atroces, plus atroces qu'absurdes; qui me suis vu traîner dans vos prisons deux fois pour y être égorgé sans aucun jugement; qui ai reçu, dans ma maison, la visite de quarante mille hommes du peuple souverain, et qui n'ai commis d'autre crime que d'avoir un joli jardin. Moi, décrété d'accusation par vous pour deux faits différents, regardés comme *trahitoires*, dans la maison duquel tous vos scellés sont apposés pour la troisième fois de l'année, sans qu'on ait pu dire pourquoi, et que l'on va chercher à faire arrêter en Hollande, pour m'égorger peut-être, sur la route de France, pendant que je me trouve en sûreté à Londres; je vous propose, ô citoyens! de me rendre à l'instant librement à Paris, et prisonnier sur ma parole, tant que je plaiderai mes causes; ou bien d'y recevoir *la ville pour prison*, ou *ma maison*, si cela convient mieux.

Cette précaution prise, et ma vie assurée, je pars à l'instant pour *Paris*. J'ai même quelque espoir d'y être encore utile à ma patrie.

CARON BEAUMARCHAIS.

Mes preuves suivront de près.

BEAUMARCHAIS
A LECOINTRE
SON DÉNONCIATEUR.

PREMIÈRE ÉPOQUE

DES NEUF MOIS LES PLUS PÉNIBLES DE MA VIE.

LE vieux *Lamothe-Houdart*, sortant un soir de *l'Opéra*, soutenu par un domestique, marcha, sans le vouloir, sur le pied d'un jeune homme, qui lui asséna un soufflet. *Lamothe-Houdart* lui dit avec modération devant les spectateurs surpris : Ah, *Monsieur ! que vous allez être fâché quand vous saurez que je suis aveugle !* Notre jeune homme, au désespoir de sa brutale étourderie, se jeta aux pieds du vieillard, lui demanda pardon en présence de tout le monde, et le reconduisit chez lui. Depuis lors il lui voua la plus respectueuse amitié.

Or, maintenant, *Lecointre*, écoutez-moi. Pendant que j'étais en Hollande, à servir la patrie, sans que je vous aye blessé, vous m'avez fait un outrage public, aussi sensible au moins que celui de *Lamothe-Houdart*. Je veux imiter sa conduite ; et, sans m'irriter contre vous d'une si grande légèreté que je suppose involontaire, je vais me contenter de vous montrer, et à toute la France, combien je suis irréprochable, et quel vieillard vous avez outragé ! La convention nationale, après nous avoir entendus, jugera qui des deux a mieux fait son devoir ; moi, de bien justifier un citoyen calomnié ; vous, de lui offrir les regrets d'un accusateur imprudent.

Je vous préviens d'une autre chose. Depuis quatre ans je vois avec chagrin faire un si grand abus de phrases déclamatoires, les substituer partout, dans les plus grandes causes, aux preuves nettes, à la saine logique, qui éclairent seules les juges, et satisfont les bons esprits ; que je renonce exprès à tous les ornements du style, à toute espèce de parure, qui ne servent qu'à éblouir, et trop souvent à nous tromper. Simple, clair et précis ; voilà ce que je désire être. Je détruirai, par les seuls faits, les mensonges de certaines gens, dont ma conduite, un peu trop fière, a déjoué la cupidité.

Le fond de cette affaire étant de haut commerce d'une part, et d'administration de l'autre ; si j'y ai mêlé de la mienne un grand fond de patriotisme, et si tous les gens qui m'accusent ont fait céder le leur à de sordides intérêts, c'est ce que les faits montreront.

Et ne commençons point, comme on fait trop souvent, par juger quatorze ministres, dans les mains de qui j'ai passé si douloureusement depuis le mois de mars dernier ; moi qui avais juré de n'en jamais voir aucuns ! Gardons-nous bien de les juger sur ce que les uns furent choisis *par le roi*, et les autres *par l'assemblée !* Cette manière est très-fautive ! C'est sur ce qu'ils ont fait que nous les jugerons, comme nous voulons qu'on nous juge. Ces deux pouvoirs alors composaient la constitution. Forcé d'avoir affaire à tous ceux qu'on nommait aux places à mesure qu'ils s'y présentaient, j'ai pu juger, non à leurs opinions qu'aucun ne m'a communiquées, mais seulement à leur conduite, lesquels, dans l'affaire des fusils, ont servi la chose publique, ou n'ont travaillé qu'à lui nuire. Je leur ferai justice à tous.

Ces quatorze ministres, simultanés ou successifs, sont : MM. *de Graves, la Coste, Dumouriez, Servan, Clavière, Lajard, Chambonas, d'Abancourt, Dubouchage, Sainte-Croix ;* puis *Servan* et *Clavière*, une seconde fois ; puis *Lebrun :* ah ! *Lebrun !* et *Pache* le dernier.

Quand tous auraient été très-équitables, on peut juger combien une lanterne magique à personnages si rapides eût été fatigante à suivre, obligé que j'étais de les instruire, à mesure qu'ils passaient, des objets entamés, puis laissés en arrière; *ce que très-peu même écoutaient.* Jugez, lorsque la malveillance, sans vouloir même nous entendre, les a fait tourner contre moi! Alors il s'est formé un choc d'idées insupportables; un débat éternel, sans connaissances et sans principes; des bêtises contradictoires, funestes à la chose publique; des injustices accumulées, bien au-delà de ce qu'un homme peut supporter, ou qu'un citoyen doit souffrir dans un pays de liberté; l'impatience et l'indignation me surmontant à tout moment, et la plus importante affaire abîmée par ceux même qui devaient le plus la soutenir! Voilà le tableau dégoûtant que je dois mettre au plus grand jour. Fermons les yeux sur le dégoût, et dévorons la médecine.

Depuis long-temps retiré des affaires, et voulant mettre un intervalle entre le travail et la mort, je les repoussais toutes, importantes ou légères; car, par un long usage, toutes aboutissaient encore à mon désœuvré cabinet. Au commencement de mars dernier, un étranger m'écrit et me demande un rendez-vous, *au nom de mon patriotisme,* pour une affaire, me disait-il, *très-importante pour la France*; il insista, se présenta chez moi, et me dit :

Je suis propriétaire de soixante mille fusils, et je puis, avant six mois, vous en procurer deux cent mille. Je sais que ce pays en a très-grand besoin. — Expliquez-moi, lui dis-je, comment un particulier comme vous peut être possesseur d'une telle quantité d'armes? — Monsieur, dit-il, dans les derniers orages du Brabant, attaché au parti de l'empereur, j'ai eu mes biens incendiés, et fait des pertes considérables; l'empereur *Léopold*, après la réunion, pour me dédommager, m'a concédé l'octroi et le droit exclusif d'acheter toutes les armes des Brabançons, soumis à la seule condition de les sortir toutes du pays, où elles portaient de l'ombrage. J'ai commencé par recueillir tout ce qui en était sorti des arsenaux de *Malines* et *Namur*, vendues par l'empereur à un négociant hollandais, qui, les ayant déjà vendues à d'autres, *sans qu'elles lui eussent été payées*, a consenti, pour sa partie, à ce que cession m'en fût faite; et moi je ne les ai acquises que pour en faire une grande affaire, ayant l'octroi de tout le reste qui existe en Brabant.

Pour pouvoir acquérir celles-là, n'étant point assez avancé, j'ai pensé que je devais vendre une partie de celles que j'ai, pour établir une navette. Mais des brigands français, qui m'en ont acheté de 35 à 40 mille, m'ont trompé; ils m'ont donné leurs traites, *et ne les ont point acquittées*. Après bien des tourments, je suis rentré en possession du tout; et l'on m'a conseillé de m'adresser à vous, en vous offrant les 200 mille au moins, que j'ai, ou que j'aurai bientôt, si vous voulez prendre le tout, en me mettant à même de les payer successivement; sous la seule condition que vous ne direz point que ces armes sont pour la France, ce qui me ferait ôter sur-le-champ l'octroi que j'ai pour les acheter; et dans les bruits de guerre qui courent entre la France et l'Empereur, me ferait disgrâcier, et même courir des risques personnels, dans un temps où l'on sait qu'il ne tient qu'à moi d'en céder, à bon prix, une forte partie aux émigrés français qui en demandent.

Je résistai, je refusai. En s'en allant il dit qu'il m'en ferait presser par des gens très-considérables, parce qu'on lui avait dit que j'étais le seul homme qui pût traiter l'affaire en grand, et qui fût assez patriote pour la faire marcher rondement.

Trois jours après je reçus une petite lettre amicale du ministre *Narbonne*, que je n'avais point vu depuis qu'il était *à la guerre*; par laquelle il me priait de passer chez lui, ayant, me disait-il, quelque chose à me communiquer.

M'imaginant qu'il s'agissait de ces 200 mille fusils, je refusai tout net d'aller à l'hôtel de la Guerre, quoique je n'aye pas eu depuis l'occasion de savoir s'il s'agissait ou non de ces fusils.

M. de *Narbonne* fut remercié; M. *de Graves* lui succéda. Les vives sollicitations de mon Flamand recommencèrent. Un homme de mes amis, qui connaissait ce Bruxellois, m'assurant qu'il était un honnête homme, m'invita d'autant plus à ne pas l'éconduire, que si cette forte cargaison d'armes glissait à mon refus aux ennemis de la patrie, et que l'on vînt à le savoir, on me ferait passer pour un très-mauvais citoyen. Cette réflexion m'ébranla. Il m'amena le Brabançon, à qui je dis :

Avant de prendre aucun parti, puis-je obtenir de vous deux choses avec franchise? La preuve, au gré d'un homme de loi, que les armes sont bien à vous; et l'engagement solennel, sous les peines pécuniaires les plus considérables, *qu'aucune de ces armes ne sera jamais détournée au profit de nos ennemis, quelque prix que l'on vous en offre?* — Oui, Monsieur, dit-il à l'instant, si vous vous engagez à me les prendre toutes pour la France?

Je dois la justice à cet homme, qui est un

maître de Bruxelles, avec qui, dans l'immense affaire du *Voltaire*, mon imprimerie de Khel avait eu des relations, qu'il me donna sans hésiter la preuve que je lui demandais et l'assurance que j'exigeais.

Eh bien! lui dis-je, renoncez donc à toutes les propositions qu'émigrés ou ennemis peuvent faire; et moi, en attendant que j'en puisse conférer avec M. *de Graves*, je les arrête, *sans les acheter*; vous promettant un dédommagement, si quelque obstacle empêche de conclure. Combien voulez-vous de vos armes?

Si vous les prenez toutes en bloc, dit-il, et telles que je les ai achetées, vous chargeant de payer les réparations, tous les frais de magasinage, de fret, de droits, de tous voyages, etc., vous les aurez pour 5 florins. — Je ne veux pas, lui dis-je, acheter vos fusils en bloc, parce que je ne puis les vendre ou les placer en bloc moi-même. Il nous faut, au contraire, un choix de bonnes armes. — En ce cas, me dit-il, vous les payerez donc plus cher? Car il faut que celles que je vends me payent celles qui me resteront, avec mon bénéfice sur toutes; car j'ai beaucoup perdu, Monsieur.

Je ne veux les payer ni plus cher ni moins cher, lui dis-je; en affaires, autant que je puis, j'amalgame toujours avec mon intérêt l'intérêt de ceux que j'emploie. Voici quelle pourra être ma proposition : Si j'achète, je couvrirai noblement et très-net toutes les dépenses déjà faites, les primes dues ou bien payées, ce qu'il faut même pour désintéresser les personnes qui vous font offre ; s'il y a quelque chose d'entamé, tous les frais à venir éventuels, ou fixés, de quelque nature qu'ils soient, ou publics, ou secrets, pour marcher à la réussite. Puis divisant les bénéfices en trois parties, deux seront partagées entre nous par égale portion ; l'une payera vos soins dans l'étranger, et l'autre mes travaux en France ; la troisième part tiendra lieu des avances, des risques, de l'argent gaspillé, des justes récompenses que je devrai donner à tous ceux qui concourront au plus grand succès d'une affaire qui me touche beaucoup plus par son utilité patriotique, que par le bénéfice qu'elle peut procurer, et dont je n'ai aucun besoin.

Alors je lui montrai le projet d'acte qu'il accepta dans son entier, *et qui depuis fut notarié*, sans qu'on y changeât un seul mot.

Lisez-le donc, *Lecointre*, avant d'entrer dans les détails qui concernent M. *de Graves*, et que sa lecture détruise toutes ces lâches imputations que j'aye jamais voulu disposer de ces armes, *ni moi, ni mon vendeur*, pour les ennemis de l'État : et lorsque vous l'aurez bien lu, nous traiterons en nobles négociants la question de savoir si j'ai pillé ou voulu piller mon pays.

Maintenant, *Lecointre*, si vous l'avez bien étudié, n'êtes-vous pas un peu surpris d'y voir qu'au lieu d'avoir payé ces fusils-là 6 *francs* (comme vous l'avez *affirmé* sans le savoir et sur la foi d'autrui), je m'oblige au contraire *de payer à mon vendeur, ou en son acquit, tous les fusils aux prix d'acquisitions, et de l'acquitter de toutes choses; de lui payer en outre tous les frais de transports et tous les autres frais; tous les frais de réparations, magasinage, caissons, et autres, etc.*, de quelque nature qu'ils soient, sauf à trouver après, comme je pourrai, sur la *partie triée vendue*, le bénéfice légitime à faire sur le bloc *acheté*, dont une partie inconnue peut rester et être perdue?

N'y a-t-il pas aussi quelque légère contradiction entre votre rapport, *si dénonciateur!* et ces mots-là de mon traité d'acquisition des armes: *M. de Beaumarchais qui se charge de ne vendre et céder lesdites armes qu'au gouvernement français, et pour le service de la nation,* DANS LE MAINTIEN DE SA LIBERTÉ, *aura seul le droit de conclure, etc.*? De sorte que si j'avais été assez mal avisé pour vouloir vendre ces armes à d'autres qu'aux Français, en relevant chez le notaire cet acte si patriotique, et surtout si obligatoire, on aurait pu se croire en droit de me donner pour traître à la patrie, et de me faire subir, en conséquence, tous les tourments que j'ai soufferts pour avoir été, *malgré tous* (comme on ne le verra que trop), presque le seul bon patriote de l'affaire de ces fusils.

Et dans un autre article, *Lecointre*, n'êtes-vous pas encore un peu fâché contre vous-même quand vous voyez ces mots (c'est le sieur *la Haye*, mon vendeur, que j'y fais parler): *Et il s'interdit, sous la peine de perdre son intérêt entier dans les bénéfices de l'affaire, de vendre et livrer un seul fusil ou autres armes, pour le service d'aucune autre puissance*, QUE POUR CELUI DE LA NATION FRANÇAISE A LAQUELLE M. DE BEAUMARCHAIS ENTEND CONSACRER LA TOTALITÉ DE CES FOURNITURES ?

Consolez-vous, *Lecointre*, des chagrins que vous me causez, car ils vous ont trompé comme dans une forêt.

Et sur la qualité des armes! *M. de la Haye se soumet et prend, envers M. de Beaumarchais, l'engagement de n'acquérir que des armes de bonne qualité et propres au service militaire, sous peine....* Oh! la plus forte, etc.

Pouvais-je faire mieux, ne pouvant aller, moi Français patriote, en Brabant, me faire hacher, que de soumettre mon vendeur à la perte totale des choses mal choisies?

Croyez donc, *Lecointre*, que le zèle le plus pur peut nous causer souvent bien des regrets, surtout dans des fonctions aussi augustes que les vôtres, quand on ne se met point en garde contre les suggestions des fripons! Le bon jeune homme du vieux *Lamothe-Houdart* fut, comme vous, désespéré du soufflet qu'il avait donné à ce vieillard si peu coupable! et le vieillard lui pardonna.

Maintenant que l'acquisition me paraît assez éclaircie, passons à mon traité avec le ministre *de Graves*.

Le contrat qui formait l'achat n'était encore que minuté quand je fus voir M. *de Graves*; car si notre nation n'avait pas besoin d'armes, il était inutile que je me donnasse des soins pour lui en procurer autant, et surtout que je prisse un engagement positif, avant d'avoir reçu la parole du ministre; et comme il était clair qu'un si grand parti de fusils ne pouvait convenir qu'à la France où à ses mortels ennemis, il fallait bien que le ministre me dît très-positivement *j'en veux ou je n'en veux pas*, avant de notarier l'acte de mon acquisition, et qu'il me le dît par écrit, afin qu'en cas de son refus, rompant à l'instant le marché dont je ne voulais que pour nous, et nullement pour le revendre à d'autres, ce qui (pour le dire en passant) est bien plus patriote que négociant cupide ; afin, dis-je, qu'au cas du refus du ministre, je pusse un jour prouver aux malveillans (*et l'on voit s'il m'en a manqué*) que j'avais fait l'acte d'un zèle pur, et non, comme on l'a clabaudé cent fois, *que je n'avais acquis ces armes que pour en enrichir nos ennemis à nos dépens, et trahir ainsi mon pays en ayant l'air de vouloir le servir*. C'est ici que les preuves de mon patriotisme abonderont jusqu'à satiété.

M. *de Graves* (il faut le dire) reçut mon offre en bon citoyen qu'il était. Ah ! dit-il, vous me demandez s'il nous fait faute de ces armes ? Tenez, Monsieur, lisez ; voilà pour vingt-un millions de soumissions de fusils, sans que, depuis un an, nous ayions pu en obtenir un seul, soit par la faute des événements, soit par la brouillonnerie ou la mauvaise foi de tous ceux qui traitent avec nous ; et quant à vous, si vous m'en promettez, je compte beaucoup sur les vôtres. Mais seront-ils bons, vos fusils ?—Je ne les ai pas vus, lui dis-je, j'ai exigé du vendeur, sous des conditions rigoureuses, qu'ils pussent faire un bon service. Ce ne sont point des armes de vos derniers modèles, puisqu'elles ont servi dans les troubles des Pays-Bas, aussi ne vous coûteront-elles pas ce que vous payez pour les neuves.—Combien vous coûtent-elles, dit-il ? — Je vous jure que je l'i gnore, parce qu'étant achetées *en bloc*, et vous les livrant *au triage*, il faudra leur donner un prix, non pas *en masse*, mais *à la pièce*, et cela n'est pas facile à faire. Je les ai seulement arrhées. On en demandait cinq florins, si je prenais tout le marché en bloc, me chargeant des frais ultérieurs. Mais moi, je ne veux point de bloc, je voudrais, au contraire, faire entrer l'intérêt du vendeur dans le nôtre, et qu'il trouvât son plus grand gain dans sa meilleure fourniture. Mais si j'entends faire un triage, il veut les vendre bien plus chers.

Voilà les modèles, à peu près, tels qu'il me les a présentés ; soixante mille sont prêts ; en trois ou quatre mois après cette livraison, les deux cent mille arriveront. Et ce n'est point ici une affaire de maquignonnage, c'est un traité de haut commerce que je veux vous faire adopter ; vous prévenant, Monsieur, que si je dois passer par *vos bureaux*, je me retire dans l'instant. D'abord vous les payeriez trop cher, car il faudrait des *paragoinfes*, et ce serait un tripotage à n'en pouvoir jamais sortir. — Eh bien, me dit M. *de Graves*, il ne s'agit plus que du prix. J'en donnerai 22 liv. en assignats.

— Monsieur, lui répondis-je, ne me parlez point d'assignats, nous ne pourrions pas nous entendre. S'il s'agissait d'une marchandise de

France, l'assignat y ayant un cours forcé comme monnaie, nous saurions ce que nous ferions, mais cette monnaie n'a pas de cours en Hollande pour des fusils. Ce sont des florins qu'il y faut. On ne saurait même établir un cours de vos assignats aux florins, puisque, ne devant me payer ces fusils que dans deux ou trois mois après leurs livraisons, ni vous ni moi ne pouvons deviner ce que les assignats qui perdent aujourd'hui trente-cinq pour cent contre nos écus, lesquels supportent encore la défaveur du change contre florins; on ne sait, dis-je, ce que les assignats pourront perdre contre florins le jour que vous me payerez les fusils.

Vous ne voudriez pas non plus si, dans trois mois, les assignats perdaient 90 pour cent, me payer 40 mille louis, avec 40 mille francs de valeur effective. — Non, sans doute, me dit-il. — Eh bien, Monsieur, laissons les assignats, traitons en florins, je vous prie ; et comme je sais bien que vous n'aurez en fin de compte que des assignats à m'offrir, qu'il soit bien spécifié que je ne suis tenu de les recevoir en payement, qu'au cours contre florins du jour où vous payerez les armes.

— Oh! mais je n'entends rien, me dit M. *de Graves* en riant, à tous ces comptes de change et de florins. — Je vous l'apprendrais bien, lui dis-je ; mais vous ne devez pas m'en croire, moi qui puis être soupçonné d'avoir un intérêt très-différent du vôtre. Connaissez-vous quelque banquier en qui vous avez confiance ? Priez-le de passer chez vous, je poserai la question devant lui.

Le ministre manda M. *Perregaux*, qui vint. J'établis devant lui la question des florins telle que je viens de la décrire, en lui disant qu'il ne s'agissait point encore du plus ou moins d'argent à donner pour le prix des fusils, mais seulement de la meilleure manière de faire, à telle époque fixe, un payement exact, à quelque prix que nous nous accordions. Je voudrais bien, lui dis-je, faire entendre au ministre que, quel que soit alors gain ou perte des assignats, cela ne doit point me toucher : que c'est ce qu'on peut appeler *la part au diable* de l'affaire ; car du vendeur ni de l'acheteur, personne ne profitant de cette perte-là, l'affaire seule doit en porter le poids. Il est bien clair que moi je dois payer chez l'étranger au plus fort change, en bons florins de banque, dont la valeur est reconnue partout ; au lieu que l'assignat que le ministre m'offre, n'a chez les étrangers qu'une valeur fictive, soumise à la variation de tous les vents fougueux des événements politiques.

M. *Perregaux* convint que j'avais parfaitement raison de m'assurer le change, et nous conseilla fort de terminer, à quelque prix que nous convinssions pour les armes.

Lui retiré, le ministre me dit qu'il ne pouvait prendre sur lui de changer ainsi les usages, mais qu'*il en conférerait avec le Comité militaire de l'Assemblée nationale*. — En ce cas-là, Monsieur, faisons le thême en deux façons : je vous propose un prix net en florins, payable au cours en assignats ; ou, si vous l'aimez mieux, prenez sur vous tous les risques, les frais futurs qu'on doit payer encore, avec ceux que j'acquitte aujourd'hui. Donnez le gain qu'il faut à mon vendeur, et qu'il exige; et donnez-moi, à moi, une honorable commission; je vous en laisse absolument le maître (1).

Il alla consulter le Comité militaire. (Et voilà donc déjà des Comités consultés sur ces armes. Aucune circonstance de cette grande affaire n'ira sans ces consultations.) Puis il m'envoya chercher pour me dire *que le Comité était d'avis* qu'il ajoutât plutôt quelque chose au prix des fusils, que de rester chargé de l'éventualité des dépenses à faire, ni même de payer en florins ; qu'enfin *il ne pouvait traiter qu'en assignats*. — Eh bien, Monsieur, lui dis-je, à la bonne heure, *en assignats* ; mais fixons au moins leur valeur pour toujours, au cours qu'ils

---

(1) Je remis un Mémoire secret au Ministre pour les Comités. Je le donnerai à M. *Lecointre.*

ont aujourd'hui ; nous ne pouvons qu'ainsi savoir ce que nous ferons ; sans cela vous me feriez jouer, en vous les vendant, ces fusils, *à la grosse aventure*, et Dieu sait à quelle valeur un pareil risque de payement, une telle éventualité, devrait faire monter ces armes; et joignez-y encore la différence d'avoir acheté *forcément* 60,000 fusils *en bloc*, et de les revendre *au triage*, sans savoir ce qu'on rejettera. Il m'est impossible, Monsieur, de courir à la fois tant de hasards, de pertes, si le prix que vous en donnez ne couvre tous ces risques, qu'on ne sait comment évaluer. Je vous ai proposé les risques à votre charge, et de me contenter d'une commission, les gains de mon vendeur compris ; vous ne voulez entendre qu'à votre façon de compter. Cherchons encore une autre forme.

Vous avez augmenté avant-hier les marchés de vos fusils neufs de 24 liv. où ils étaient arrêtés, *en écus*, à 26 liv. *argent*, pour qu'on n'y perdît point. Mettons une juste proportion entre les fusils neufs et les miens, quoiqu'il y en ait, m'a-t-on dit, une partie de la belle fabrique de *Culembourg*, tout neufs, qui valent autant que vos meilleures armes.

Le ministre se consulta *avec le Comité*, *sans doute*, me fit revenir plusieurs fois, et puis me proposa enfin 30 *liv. fixes en assignats*, à tous mes risques. Je fis mon calcul en florins, et je vis qu'au cours de ce jour, cela mettait chaque fusil au prix de 8 florins 8 sous, si ce prix-là eût été fixe en quelque temps que l'on payât, prévoyant bien que tous frais acquittés, toutes éventualités prévues, pourraient, à vue de pays, faire monter l'acquisition de ces fusils, rendus en France, de 6 florins à 6 florins et demi : mon homme alors avait son bénéfice, et moi de quoi couvrir les retards et les risques ; enfin, c'était un marché net. Mais on voulait que je prisse en payement les assignats pour toute leur valeur identique, quelque perte qu'ils essuyassent à l'époque où l'on me payerait : alors il n'y avait pas moyen de courir un tel risque et de jouer un si gros jeu. Je me retirai donc, en disant au ministre que je reprenais ma parole, et mettrais par écrit tout cet historique entre nous, et que je le prierais de vouloir le signer, afin qu'il fût prouvé dans tous les temps que ce n'était point par faute de patriotisme de ma part si notre France était privée, et nos ennemis possesseurs de cette immense partie d'armes.

— J'en suis d'autant plus désolé, lui dis-je, que ce marché manqué nous cause non seulement une privation *positive*, mais aussi une *relative*; car ces fusils, Monsieur, ne pouvant n'être pas vendus; si vous ne les avez pas, et mon traité d'achat rompu, comme je vais le rompre, il faut que mon vendeur en traite avec nos ennemis; car il n'achète que pour vendre. En ce cas, c'est pour nous 60,000 *armes de moins*, pour eux 60,000 *de plus*; différence en perte pour nous, 120,000 fusils de soldats, sans ceux qu'on me fait espérer; cela vaut bien la peine qu'on y regarde.

Je revins avec l'historique, que le ministre alors ne voulut point signer, en me disant que si je redoutais le peuple sur le seul soupçon de n'avoir pas mis autant de zèle que j'aurais pu à nous faire avoir ces fusils, à plus forte raison pouvait-on lui chercher querelle pour avoir laissé échapper un parti d'armes, regardé comme un objet si important; mais il eut l'honnêteté de me demander s'il n'y avait à ce traité d'autre obstacle que celui-là?

Monsieur, lui dis-je, si je le terminais, je me verrais forcé d'emprunter environ cinq cents mille francs en assignats, pour en tirer bien moins de cent mille écus en florins, dont j'ai encore besoin ici; et comme c'est sur des contrats des trente têtes genevoises que je puis fonder cet emprunt, le seul enregistrement de la double expropriation (car je ne les veux qu'engager) me coûterait trente mille francs; opération qui, us l'ancien régime, n'aurait coûté au plus que six cents livres.

D'ailleurs, si les bruits de guerre qui courent venaient à se réaliser, la condition purement commerciale d'un cautionnement exigé par le vendeur, pouvant devenir une condition politique et fâcheuse, il en résulterait que je ne pourrais plus peut-être user du bénéfice du *transit* sous lequel ces fusils sont passés du Brabant en Hollande. Me trouvant alors obligé de les en faire sortir par la voie sourde du commerce, ils deviendraient soumis *à un florin et demi de droits* de sortie par fusil, comme marchandise du pays. Alors, au lieu de retrouver du bénéfice dans l'affaire, toutes choses d'ailleurs égales, il pourrait y avoir de la perte. Le ministre me répondit :

Quant au prêt de 500,000 fr., donnez-nous vos contrats, dit-il, et nous vous les avancerons; le gouvernement ne veut pas tirailler avec vous sur des frais. — Même il y mit la grâce d'ajouter : Si c'était pour moi que je traitasse, je vous trouverais très-bon pour vous avancer sans dépôt; mais je traite pour la nation; et comme je l'engage envers vous, il me faut des sûretés physiques. Et quant aux bruits de guerre, tous les fusils seront entrés bien avant qu'ils se réalisent ; et puisque c'est M. de *la Hogue* qui va en Hollande, pour terminer l'affaire des fusils, qu'il y mette du zèle et de l'activité. Il demande la décoration militaire, comme récompense de ses services passés. S'il conduit bien cette affaire majeure, à son retour il l'obtiendra ; et finissons au prix que je vous dis, à 30 *francs en assignats*. Il ne peut arriver, d'aujourd'hui à deux ou trois mois, d'assez grands changements pour que leur prix varie beaucoup ; *d'ailleurs souvenez-vous que nous ne sommes pas injustes, et que nous avons grand besoin d'armes.*

Qu'avais-je à reprocher au ministre *de Graves?* Un peu trop de timidité, à travers toutes sortes de grâces. Je me rendis, j'espérais, comme lui, que les 60,000 fusils seraient en France avant le terme de deux mois, et qu'en allant très-vîte, on pouvait prévenir les risques, les balancer, même les atténuer.

Or, puisque je cédais à des convenances qui n'étaient pas les miennes, les gens sensés voient très-bien que je ne pouvais m'en tirer, diminuer, atténuer mes risques, qu'en allant vîte comme au feu ; *que c'était mon seul intérêt*. Et ceci me sert de réponse à tous les étourneaux qui, n'entendant rien, jugeant tout, crient dans les bureaux, dans les places, *que j'ai fait tout ce que j'ai pu pour empécher les armes d'arriver.* O monsieur *Lecointre !* monsieur *Lecointre !*

sur quels affreux mémoires avez-vous travaillé ?

Nous fîmes le traité, M. *de Graves* et moi ; mais à l'instant de le signer il me prévint qu'il ne le pouvait plus, parce qu'on lui offrait, pour 28 *francs assignats*, ces mêmes 60 mille fusils, dont il me donnait trente francs. — Monsieur, je m'aperçois, lui dis-je, que vos bureaux sont bien instruits ; et ceci n'est qu'un leurre pour faire manquer le traité, mais il est un moyen aisé de vous en éclaircir. Au lieu de rompre ce traité, pour en conclure un autre qui ne produirait rien, puisque, *depuis nos derniers mots*, les fusils sont à moi irrévocablement *par cet acte devant notaire* ; passez les deux marchés, celui des bureaux et le mien, mais soumettez les deux offrants à 5o *mille francs de dédit*, s'ils n'en tiennent pas les conditions. Vous sentez bien qu'il faut que l'un des deux y manque ; car ces fusils ne peuvent être fournis par les deux vendeurs à la fois : vous gagnerez alors l'un de nos deux dédits, ou bien plutôt vous allez voir ces honnêtes gens fuir à votre offre comme des feuilles sèches devant les aquilons d'hiver.

Le ministre sourit, accepta ma proposition. Je refais l'acte, et j'y insère le dédit de 5o mille francs que je venais de proposer. Ce que j'avais prévu arriva. Le jour même, au premier mot de ce dédit, mes honnêtes gens courent encore ;

on ne les a jamais revus, et nous passâmes le traité.

Mais je vais faire ici une observation assez majeure, et qui fixe à toujours l'opinion qu'on doit prendre de la franchise et de la loyauté avec lesquelles ce traité-là fut fait. Pesez bien cette circonstance, Lecointre mon examinateur ! elle vous donnera la clef de ma conduite en cette affaire. Quoique je ne reçusse du ministre que 500 mille francs *d'assignats*, croyant avoir chez moi, en un paquet, pour 600 mille francs de contrats, je dis au ministre, en signant, qu'au lieu de déposer 500 mille liv., je lui en déposerais 600 mille, ne voulant point faire de rompu, et m'étant très-égal, puisque tous ces contrats me devaient revenir, qu'il y en eût chez lui pour 5 ou pour 600 mille francs. Notre acte fut signé ; mais lorsque je voulus apporter mes contrats, pour toucher les 500 mille francs, il se trouva qu'au lieu d'un paquet de 600 mille livres, je n'en avais qu'un chez moi de 750 mille. Pour ne rien morceler, et par la raison que j'ai dite, qu'il m'était fort égal que la sûreté que je donnais pour 500 mille francs d'assignats fût de 500 ou de 600 mille francs, ma confiance était telle en l'honnêteté du ministre, que, ne me trouvant qu'un paquet de 750 mille francs de contrats, je les lui portai tous sans hésiter pour sûreté de ses 500 mille fr.

M. *de Graves* eut alors la loyauté de me dire : *Comme tous ces contrats ne sont ni exigés ni stipulés dans le traité de nos fusils, si vous aviez besoin de quelques nouveaux fonds pour accélérer cette affaire, vous êtes sûr de les trouver ici.*
— J'espère bien, lui dis-je, n'en avoir pas besoin. Je ne l'en remerciai pas moins ; mais il est clair que lui ni moi n'avons jamais compté que cette remise libre, de confiance et non exigée, de 250 mille francs de ma part au-delà de la somme qu'on m'avançait, pût m'être contestée si je la demandais, surtout pour employer à l'affaire des fusils. Nous verrons en son temps avec quelle injustice d'autres ministres dont il ne s'agit point encore se sont fait un horrible jeu de ruiner l'affaire des fusils, en me refusant mon propre argent que je voulais y employer.

Le ministre (*Dumouriez*) des affaires étrangères chargea M. *de la Hogue* de dépêches très-importantes, et il partit le lendemain. J'avais bien pressé son départ, craignant que *les bureaux* (qui, je le voyais trop, étaient instruits de ce traité, par l'offre qu'ils avaient fait faire, et que j'avais trouvé moyen de réduire à sa vraie valeur) ne me jouassent le mauvais tour, si je perdais un seul courrier, de faire devancer le mien, et de me brasser quelque intrigue pour embarrasser notre marche.

Mais j'avais eu beau le presser; et, quoiqu'il courût jour et nuit, ayant en porte-feuille de 7 à 800 mille francs en lettres-de-change, à son arrivée à Bruxelles, tombant chez un de mes amis, à peine avait-il pu lui dire l'objet pressant de son voyage, qu'un homme de qualité du parti ennemi entre chez cet ami, et lui demande s'il ne connaissait point *un certain M. de la Hogue, qui venait chez lui de Paris, s'il n'était pas encore arrivé?* Mon ami joua l'étonné, dit qu'il n'en avait point d'avis. *C'est un homme qui nous est suspect*, dit l'orateur un peu bavard; *il passera fort mal son temps ici.*

Sitôt qu'il fut sorti, M. *de la Hogue* convint de partir sur-le-champ pour Rotterdam, emmenant avec lui mon ami de Bruxelles, qui m'écrivit ce détail inquiétant de *Malines*, le 9 avril. (*Ainsi voilà déjà les ennemis au fait*). Mais, quelque diligence que fissent mes amis, ils trouvèrent à Rotterdam le gouvernement hollandais aussi bien instruit que nous-mêmes de notre traité de Paris, ainsi que celui du Brabant. On me l'écrivit sur-le-champ. *Bravo!* me dis-je alors, *honnêtes bureaux de Paris: ah! j'avais trop raison quand j'insistais à ce que vous ne fussiez pas instruits.* Je répondis à mes amis: Pressez-vous, allez comme au feu, car voilà l'intrigue à nos trousses.

Qu'arriva-t-il? C'est que la guerre, au lieu d'être éloignée, comme M. *de Graves* le pensait, de trois ou quatre mois du traité des fusils, fut déclarée le 20 *avril*, c'est-à-dire, dix-sept jours après la signature de ce traité. *Là les obstacles commencèrent.*

Qu'arriva-t-il encore? C'est que le gouvernement de *Bruxelles*, sachant qu'un patriote aussi zélé que moi était le maître de ces fusils, engagea le gouvernement hollandais à semer d'entraves, s'il pouvait, leur expropriation ou leur extradition; et vous allez voir à l'instant comment les Hollandais y ont bravement procédé.

Qu'arriva-t-il encore? C'est que mon pauvre vendeur bruxellois perdit l'octroi à lui donné par l'empereur pour tout le reste des fusils brabançons; qu'on lui en reprit même une partie de sept ou huit mille qu'il avait déjà rassemblés, et qu'il m'écrivit douloureusement que tout le bénéfice qu'il avait compté faire sur les deux cent mille fusils (*pour cela seul qu'il avait traité avec moi*, c'est-à-dire, pour le service de la France), se réduisait à ce qui pourrait résulter des soixante mille dont j'étais possesseur. Alors je vis combien il regrettait d'avoir consenti au *triage des armes* que j'avais exigé de lui, au lieu de me les vendre *en bloc*. Je le consolai de mon mieux, en le grondant et lui disant que c'était un motif de plus pour presser de toute manière l'arrivée des fusils en France, puisque chaque jour de retard augmentait le danger de la perte sur les assignats, sans celle des intérêts d'argent accumulés sur de si fortes sommes. Quel intérêt pouvais-je avoir à ralentir l'opération ? Il m'est, je crois, permis de faire cette question à mon dénonciateur. Qu'il y réponde s'il le peut !

C'est ici que vont commencer des scènes d'obstacles en Hollande, lesquelles ont amené des scènes d'horreur dans *Paris*, que je vais sortir des ténèbres pour en effrayer les Français ! Mais résumons d'abord ce que j'ai dit.

Ai-je prouvé, au gré de mes lecteurs, que, loin d'avoir acheté des armes, *pour les vendre à nos ennemis, et tâcher d'en priver la France*, au contraire, dès le principe, j'ai fait un traité rigoureux, qui les lui assurait sans partage, sous les plus fortes peines pour mon vendeur, s'il en détournait une seule, quoique beaucoup pussent ne pas servir ?

Ai-je bien démontré que, loin d'avoir cherché à donner à la France des *fusils de mauvaise qualité*, forcé de les choisir dans la seule masse où je pouvais les prendre, j'ai, au contraire, par mes traités d'achat et de revente, soumis ces armes *à un triage*, lequel a dû, comme l'on voit, les renchérir de la part d'un vendeur qui, les ayant achetées en masse, voulait, avec raison, les revendre de même. Tel est l'esprit de ce marché, que des ignorants n'ont pas même la justesse de calculer!

Enfin, ai-je bien démontré que le ministre *de Graves*, qui, timide à l'excès sur sa responsabilité, *avait tant consulté le comité militaire de l'assemblée législative, avant de conclure avec moi*, après avoir porté, la veille, de 24 à 26 livres en écus, le prix des armes neuves qu'il avait commandées en France, ou en Allemagne, ce qui en montait le payement à 42 livres *assignats au moins*; que ce ministre, dis-je, n'a pu ni dû m'offrir, sous peine d'être injuste, moins de 8 florins (17 *francs*) de mes fusils, à moi; quand je lui ai prouvé, d'abord, que la France n'avait acquis encore aucune bonne arme à si bas prix; puisque les 150 mille fusils, commandés en Angleterre, nous coûtaient (dans le pays 30 schelings en or, ou avec la défaveur du change, de 60 à 72 *livres en assignats la pièce*; que les fusils de hasard du même pays nous revenaient alors à 20 schelings en or, ou en assignats de 42 à 48 livres *la pièce* (maintenant nous les payons 26 schelings, ou *de 60 à 64 livres en assignats la pièce*); quand je lui ai prouvé ensuite qu'avec le *danger d'un triage*, toujours soumis aux fantaisies d'un examinateur plus ou moins bénévole (*danger de perte incalculable pour quiconque achète en bloc*), il pouvait arriver telle circonstance (*laquelle est trop tôt arrivée pour justifier ma prévoyance*) où, forcé de tirer ces armes de Hollande, par la sourde voie du commerce, un droit nouveau *d'un florin et demi* mettrait les deux vendeurs en perte; et quand il était bien à craindre, si tout cela n'arrivait point, que la seule chute des assignats, pendant que les changes hausseraient contre nous, ne fît de ce marché, pour nous, qu'un jeu très-ruineux, *à la grosse*, pour avoir cédé au ministre ?

Eh bien! tout cela est arrivé. M'entendez-vous, M. *Lecointre ?* Oui, tout cela est arrivé. N'obstruez pas votre intellect pour servir de vils scélérats ! et si vous m'entendez enfin, oublions, vous et moi, que vous m'avez dénoncé, injurié, outragé. Répondez à ceci en vrai négociant, si vous l'êtes !

1° Sur un marché de 60 mille fusils, achetés *forcément* en bloc; *forcément*, vous m'entendez bien (*car si je ne les eusse pas pris tous, la France n'en aurait pas un seul*) ? Sur ce marché, *si dangereux en bloc*, en commençant par m'interdire la liberté de choisir mes acheteurs, concurrence qui eût établi l'espoir d'un plus grand bénéfice (mais mon civisme l'interdisait), *ai-je mal servi mon pays ?*

2° En m'obligeant, par mes traités, de trier, à *la pièce*, ce qui était acquis *en masse*, lequel triage laisse au hasard une grande latitude de pertes; *ai-je mal servi mon pays* ?

3° En me soumettant à ne toucher le prix de la partie qu'on choisirait, qu'en valeurs *non fixées*, à époque *incertaine*, de façon à courir, par cette étrange complaisance, le hasard dangereux de recevoir un jour, *pour des florins donnés au plus haut change*, des assignats qu'un seul revers, ou du désordre dans *Paris*, pouvait faire choir, au temps ou je les toucherais, de 90 pour cent chez l'étranger (*ils perdent aujourd'hui* 52 *en Angleterre*); *ai-je mal servi mon pays* ?

4° En ajoutant à tous ces risques, celui de courir telle chance, que ne pouvant plus profiter du bénéfice d'un *transit*, il fallût faire, comme je l'ai dit, sortir ces armes de Hollande, par la voie sourde du commerce, et payer, dans ce cas, *un florin et demi de droits par fusil bon ou mauvais*, comme marchandise du pays, quoiqu'elle y fût venue d'ailleurs; *ai-je mal servi mon pays* ? Et pourriez-vous déterminer, vous, Lecointre, à qui je m'adresse, et que l'on dit être un homme juste, à quel prix ces fusils devaient être vendus, *la pièce*, pour être sûr de n'y pas perdre ? Voilà ce que vous deviez étudier et savoir, avant de dénoncer et d'outrager un très-bon citoyen, qui a bien servi son pays !

Et quand, sur tant d'incertitudes, *un ministre, un comité, et un négociant patriote*, ont pris le parti modéré, de mettre, entre les fusils neufs d'Allemagne ou de France, et ceux-ci, la différence du prix de 26 *francs* à 17 *livres*, quoiqu'il y ait dans cette masse, une forte partie d'armes *toutes neuves*, de la fabrique de *Culembourg*, que vous n'auriez pas aujourd'hui, *pour 6 couronnes ou 36 francs* la pièce, payés en *beaux écus comptés* ; avons-nous spolié la France ?

Après surtout que vous avez payé, comme je l'ai dit, *tous les neufs*, qu'on a pu avoir des armuriers de l'Angleterre, il y a un an, à 30 *schelings en or*, *la pièce*, ou 72 *livres assignats* ; et que d'autres *vieux*, pris depuis dans le fond de la tour de Londres, ont été, sans difficulté, payés par vous d'abord 20 *schelings* en bel or, ou 48 *livres assignats* ; et aujourd'hui les mêmes, 26 *schelings* ou 62 *livres assignats* ; ne peut-on pas vous appliquer l'adage ancien : *dat veniam corvis*.

Et lorsque les *Constantini*, *Masson*, *les Sann...*, et autres protégés de nos *citoyens les ministres*, vous en font passer par le bec, d'absolument hors de service, et à des prix. . . . (mais n'anticipons rien ; tout trouvera sa place. . . répétons pour eux seulement ; *dat veniam corvis*.)!

mes fusils bien *triés* au prix de 17 *francs ou* 30 *livres assignats*, et qui sont les moins chers que vous ayiez acquis, rendent-ils à vos yeux le ministre *coupable*, le comité *complice*, et le vendeur *concussionnaire ?* Je vous donne du temps, *Lecointre*, pour y rêver.

Eh bien ! encore une fois, *tous les hasards en perte, prévus, je les ai essuyés.* Et il y a, de plus, neuf grands mois que mes tristes fonds sont dehors, et que je souffre le martyre !

Vous ne m'avez donc pas dénoncé, M. *Lecointre*, *sur aucun dessein supposé d'avoir acheté des armes pour en priver la France, et les livrer à l'ennemi ?* Vous seriez un homme trop injuste, si vous osiez l'articuler ! le contraire est si bien prouvé !

Vous ne m'avez sans doute pas dénoncé non plus, *sur aucun plan imaginé de vouloir fournir à la France des armes équivoques (comme les a... que j'ai nommés)*; les précautions que j'ai prises pour bien assurer le contraire, rendraient la dénonciation atroce; et vous êtes un honnête homme.

Certes, vous ne m'avez pas dénoncé, en m'accusant non plus *d'avoir vendu trop cher, ou voulu trop gagner sur ces armes, quand je les vendis, malgré moi, pour huit florins, à tant de risques et de hasards de pertes !* Vous eussiez fait grand tort à vos lumières ; car lorsque vous m'avez dénoncé, vous saviez tout aussi bien que moi ce que je viens d'apprendre aux autres.

Cependant je suis dénoncé, quoique je sois pur jusqu'ici ; peut-être ma conduite ultérieure a-t-elle donné prise à *dénonciation* : c'est ce qu'il faut examiner entre nous deux, M. Lecointre. *Cependant je suis dénoncé !* quoique tous les hasards prévus, je les aye tous éprouvés, grâce à la perfidie des gens qui devaient le plus me soutenir dans cette honorable entreprise !

Voyons si mon patriotisme et mon zèle ardent en ont été glacés ! Suivez-moi donc, *Lecointre*, et bien sévèrement ; *car c'est vous que je veux convaincre*.

Si tout ceci n'est pas fort éloquent, au moins cela est-il rigoureusement nécessaire pour faire voir à nos concitoyens les dangers que des scélérats nous feraient courir tous les jours, si quelque homme bien courageux ne les dénonçait, à son tour, à l'opinion publique ! C'est ce que je vais faire, moi, dans la seconde partie de ce Mémoire.

DEUXIÈME ÉPOQUE.

J'ai commencé ce Mémoire en disant que je ne jugerais point les ministres à qui j'ai eu affaire, en homme de parti, qui blâme tout, sans examen, dans les gens qui diffèrent d'opinion avec lui, et couvre d'un manteau bénin les fautes de tous ceux qu'il croit de son avis. C'est par les faits que l'on doit les juger, comme je désire qu'on me juge. Eux et moi nous allons passer sous les yeux de la *Convention nationale*, et même de la France entière. Et ce n'est pas le temps de rien dissimuler. *Qui trahit son pays, doit payer de sa tête une action aussi déloyale!*

Mais lorsque j'examine l'énorme quantité de travaux, de souffrances, dont je dois rendre compte, la sueur froide me monte au front. Sans avoir écouté mon dénonciateur, vous avez applaudi, citoyens des tribunes, au décret insultant qui me conduisait à la mort, si mes lâches ennemis n'avaient manqué leur coup sur moi; atrocité dont vous frémirez tous. On est si chaud pour accuser! aura-t-on seulement la patience de me lire? Et cependant, amis, ennemis, tous le doivent; les uns pour s'applaudir de l'estime qu'ils m'ont vouée; les autres pour y trouver de quoi confondre un traître, et me condamner, si j'ai tort, si tous les faits ne me justifient point.

Douze jours à peine étaient passés depuis le départ de *Lahogue* pour la Hollande, qu'effrayé des difficultés qu'on lui opposait en Zélande, sur une première requête présentée, il m'expédie un courrier jour et nuit, par la dépêche duquel j'apprends qu'avant même la déclaration de guerre entre la France et la maison d'Autriche, l'amirauté de *Middelbourg* (*mes fusils étaient en Zélande*) entendait exiger de moi un cautionnement de *trois fois la valeur de ma cargaison d'armes*, pour la laisser embarquer à *Tervère*; et s'assurer, nous disait-on, que ces fusils iraient en Amérique, et ne serviraient point pour les armées de France. Et c'était la réponse que l'amirauté avait faite *à notre première requête, pour obtenir l'extradition!*

Mais qu'est-ce donc que la Hollande avait à voir à des caisses de marchandises, qui ne passaient chez elle que sous la forme du *transit, et qui avaient payé les droits?* Certes, ils n'avaient aucune inspection politique dessus, pour quelque endroit du monde que je les destinasse, moi, *citoyen français;* et la Hollande étant une puissance amie, cette exigence, ridicule si elle n'eût pas été odieuse, ne pouvait être et n'était en effet (comme la suite l'a prouvé) qu'une mauvaise difficulté suscitée pour servir l'Autriche, laquelle n'avait pas plus de droits que la Hollande sur ces armes ; car,

L'acquéreur hollandais, qui les tenait de l'Empereur, *les lui avait payées comptant.* L'on avait exigé de lui une caution de 50,000 *florins d'Allemagne*, que les fusils iraient en Amérique. IL AVAIT FOURNI LA CAUTION ; et s'il ne prouvait pas, par des *connaissements* ou acquits déchargés, que les armes y avaient touché, la peine était au bout ; *il perdait* 50,000 *florins.* LÀ FINISSAIT LE DROIT DE L'EMPEREUR.

Cet acquéreur avait vendu les armes, *en retenant son bénéfice*, à des acquéreurs étrangers, qui, sans les lui avoir payées, les avaient revendues, *avec leur bénéfice*, à mon libraire de Bruxelles, lequel aussi, *sans les avoir payées*, me les avait vendues sous espoir d'un bon bénéfice ; et moi qui n'en voulais que pour armer nos citoyens d'Amérique, ou d'ailleurs, au gré de nos besoins pressants ; en subvenant, moi seul, à toutes ces primes de concession, et payant le premier acquéreur qui seul avait délié sa bourse, j'étais aux droits de tout le monde, *surtout à ceux du Hollandais.* C'était lui seul aussi que je devais couvrir du cautionnement fourni par lui. Seul, il avait le droit de l'exiger de moi, comme engagement commercial du marché qu'il avait rempli. Mais la Hollande, et moins encore l'Autriche, dont tous les droits étaient éteints, n'avaient aucun droit sur ces armes; celle-ci néanmoins avait *son influence*, et celle-là *sa complaisance*. Voilà, M. *Lecointre*, la question bien posée. Et c'est maintenant là-dessus que vont rouler tous les débats, et non sur les prétendus droits ni d'un *Provins* ni d'aucun autre, comme vous l'avez dit dans votre dénonciation, où il n'y a pas un mot qui ne soit une erreur *de fait*. Quant à celles de raisonnement, je ne dois mettre ici nulle pédagogie.

Ce malheureux Provins, qui n'a jamais payé ses traites, n'a mis et n'a pu mettre aucune entrave à l'extradition de nos armes; on se serait trop moqué de lui! aussi s'en est-il bien gardé. Mais je vous apprendrai ce qu'on lui a fait faire à Paris (*et non en Hollande*), pour nuire à l'arrivée des fusils dans nos ports; et vous serez un peu honteux de votre bonne et pieuse crédulité!

Lisez d'abord, pour vous en assurer, la première requête donnée à cette amirauté de Middelbourg, par *Lahaye* agissant pour nous deux, afin qu'ils fussent encore un peu plus dans leur tort; vous y verrez s'il est question de tous les honnêtes gens dont vous avez parlé!

Le 20 avril, au reçu du courrier qui m'annonçait les intentions perfides que la Hollande avait de nous nuire, je me hâtai d'écrire *au ministre des affaires étrangères, Dumouriez,* la lettre suivante en forme de mémoire.

A monsieur DUMOURIEZ, *Ministre des affaires étrangères.*

Paris, ce 21 avril 1792.

MONSIEUR,

« Un courrier qui m'arrive de *la Haye,* me force d'avoir recours à vous. Voici le fait :

» J'ai acheté en Hollande de cinquante à soixante mille fusils et pistolets. Je les ai bien payés : mon vendeur me les livre à *Terweren* en Zélande, où deux navires sont prêts à les recevoir ; mais à l'instant de partir, l'amirauté veut exiger de moi une caution de *trois fois la valeur de ces armes,* pour s'assurer, dit-elle, qu'elles sont par moi destinées pour l'Amérique et non pour l'Europe.

» Cette difficulté faite à un négociant français par une nation amie de la France, a forcé mon correspondant de me dépêcher un exprès. *Personne ne sachant mieux que vous, Monsieur, que partie de ces fusils est destinée pour nos îles du golfe,* puisque j'en ai instruit l'administration française, comme d'une chose qui pouvait lui être agréable ; ces armes y tenant lieu de celles qu'on leur expédierait de France, et le reste étant destiné pour le continent d'Amérique qui arme contre les Sauvages ; je vous supplie, Monsieur, de vouloir bien écrire à votre chargé d'affaires, auprès des États-Généraux, de faire cesser une difficulté qui me retient deux navires à la planche, et des fonds considérables en suspens.

» La nation hollandaise n'est pas avec nous dans des termes où la justice que je demande sur cette mienne propriété, puisse faire quelque difficulté, si vous avez la bonté de la lui demander pour un négociant français, dont la loyauté est connue. Vous obligerez celui qui est avec respect,

» MONSIEUR,

» Votre, etc. »

Signé CARON DE BEAUMARCHAIS.

Dumouriez mit à sa réponse toute la grâce de l'ancienne et franche amitié ; la voici :

Paris, le 21 avril 1792.

« Je suis bien invisible, au moins autant que vous êtes sourd, mon cher *Beaumarchais*. Cependant j'aime à vous entendre, surtout quand vous avez des choses intéressantes à me dire. Soyez donc demain à dix heures chez moi ; puisque, des deux, c'est moi qui ai le malheur d'être le ministre. Je vous embrasse. »

Signé DUMOURIEZ.

J'y fus le lendemain matin. La chose bien expliquée, il me demanda *un mémoire officiel*, pour qu'il en conférât avec les autres ministres. J'en fis un, j'en fis deux, enfin j'en fis cinq différents dans le cours de cette journée, nul n'étant, selon ces messieurs, dans la forme qu'il fallait. Cela me semblait bien étrange.

Le lendemain matin, 23 avril, j'envoyai au

ministre *Dumouriez* le cinquième Mémoire fait la veille. Le voici :

Paris, ce 13 avril 1798.

Monsieur,

« J'ai l honneur de vous adresser, non plus comme à un homme bienveillant, mais comme au ministre de la nation et du roi, au département des affaires étrangères, le cinquième Mémoire dont j'ai changé la forme depuis hier matin, pour vous prier, Monsieur, de vouloir bien faire cesser en Hollande la vexation de m'y retenir, au port de *Tervère*, 60 mille fusils que j'y ai achetés, et dont l'amirauté arrête le départ, sous le prétexte honteux d'une caution inusitée de *trois fois la valeur des armes*, uniquement pour servir d'assurance, dit-on, que je vais les expédier pour l'Amérique.

» Je suis bien désolé de vous importuner encore ; mais, sous quelque forme, Monsieur, que vous demandiez cette justice pour un négociant français que l'on vexe, il est à désirer que cette forme soit si pressante que vous puissiez vous flatter de lever l'embargo; sans cela, moi, particulier, qui suis bien loin d'avoir la force nécessaire pour vaincre des obstacles de cette nature, je ne pourrai plus livrer ces armes *au ministre de la Guerre, dans le temps prescrit par mon traité avec lui.*

» Daignez réfléchir aussi, Monsieur, que non seulement la nation en serait privée, dans un temps où elles sont devenues si nécessaires ; *mais que je me verrais obligé de me justifier hautement de l'accusation de mauvaise volonté, qu'on ne manquerait pas d'élever contre moi sur cette non-livraison d'armes, qui ne viendrait pas de mon fait*, mais de la malveillance d'une nation étrangère, dont le ministre seul de celle à qui j'ai l'honneur d'appartenir a le droit et l'autorité de demander raison pour moi.

» Ce n'est donc point une grâce personnelle que je sollicite, Monsieur, mais une justice importante à la France, sous le double aspect du droit des gens blessé, et de l'urgence du besoin de ces armes qui sont à elle, et qu'on retient injustement *à Tervère*.

» Je suis avec respect,

MONSIEUR, Votre, etc.

Signé CARON DE BEAUMARCHAIS.

Rien ne se terminait. J'allais deux fois par jour *aux affaires étrangères*, et il y a une lieue de chez moi : d'autres objets entraînaient le ministre. Des mots arrachés en courant ne me satisfesaient sur rien, et mon courrier se désolait du temps que je lui fesais perdre. D'autres lettres de Hollande arrivaient bien pressantes; le ministre me prie de lui remémorier l'affaire. Le 6 mai, en lui envoyant un nouveau mémoire très-instant, je lui écris ce mot :

6 mai 1792. Pour vous seul.

« Trois choses importantes à observer : la malveillance de nos ennemis intérieurs se flatte que vous ne réussirez pas à lever l'embargo des armes. Elle espère vous en faire un tort auprès de la nation française.

» 1° Le mal en Hollande *venant des marauderies de Paris*, dont nous avons la preuve, il importe que l'objet de mes instances ne soit pas connu, s'il se peut, *dans les bureaux de la Guerre*; on le saurait bientôt à la Haye;

» 2° Il importe que mon courrier parte si vite (*après la résolution prise*), qu'on n'ait pas le temps d'en donner avis par la poste; *les bureaux n'y manqueraient pas*;

» 3° Vous sentirez la justice et la justesse du contenu de mon Mémoire, en réfléchissant que, si un obstacle national, qu'aucun particulier ne peut lever, empêche que je ne vous livre les fusils au Hâvre, *je vous les livrerai à Tervère;* alors toutes les précautions qui assurent leur arrivée, deviendront personnelles au gouvernement français; je me charge seulement de lever les obstacles des agens subalternes *avec des poignées de ducats*.

» *Macte animo*. Je vous ai trouvé triste hier, et j'en suis affligé. Du courage, mon ancien ami! Usez de moi pour le bien public. Rien ne me coûtera pour sauver la patrie. Les divisions sont détestables : le fond des choses est excellent.

» *Signé* BEAUMARCHAIS. »

Point de réponse. Trois jours après, 9 mai, j'insiste, et j'envoie un nouveau Mémoire à MM. *de Graves, Lacoste* et *Dumouriez*, sous le titre de *Question importante et secrète, à délibérer et fixer, entre MM. les trois ministres de la guerre, de la marine et des affaires étrangères.* (Remis aux trois ministres, le 9 mai 1792.) Il est dans les trois archives; je vous le montrerai, *Lecoutre*, il ne doit pas être imprimé.

Point de réponse, et mon courrier ne partait pas. Je crus m'apercevoir qu'on arrêtait, je ne

Époques. V.

sais comment, l'active bienveillance de M. *Dumouriez*, pour le succès de cette affaire. La colère me surmonte ; je lui écris, quatre jours après, le 13 de mai, la lettre suivante, un peu sévère, pour être lue au comité.

BEAUMARCHAIS à Monsieur DUMOURIEZ.

Ce 13 mai 1792.

Monsieur,

« Daignez vous rappeler combien vous et moi, et tant d'autres, avons souvent gémi de voir misérablement à Versailles les anciens ministres du roi, se flattant d'avoir tout gagné quand ils avaient perdu huit jours : il est *trop tôt, il est trop tard*, était leur mot sur presque tout, donnant à conserver leur place les cinq-sixièmes du temps qu'ils devaient au bien des affaires. Hélas ! la maladie qu'on nomme *temps perdu*, me semble de nouveau atteindre nos ministres. C'était pure *incurie* de la part des anciens ; c'est sûrement *surcharge* de la vôtre ; mais le mal n'existe pas moins.

» Depuis trois mois, Monsieur, sur une affaire regardée comme excessivement majeure, je me vois accroché à tous les genres d'indécision qui rendent nuls les agents les plus vifs. Pour cette interminable affaire, *j'use le troisième ministre qui se soit chargé de la guerre.*

» Monsieur, nous manquons de fusils ; de toute part on en demande à cor et à cri.

» Soixante mille, acquis par moi, sont au pouvoir du ministre : tant d'or, tant d'or, déplacé de chez moi ; deux vaisseaux en panne en Hollande, et qui y sont depuis trois mois ; quatre ou cinq hommes en voyages ; une foule de

Mémoires par moi présentés coup sur coup, un très-court rendez-vous, inutilement demandé, pour y prouver *combien les obstacles sont misérables ;* un courrier qui mange son sang depuis vingt jours dans mes foyers, du chagrin d'un séjour forcé ; et moi qui sens brûler le mien, faute d'obtenir une réponse sans laquelle il ne peut repartir ; d'autre part, les menaces que je reçois de tous côtés, *d'accusation, de trahison ; comme si, par méchanceté, je retenais en Hollande des armes que je brûle de faire entrer en France.* Tant de frais, de contradictions, altèrent à la fois et ma fortune et ma santé.

» Si c'était un client qui vous demandât une grâce, je vous dirais : *envoyez-le promener !* mais c'est un citoyen zélé, qui voit périr une affaire importante, faute, depuis dix jours, d'obtenir un quart-d'heure pour la couler à fond avec les trois ministres *de la guerre, de la marine, et de nos affaires étrangères.* C'est un grand négociant, qui fait d'immenses sacrifices, pour aplanir tous les obstacles commerciaux, *sans recevoir aucun appui sur les obstacles politiques, qui ne peuvent être levés que par le concours des ministres !*

» Mais, quelle que soit pourtant votre résolution, ne faut-il pas, Messieurs, que je la sache, pour travailler en conséquence ? Et, soit que vous vous décidiez pour ou contre la réussite, des choses aussi capitales peuvent-elles rester en suspens ? Dans un temps comme celui-ci, plus on tarde à prendre un parti, plus les embarras s'accumulent. Il faut pourtant que je me justifie aux yeux de la nation entière, sur mes efforts infructueux, si je ne veux pas voir bientôt mettre le feu à ma maison. Notre peuple entend-il raison quand des brigands lui échauffent la tête ? et voilà ce qui me menace.

» Au nom de ma sûreté (*de la vôtre peut-être*), assignez-moi, Monsieur, le rendez-vous que je demande : dix minutes, bien employées, peuvent empêcher bien des malheurs! Elles peuvent surtout mettre tous nos ministres en état de satisfaire à des demandes d'armes, qu'il ne tient qu'à eux, *oui*, *qu'à eux*, de faire venir en quatre jours au Hâvre. »

Signé Caron de Beaumarchais.

Paris, ce 12 mai 1792.

M. *de Graves* était remercié; M. *Servan* avait sa place. D'une part, il fallait instruire ce nouveau ministre; de l'autre, la malveillance intérieure commençait à souffler dans le comité des ministres. J'écris, le 14, à M. *Servan*, la lettre qui suit. Je priai instamment M. *Gau* de la lui remettre, et je saisis cette occasion d'attester qu'en toute cette affaire, je n'ai eu qu'à me louer de la loyale franchise et des soins obligeants de M. *Gau*. Il n'y est plus, et nul intérêt ne m'engage à le distinguer de ce que je nomme les bureaux.

A M. SERVAN, *Ministre des affaires étrangères*.

Monsieur,

« Le fardeau très-pesant du ministère de la Guerre, dont votre patriotisme a chargé votre tête, vous expose souvent à des importunités fatigantes. Je voudrais bien ne pas accroître le nombre de ceux qui vous tourmentent. Mais l'urgence d'une décision de votre part, sur la retenue de soixante mille fusils *qui vous appartiennent en Zélande*, et que les Hollandais empêchent de sortir du port, où deux vaisseaux attendent depuis trois mois, me force de vous demander l'honneur et la faveur d'une audience de dix minutes ; il n'en faut pas une de plus pour couler cette affaire à fond. Mais l'état où la malveillance commence à la représenter, exige une grande attention de votre part.

» Depuis vingt jours, Monsieur, un courrier venu *de la Haye*, et qui se désole *à Paris*, faute d'un mot qu'il puisse emporter et partir, augmente encore mes embarras. Depuis dix jours, je sollicite en vain d'être entendu par vous et deux autres ministres : car moi seul peux vous faire connaître le danger d'un plus long silence, sur la décision d'une affaire *que les ennemis de l'État dénaturent, et veulent tourner contre moi et contre le ministre actuel*. Je vous demande donc, avec l'instance d'un citoyen inquiet, une audience courte et prochaine. Peut-être puis-je tout aplanir : mais certes, je ne le puis, Monsieur, sans vous avoir communiqué mes vues. Daignez me faire passer votre mot, par M. *Gau*, que j'ai prié de vous remettre ma supplique. Agréez le dévouement très-respectueux de

BEAUMARCHAIS. »

Point de réponse. Je renvoie, le 17, un double de ma lettre ; j'obtiens enfin un rendez-vous pour le 18 au soir : mais je n'y gagnai rien. M. *Servan* me dit tout net *que cette affaire n'étant point de son bail, il n'écrirait pas un seul mot qui pût y apporter le moindre changement* ; qu'au surplus, il en parlerait à M. *Dumouriez*, et me ferait dire la réponse.

Point de réponse. Je retourne plusieurs fois à

l'hôtel de la guerre : toujours porte fermée. J'apprends enfin, le 22 mai, que les ministres sont assemblés chez le ministre de l'intérieur. J'y cours, je demande à entrer. Je me plains amèrement de l'espèce de dédain avec lequel on me repousse depuis un mois, sans que je puisse apprendre de personne ce que je dois répondre en Hollande, sur les difficultés que font les Hollandais de laisser partir les fusils. Il s'élève un débat entre M. *Clavière* et moi; mais poussé si loin de sa part, à l'occasion du cautionnement, que, me sentant hors de mesure, je pris le parti de sortir.

Ne me possédant plus, après quarante jours perdus, mon courrier encore sur les bras, j'écris, le 30 mai, la suivante à M. *Servan*, et j'en envoie copie à M. *Dumouriez*.

(Je vous supplie, au nom de l'équité, *Lecointre*, de la lire avec attention. J'étais au désespoir, et mon chagrin s'y exhalait sans fard; je vous dirai après l'effet qu'elle produisit.)

Lettre à M. *SERVAN.*

Ce 30 mai 1792.

Monsieur,

« S'il me restait un jour de plus pour garder le silence avec sûreté, je ne vous importunerais pas sur l'affaire des soixante mille fusils arrêtés en Hollande, *dont je n'ai pas encore réussi à vous faire saisir le véritable esprit.* On vous a bien trompé, Monsieur, si l'on vous a fait croire *qu'elle pouvait être négligée sans risque, parce qu'elle m'était personnelle !*

» Elle m'est tellement étrangère, que si j'y tiens, Monsieur, c'est par les sacrifices que je lui ai faits, et par l'amour de mon pays, qui m'a seul porté à les faire : elle est *absolument nationale*, et me le paraît à tel point que, sans mon zèle ardent pour la cause que nous servons chacun à nôtre manière, *j'aurais déjà vendu ces armes à l'étranger, avec un bénéfice immense, qu'aucun négociant ne méprise.* Mais j'ai mis mon patriotisme à braver les dégoûts dont on ne cesse d'abreuver la soif que j'ai montrée d'aider mon pays de ces armes, *lequel en manque absolument :* voilà tout ce qui me concerne.

» C'est aujourd'hui le 30 mai, dernier jour du terme que j'ai choisi volontairement pour livrer au Hâvre, à la France, les soixante mille fusils que j'ai achetés pour elle, que j'ai payés avec de l'or, *dont l'échange contre assignats* rend l'affaire mauvaise sous l'aspect qui tient au commerce.

» En outre, depuis trois mois et demi, deux navires sont à la planche pour transporter ces fusils, quand les obstacles seront levés.

» Depuis encore, j'ai proposé (*et c'est à vous, Monsieur, que je l'ai fait*) de dépenser jusqu'à *cent mille fr.* pour tenter de lever ces obstacles, sans user du moyen politique d'un cautionnement réel que la guerre rend nécessaire, et dont, avec toute ma logique, je n'ai pu encore établir, aux yeux de notre ministère, *l'indispensable utilité sans risques.*

» *J'ai donc comblé les sacrifices, et ne puis les porter plus loin.* Forcé de me justifier sur l'horreur qui m'est imputée, de forger moi-même l'obstacle que j'ai l'air, dit-on, de combattre ici, pour trahir mon pays, en livrant à nos ennemis des armes devenues si nécessaires à la France, je dois montrer, sous peu de jours, ce que j'ai fait, ce que j'ai dit, tout l'argent que j'ai avancé pour nous en rendre possesseurs, *sans avoir reçu de personne l'aide, hélas! si facile, que j'ai partout sollicitée.*

» Outragé par la malveillance des uns (*M. Clavière*), rebuté par l'inaction des autres (*M. Dumouriez*); découragé enfin par la répugnance que vous m'avez montrée, d'entrer pour rien dans une affaire entamée et conclue par votre prédécesseur (*voilà le mot*), comme s'il était question d'un brigandage, ou d'un patricotage, je dois, en désespoir de réussite auprès de vous et du ministre des affaires étrangères, justifier hautement, Monsieur, mes intentions et mes actions. *Alors la nation jugera qui a des torts à son égard.* (*L'instant est enfin arrivé, je le fais.*)

» *Non, il n'est pas croyable qu'une affaire aussi importante soit traitée par un ministère avec cet abandon, cette légèreté!* J'en ai reparlé, depuis vous, à votre collègue Dumouriez, qui m'a paru enfin pénétré *du danger de laisser publier une justification sur cet étrange empêchement,* à qui j'ai fait toucher au doigt *l'extrême facilité de sortir d'un si puéril embarras,* POUR DES MINISTRES UN PEU INSTRUITS.

» Mais, quelle que soit sa bonne volonté, il ne le peut, Monsieur, que d'accord avec vous; *et c'est bien avec vous que j'ai traité de cette affaire,* PUISQUE C'EST VOUS QUI ÊTES MINISTRE DE LA GUERRE. *Les grâces seules accordées par votre prédécesseur, peuvent être détruites par vous, si vous ne les trouvez pas justes :* MAIS LES AFFAIRES DE L'ÉTAT DOIVENT-ELLES SOUFFRIR UN MOMENT DU CHANGEMENT D'AUCUN MINISTRE, *à moins que l'on ne prouve qu'il y a intrigue ou lésion ?* A L'ÉCLAIRCISSEMENT DE CELLE-CI, JE PUIS SOUFFRIR DES PERTES EN QUALITÉ DE *négociant ;* MAIS J'AURAI CENT PIEDS DE HAUTEUR, COMME CITOYEN ET COMME PATRIOTE !

» Pour éviter un mal qu'il est si aisé d'empêcher, je vous supplie de m'accorder un rendez-vous en tiers avec M. *Dumouriez.* Ce que la malveillance peut faire patauger six mois, la bonne intelligence peut le solder en six minutes.

» *Les clameurs, pour avoir des armes, vont partout jusqu'à la fureur. Jugez, Monsieur, où elle se portera,* QUAND ON SAURA QUEL MISÉRABLE OBSTACLE NOUS A PRIVÉS DE 60 MILLE ARMES, QU'ON POUVAIT AVOIR SOUS DIX JOURS. Tous mes amis, par inquiétude pour moi, exigent que je rejette à qui il doit aller le bloc dont on veut m'accabler ; mais c'est le bien que je veux faire, *et le jour que j'aurai parlé il sera devenu impossible.*

» Je vous demande donc, au nom de la patrie, du vrai besoin de mon pays, du danger de cette inaction, de vaincre toutes vos répugnances, en m'assignant un rendez-vous, d'accord avec M. *Dumouriez.*

» Agréez les assurances de la très-respectueuse estime qui vous est due.

Signé CARON DE BEAUMARCHAIS.

Je suis trois jours sans avoir de réponse. Le 2 juin je reçois cette lettre de M. *Servan,* (écriture de bureau.)

Paris, le 2 juin 1792, l'an 4ᵉ de la liberté.

« *Vous sentez, Monsieur, que votre affaire ayant été mûrement examinée* AU CONSEIL DU ROI, *comme je vous en ai prévenu* (prévenu ?..... de quoi ? qu'elle le serait apparemment), *il m'est impossible* D'Y RIEN CHANGER. *Vous demandez à m'entretenir avec M. Dumouriez sur le même objet; je me trouverai volontiers au rendez-vous que voudra bien vous accorder ce Ministre.*

Le Ministre de la Guerre : *Signé* SERVAN.

Que voulait dire M. *Servan ?* Prétendait-il me faire entendre par ces mots : *le conseil du roi,* que c'était *le roi en personne,* qui s'opposait à ce qu'on fît rien pour accélérer ces fusils ? Un nouveau genre d'inquiétude me saisit. Dans le désordre de ma tête, je renvoie mon courrier en Hollande, en écrivant à mon ami que la malveillance est au comble, et qu'il faut que ce soit lui-même qui me donne un conseil pour tâcher de faire arriver nos fusils, en consultant l'ambassadeur, *soit en fesant des ventes simulées à des négociants hollandais, soit en les fesant aller à Saint-Domingue,* d'où j'en ferais ensuite l'usage qu'un meilleur temps me prescrirait. Ma lettre se ressentait de ma fâcheuse situation ; mon ami en fut effrayé.

Je m'efforçais de me tranquilliser, lorsque, le 4 juin, *François Chabot,* pour comble de malheur, poussé par je ne sais qui, s'avise de me dénoncer à l'assemblée nationale, comme ayant fait venir *du Brabant,* dans mes caves, cinquante mille fusils, *dont la municipalité,* dit-il, avait parfaite connaissance. L'enfer est donc déchaîné, dis-je, contre ces malheureux fusils ? Y a-t-il jamais eu sottise ou traîtrise pareille ? Et je puis être massacré !

Sur-le-champ je reprends la plume, et j'écris à M. *Servan* la lettre dont voici la copie :

Paris, lundi soir, 4 juin 1792.

Monsieur,

« J'ai l'honneur de vous prévenir que je viens d'être enfin *dénoncé aujourd'hui à l'assemblée nationale* comme ayant fait venir du Brabant, à Paris, cinquante mille fusils, que je retiens, dit-on, cachés dans un lieu très-suspect.

» Vous pensez bien, Monsieur, que cette accusation, *qui me fait membre du comité autrichien, intéresse beaucoup le roi, que l'on en suppose le chef, et qu'il ne vous convient pas plus qu'à moi de laisser fermenter des soupçons de cette nature ?*

» Après les efforts de tout genre que j'ai faits, *tant auprès de vous que des autres Ministres*, pour procurer ces armes à mon pays ; après leur inutilité, et j'ajoute, avec peine, *après l'inconcevable indifférence dont tant d'efforts patriotiques ont été repoussés par le Ministère actuel, je devrais au roi et à moi de me justifier hautement*, si mon patriotisme ne m'arrêtait encore par la certitude que j'ai que du moment où je m'expliquerai publiquement, *la porte de la France est fermée à ces armes.*

» Cette seule considération prévaut encore *sur celle de ma sûreté menacée, et des mouvements populaires que l'on remarque autour de ma maison.* Mais, Monsieur, cet état ne peut subsister vingt-quatre heures ; et c'est de vous, *comme Ministre*, que j'attends *la réponse qu'il me convient de faire à cette inculpation* (*de Chabot*). Je vous demande encore une fois, Monsieur, un rendez-vous dans la journée avec M. *Dumouriez*, s'il est encore Ministre. Vous êtes trop éclairé pour ne pas pressentir les conséquences d'un retard.

» Mon domestique a l'ordre d'attendre celui par écrit que vous voudrez bien lui remettre pour moi. Il y a quelque vertu, Monsieur, dans la conduite que je tiens, *malgré l'effroi de ma famille entière*; mais le bien public avant tout.

» Je suis avec respect,

MONSIEUR, Votre, etc.

Signé CARON DE BEAUMARCHAIS.

En copiant ceci, j'ai besoin de me modérer, la colère m'emporte encore, et je sue à grosses gouttes, le 6 janvier, dans un pays très-froid.

Le lendemain enfin, M. *Servan* répond pour la première fois de *sa main*.

Mardi, 5 juin.

« J'ignore, Monsieur, à quelle heure M. Dumouriez sera libre pour vous voir ; mais je vous répète que, dès que vous serez chez lui, et qu'il me fera avertir, je m'empresserai de m'y rendre, ce matin, jusqu'à trois heures; après midi, depuis sept heures jusqu'à neuf heures.

» Je serais très-fâché qu'il vous mésarrivât, pour des fusils, QUE DES ORDRES IMPÉRIEUX RETIENNENT A TER-WEREN. »

Le Ministre de la guerre : *Signé* JOSEPH SERVAN.

Ce n'étaient donc pas, ô *Lecointre*, ni un brocanteur en faillite, ni ma mauvaise volonté, qui retenaient ces armes à *Terweren* ? Ni ce *Provins* que vous préconisez, ni aucuns autres particuliers, ne pouvaient pas représenter dans l'esprit de M. *Servan* CES ORDRES IMPÉRIEUX qui arrêtaient nos armes. Eh ! sur quels diaboliques mémoires m'avez-vous donc stigmatisé ?

Voilà, dis-je, en lisant le billet de M. *Servan*, le premier mot un peu supportable, que je reçois, sur cette étrange affaire, depuis que ce ministre est en place ! Je vois trop qu'il cédait à des impulsions étrangères.

Puisqu'il consent à conférer avec moi et son collègue *Dumouriez*, *sans un certain autre Ministre*, je commence à penser qu'il entendra raison.

Mais, cette conférence tant demandée le 4, je ne pus l'obtenir que le 8, à neuf heures du soir, et chez M. *Servan* : quatre journées de perdues. J'y repris l'affaire *ab ovo* ; peut-être, en la traitant avec chagrin, avec chaleur pour mon pays, eus-je ce qu'on pourrait nommer l'éloquence de la chose, ou celle du moment ? Ce qu'il y a de certain, c'est que les ministres, touchés de toutes les peines qu'on m'avait fait souffrir, convinrent l'un et l'autre, lui, *Dumouriez*, qu'il écrirait à MM. *Hoguer, Grand*, banquiers d'*Amsterdam*, de me cautionner à tort ou à droit, auprès des Etats de Hollande, jusqu'à la somme, non pas *de trois fois la valeur de la cargaison*, qu'ils voulaient, mais *d'une fois cette valeur;* ce qui n'était pas moins injuste, mais était pourtant nécessaire.

Pendant qu'il en prenait la note, je lui dis : *une fois ou trois fois la valeur, c'est tout un ;* puisqu'en fin de compte, en rapportant *l'acquit à caution déchargé*, cela ne coûtera qu'une commission de banque ; et nos fusils vont arriver.

M. *Servan* convint de me faire remettre 150 *mille livres* sur les 250 *mille*, que son département avait à moi, au-delà des 500 *mille francs d'assignats qui m'avaient été avancés.*

Car *un certain ministre* ne disait pas encore que 750 *mille livres de contrats de l'État*, portant 9 *pour* 100 *d'interét*, sont un dépôt qui ne saurait représenter pour 500 *mille francs d'assignats qui ne portent nul intérét, et perdent* 50 *pour* 100 *chez l'étranger.* Mais nous y reviendrons ; la chose en vaut la peine.

Pendant que M. *Servan* prenait aussi sa note, je lui dis : *Avec ce secours-là, Monsieur, s'il faut trois ou quatre mille louis pour lever tous les autres obstacles en Hollande, je les sacrifie de bon cœur.* Et nous nous séparâmes tous fort contents les uns des autres.

Mais, le 12 juin, c'est-à-dire, quatre jours après, n'ayant de nouvelles de personne, j'écrivis (bien fâché) la lettre suivante à M. *Servan*, *le ministre.*

12 juin 1792.

Monsieur,

« Le jour de la dernière conférence que vous et M. *Dumouriez* m'avez accordée pour le complément des moyens propres à retirer nos soixante mille fusils de Hollande, j'eus l'honneur de vous répéter que l'argent nécessaire pour gagner tout ce qui enveloppe le haut sénat de ce pays, pouvait se porter de trois mille à quatre mille louis, et que cette somme m'était indispensable.

» Disposé au grand sacrifice de cette avance, je vous ai prié de nouveau de me faire remettre de quoi me faire cent mille livres en florins de Hollande, sur les deux cent cinquante *mille francs que vous avez à moi*, et qui n'ont été déposés, au lieu de six cent *mille livres* portées dans notre marché, au-delà de l'avance que M. *de Graves* m'a faite, que parce que nous convinmes à l'amiable, que si j'avais besoin de quelques fonds (ce que je ne prévoyais pas), ils me seraient remis et sans difficulté. Vous m'avez dit, Monsieur, que vous vous consulteriez (*sur la forme*), et me feriez parvenir promptement votre réponse ; vous convient-il que j'aille la recevoir, ou voulez-vous me la faire passer ? Le succès des plus grandes affaires, quoi qu'on fasse en tous les pays, tient à ces misérables moyens ; *et malgré la contradiction, vous voyez que, pendant qu'on décrète ici des peines contre ceux qui s'y laissent corrompre, on décrète six millions à M. Dumouriez pour en faire corrompre ailleurs !*

» Ne me laissez pas, je vous prie, *quand vous avez des fonds à moi*, faire d'immenses sacrifices pour me les procurer d'ailleurs; mais, quelle que soit votre décision à cet égard, je vous demande, surtout, de ne me la point faire attendre. Il faut que tout marche à la fois; les démarches de notre Ministre *à la Haye*, auprès de ce gouvernement; le cautionnement, les gratifications à tous ceux qui influent : c'est là la marche des affaires, et celle-ci a beaucoup trop langui !

» Je suis avec respect,

Monsieur,   Votre, etc. »

Signé Caron de Beaumarchais.

J'employais, comme vous voyez, *Lecointre*, tous les styles. Si c'était pour trahir l'État, *je dois avoir le cou coupé;* mais je vois déjà mes lecteurs s'écrier : *ce n'est pas le ton d'un traître !* O mes lecteurs ! ayez quelque patience : vous ne la perdrez que trop tôt, quand vous saurez tout ce que j'ai souffert ! car alors ce n'est pas pour moi que vous tremblerez, c'est pour vous !

Le même jour, 12 juin, je reçus ce billet poli, *de la main de M. Servan.*

« Joseph Servan prie M. de Beaumarchais de vouloir bien s'aboucher avec M. Pache, qui tient, pour le moment, la place de M. Gau; il le mettra au fait de cette affaire, avant que M. de Beaumarchais le voye. »

12 juin.

Enfin, me dis-je, grâce au ciel ! me voilà au bout de mes peines ! M. *Dumouriez* certainement aura écrit à MM. *Hoguer* et *Grand* ; je vais toucher 50 *mille écus*, dont j'enverrai 100 mille francs *à la Hogue*, pour parer à tous les obstacles, et les fusils vont arriver ; et M. *Chabot* les verra, et le peuple me bénira, après m'avoir bien injurié ! J'étais joyeux comme un enfant.

J'écris le soir même en Hollande pour y consoler mes amis et leur faire partager ma joie.

Le lendemain matin, 13 juin, je vais à l'hôtel de la Guerre parler à M. *Pache*, et tenir de lui l'ordonnance, *comme M. Gau les délivrait*. Je passe dans son cabinet ; je crois le mettre au fait de toutes les résolutions prises ; l'homme m'écoute froidement, et me dit :

« Je ne suis point M. *Pache* ; je tiens sa place par *interim* ; mais votre affaire ne peut se terminer : M. *Servan* a quitté le ministère ce matin ; je ne sais où sont vos papiers, je m'informerai de cela. »

Frappé comme d'un coup de foudre, je monte dans les bureaux de l'artillerie ; tout le monde me dit que M. *Servan* a emporté tous ses papiers, et qu'on ne trouve pas les miens.

Je passe aux affaires étrangères ; je n'y trouve point notre ministre *Dumouriez*, qui avait pris la Guerre par *interim*. Je reviens chez moi lui écrire ; je pense alors qu'il me suffit de lever un extrait de l'acte de mon dépôt de 750 *mille francs*, chez le notaire du département de la Guerre, pour bien prouver à M. *Dumouriez*, qu'il est vrai que ce département a 250 *mille livres à moi*, sur lesquelles il sait bien que M. *Servan* est convenu, devant lui, de me remettre 50 *mille écus*.

Le 14 juin, M. *Dumouriez*, accablé sous la multitude d'affaires, me fait répondre, par M. de *Laumur*, son aide-de-camp, qu'il va me faire remettre les 50 *mille écus* convenus avec monsieur *Servan*; qu'il s'en souvient très-bien; que j'y passe le surlendemain. Dieu soit béni! me dis-je encore, ce contre-temps n'est qu'un retard!

Joyeux, j'y vais le 6 juin, à midi, c'était là l'heure où *Doumouriez* donnait ses audiences à l'hôtel de la Guerre. Il était sorti; je l'attends. Au lieu de lui, on vient dire à tout le monde, au grand salon, *que M. Dumouriez vient de quitter la Guerre, et qu'on ignore celui qui le remplace.* L'effet que cela fit sur moi, c'est que je fus atteint d'un sourire de dédain et de profond mépris, sur la bien triste originalité de tous ces contre-temps qui m'arrivaient. Je veux monter dans les bureaux; ils étaient tous ouverts, et personne dedans. Je m'écriai involontairement, dans un état que je ne saurais rendre: *ô pauvre France! ô pauvre France!* et je me retirai chez moi, le cœur serré à m'étouffer.

Pour m'achever, le 23 juin, je reçus une lettre

de *la Hogue*, qui m'apprenait que MM. *Hoguer* et *Grand* avaient refusé de cautionner, sous prétexte que le ministre, qui avait envoyé l'ordre à M. *de Maulde*, notre ambassadeur à *la Haye*, de faire cautionner par eux, *ne leur en avait point écrit*. (O désordres affreux des bureaux ! car ces choses-là sont de pures formules.) Mais tout ceci n'était qu'un vain prétexte. Ces messieurs, qui ont tant gagné d'argent à servir notre France, servaient alors, contre elle, la Hollande et l'Autriche. Tout était donc au diable ; et c'était à recommencer, quand il y aurait d'autres ministres. Je me mangeais les bras de désespoir.

Mais, au milieu de mon chagrin, soyons justes, et rendons grâce à l'attention de *Dumouriez*, qui, en sortant du ministère, instruisit M. *Lajard*, son successeur pour la Guerre, des contre-temps qui m'étaient arrivés ; ce qui le disposa sans doute à bien écouter l'historique et le compte que je lui rendis, *pièces probantes sur la table*, des entraves de toute espèce, que l'enfer avait semblé mettre à l'arrivée de ces fusils. — Cela est d'autant plus fâcheux, dit tristement M. *Lajard*, *que nos besoins sont excessifs, et que nous ne savons comment faire*. Il faudra, me dit-il, aller voir M. *Chambonas* (qui avait les affaires étrangères) pour voir à remédier au refus plus que malhonnête des deux banquiers

Hoguer et *Grand*. En attendant, je vais m'instruire de l'état juste où est l'affaire des 5o *mille écus à vous*, qui vous sont échappés tant de fois. Le ton doux de M. *Lajard* me sembla de très-bon augure.

Il fit venir M. *Vauchel*, chef de bureau de l'artillerie, qui lui dit qu'en effet il avait été convenu entre les deux ministres de me remettre cette somme, *sur les fonds qu'on avait à moi.*

M. *Lajard* eut l'honnêteté de répondre le lendemain, 19 juin, à la demande que je lui en fesais par écrit, *pour la bonne règle*, et de m'envoyer la lettre suivante, avec un mandat à la trésorerie nationale, pour me payer les 15o *mille livres*.

19 juin 1792, l'an 4ᵉ de la liberté.

M. *Beaumarchais*.

« Vous me demandez, Monsieur, que, pour vous mettre en état de faire sortir de la Zélande les soixante mille fusils de soldat que vous vous y êtes procurés, en vertu du traité que vous avez fait avec le gouvernement, je vous fasse délivrer une nouvelle avance de cent cinquante *mille livres*, pour, avec cinq cent mille francs que vous avez déjà touchés, faire six cent cinquante mille livres, à compte du prix de cette fourniture. Je vois d'autant moins d'inconvénient à vous donner cette facilité, que, comme vous l'observez, vous avez déposé des valeurs supérieures à cette avance. Vous trouverez, en conséquence, ci-joint, l'ordre pour recevoir ces cent cinquante mille livres à la trésorerie nationale. »

   Le Ministre de la Guerre : *Signé* A. LAJARD.

J'envoie mon caissier recevoir cette somme, qui s'était fait terriblement attendre ! Un chétif et bizarre accroc en retarda encore le payement.

Un commis du bureau de la guerre, dit-on à mon caissier, était venu prévenir *que l'on n'oubliât point que l'usage, pour les fournisseurs, était d'avoir une patente avant de recevoir leurs fonds*. Monsieur, dit mon caissier, M. de *Beaumarchais* n'est point un fournisseur, c'est un citoyen qui oblige, et certes, bien à ses dépens. Il représente un Brabançon qui n'a point de patente en France ; il a reçu déjà 500 mille francs, sans qu'on ait rien exigé. — Monsieur, lui répond-on, nous avons ordre de ne pas le payer sans cela.

Sur le compte qui m'en fut rendu, je dis : *Ce sont là les derniers soupirs de la malveillance expirante*. Ne perdons pas dix jours à batailler sur un argent si contesté et devenu si nécessaire ; ils veulent me faire marchand de fournitures, lorsque j'ai cru rendre un très-grand service. Combien faut-il pour cette patente ? on me demanda 1,500 livres. Si les messieurs de ce bureau, lui dis-je, se sont tous buttés là, pour me bien dégoûter d'aller jamais sur leurs brisées, disons notre *meâ culpâ*, et portez les 1500 livres.

Cela nous dévora deux jours. Je suis bien sûr que la malignité en riait ; enfin, on leur porta *ma patente d'arquebusier*. Mais, à l'instant que l'on allait payer, vint un autre commis régaler mon caissier d'une opposition inconnue. On referme la caisse ; il s'en revint chez moi, me rapportant la lettre du ministre. *Pour le mandat de me payer, on l'avait très-bien retenu.* Il s'en revint chez moi, me demandant, bien effaré, si je connaissais un *Provins*, qui avait mis opposition sur tout ce qui pouvait *m'être dû à la Guerre ;* en sorte qu'on n'avait point payé. Je le connais, lui dis-je, assez pour ne vouloir point le connaître.

C'est donc ici le cas *de s'expliquer sur ce Provins*, dont vous avez, *Lecointre*, fait un si noble bruit dans votre dénonciation ; quelle que soit la nausée que me cause cet émétique, il faut s'en soulager, et ne laisser rien en arrière. Quand on se sent piquer la nuit par un insecte, encore faut-il bien le noyer, si l'on veut prendre du repos.

Quelques jours après mon traité, signé avec M. *de Graves*, un sieur *Romainvilliers*, commandant de légion de la garde nationale, jadis exempt des gardes du corps, de tout temps obéré, joueur et feseur d'affaires, vint un matin me dire qu'un pauvre homme qu'on avait bien trompé, à qui un sieur *Lahaye*, qui, disait-on, m'avait vendu des armes pour le gouvernement français, devait 80 mille francs, *pour caissons et réparations de partie de ces mêmes armes*, et qu'il venait me supplier, quel que fût le marché que j'eusse fait avec ce *Lahaye*, de trouver bon qu'il mît opposition entre mes mains. C'est, dit-il, un nommé *Provins*, bon ouvrier, et même brocanteur, qui a beaucoup d'enfants, et qu'une pareille perte conduirait à sa ruine entière.

Monsieur, lui dis-je, il ne faut point de prière pour cela; je ne puis refuser une opposition qu'on m'apporte. M. *de Lahaye* ne m'a rien dit de cette créance un peu forte; je lui en ferai des reproches; car je n'ai point fait un marché sec, où rien n'aurait pu me guider, n'ayant point vu ces armes-là. Mais je l'ai bien intéressé à faire une affaire honorable; et si de grands malheurs ne fondent pas sur l'entreprise, votre homme sera loin de perdre ce qu'on lui doit. Mais quel intérêt prenez-vous à ce créancier *de Lahaye?* — Je ne vous cacherai pas, dit-il, qu'étant moi-même assez dérangé de fortune, je l'avais protégé *aux bureaux de la Guerre*, pour lui faire avoir un marché, pour une partie de ces armes, du temps de M. *Duportail*. Les assignats alors perdaient très-peu de chose. Il avait fait son compte pour

20 livres, même moins ; mais n'ayant pas trouvé ses fonds, les assignats sont tombés tout-à-coup, et son marché n'a pu se soutenir, parce qu'enfin *il a donné trop d'intérêt dans cette affaire*, et que ses bailleurs de fonds ont fait une lourde faillite. J'avais moi-même intérêt dedans, *avec quelques-uns de ces messieurs*. Ah! c'est un grand malheur pour lui de n'avoir pas songé à vous! — Ne le regrettez pas, Monsieur, lui dis-je ; quelque Français qui me l'eût proposée, je ne l'eusse pas acceptée : je connais trop leurs tripotages! J'ai même cru l'affaire nette, et je suis très-fâché de lui trouver des embarras de cette nature. Au reste, je vous remercie de l'égard qui vous fait me prévenir sur cette opposition ; je la reçois, et vous donne ma parole d'en écrire à M. *Lahaye*. S'il leur faut un conciliateur, je le serai avec plaisir.

L'opposition me vint ; je la reçus. J'écrivis à *Lahaye*, qui, pour réponse, me dit *qu'il ne devait rien à cet homme ; et que, quant aux objets dont il réclamait le salaire, je n'avais qu'à écrire à M. de la Hogue, qu'il m'enverrait, par sa réponse, les quittances de ces objets, que l'on avait payées pour moi, à l'acquit de la masse entière. Alors je me tins sur mes gardes.*

Enfin, lorsque j'ai vu qu'outre l'opposition en

mes mains, on avait fait mettre à cet homme une opposition sur moi, à l'hôtel de la Guerre (sur moi, qui ne l'avais vu ni connu dans aucune espèce d'affaire), *j'ai reconnu la sourde intrigue qui me fesait expier le tort d'être sorti de mon repos, pour troubler leur maquignonnage.* Alors, avec un homme de loi, je vis ce marchand brocanteur, supposant que quelque homme, avide d'accumuler des frais à ses dépens, lui avait fait faire cette faute. Mais, comme ce *Provins* n'est qu'un *brise-raison*, nous n'en pûmes rien obtenir. Il fut assigné sur-le-champ, a épuisé tous les délais, a été condamné partout; mais, *sous les auspices du désordre*, il a si bien filé le temps, de condamnation en condamnation, qu'il a usé plus de cinq mois. Sur opposition frauduleuse, il m'a empêché de toucher *mes propres cinquante mille écus*. J'ai proposé au département de la guerre de retenir tout ce que demandait cet homme, et de me délivrer le reste, jusqu'à dernière condamnation. Le sévère M. *Vauchel* n'a pas *alors* voulu y consentir; et moi, j'ai commencé à *voir plus clair dans cette affaire*; et, laissant là les 50 *mille écus*, jusqu'après les trente délais, par lesquels, grâce au ciel, le plus dénué scélérat peut arrêter pendant six mois une affaire nationale, en vertu des nouvelles lois, j'ai rendu cet homme garant de toutes mes pertes successives, et j'ai fait un emprunt onéreux. Mais qu'importe à un insolvable de subir des condamnations! son déshonneur est son acquittement.

Mon avoué vous portera, *Lecointre*, les cinq ou six condamnations que cet homme a déjà subies; il en est maintenant au tribunal du premier arrondissement, sur son appel du jugement définitif du tribunal présidé par l'intègre *d'Ormesson*, lequel *l'a condamné trois fois*. Tel est *Provins* et compagnie.

Quittons ces plates intrigues, vous en verrez bien d'autres d'un genre un peu plus relevé! Mais tout a semblé bon pour nuire à cette affaire par le motif que vous savez : *nul ne fournira rien; hors nous et nos amis.*

TROISIÈME ÉPOQUE.

Je me suis engagé, *Lecointre*, à vous bien éclairer sur tous les points de ma conduite; j'ai promis de tirer ma justification publique de la série entière des choses dites, écrites et faites par moi chaque journée des pénibles neuf mois dont je rends compte à la nation; en sorte qu'on pût voir dans mes actions, mes conférences, mes lettres et mes déclarations, un rapport si exact qu'elles frappassent les bons esprits par leur accord, leur suite et leur identité.

Le dénonciateur trompé, qui s'exaspère à la tribune, peut s'exempter de suivre une méthode aussi sévère. Soutenu par l'idée qu'on a de son patriotisme, il peut s'égarer dans le vague, et tout dire sans rien prouver. Ses auditeurs, s'en rapportant à lui, suivent peu ses raisonnements, ne relèvent point ses erreurs, ne combattent point ses injures, et l'on finit souvent par prononcer, ou de pure confiance en son zèle, ou de lassitude d'entendre accuser sans contradicteurs.

Mais l'homme qui se défend ne peut sortir un moment de sa thèse : il faut qu'il ait six fois raison avant qu'on le lui accorde une; car il a contre lui la prévention involontaire qui pèse sur un accusé, la répugnance que tout juge a de revenir sur lui-même après avoir émis son opinion, et contre un décret prononcé. C'est pour vous armer contre moi que je vous fais toutes ces remarques. Suivez-moi bien sévèrement, et surtout ne me passez rien! Mon espoir est de ramener, à force de preuves évidentes, l'équité de la *Convention* sur un décret lancé contre un homme innocent, un citoyen irréprochable. Et de plus, j'ai juré de faire mon avocat de vous *mon dénonciateur!* Veillez donc bien sur ce que je vais dire. C'est votre affaire et non la mienne. Je continue mon exposé.

———

Nos ennemis du dehors de la France, après avoir suivi M. *de la Hogue*, dans le dessein de nuire à l'affaire des fusils, en lui jouant un mauvais tour ; après avoir usé tout leur crédit à nous faire dégoûter de ces armes en Hollande, voyant qu'ils ne pouvaient ni me lasser ni me surprendre, ont pensé que ce qui leur restait de mieux à faire était de traiter à l'amiable, de m'en offrir un prix fort attrayant.

Par toutes sortes d'agens, et sous toutes les formes, ils ont tenté de stimuler ma cupidité mercantile. *La Hogue* me l'avait écrit dix fois, pour me prouver que nous étions bien pourchassés par les vendeurs et les acheteurs. Au moins ceux du dehors se montraient-ils conséquents à leurs intérêts ! mais les obstacles de nos gens, de nos bureaux, de nos ministres !... cela me mettait en fureur. C'est ce que j'écrivais à *la Hogue* en réponse.

Le 29 juin, je suis fort étonné de le voir arriver chez moi. Vous devez croire, me dit-il, que c'est l'affaire des fusils qui m'amène ? Certes, il en sera bien question ; mais elle ne marche ici qu'en seconde ligne. Je suis courrier extraordinaire, et chargé par M. de *Maulde*, notre ambassadeur à *la Haye*, de dépêches si importantes qu'il n'a voulu les confier qu'à ma foi, qu'à ma probité.

A force de recherches, il a eu des notions certaines qu'il y avait *dans Amsterdam une fabrique d'assignats*. Il a pu tout faire arrêter, avec l'espoir d'avoir les ustensiles et les hommes ; et peut-être, en les surprenant, de trouver dans leur nid d'autres pièces fort importantes : mais, le dirai-je à notre honte? pendant que les ambassadeurs nagent dans l'abondance à *la Haye*, qu'ils ont tous les plus grands moyens pour faire de la politique, j'ai vu M. de *Maulde* ne pas avoir de quoi fournir aux frais de ces arrestations ; et les faussaires lui échappaient, si je ne lui eusse pas *prêté* 6,000 *florins en votre nom !*

L'épisode de ces dépêches, dont mon ami fut le porteur, répandrait un beau jour sur l'affaire des fusils, honorerait notre civisme, et ferait connaître l'esprit qui animait tous ceux qui s'en mêlèrent ; mais cela jetterait quelque langueur sur mon narré ; j'aime mieux me priver de l'avantage que j'en pourrais tirer. Je le réserve pour un autre moment (1).

---

(1) Pendant qu'on imprime ceci, j'apprends que je viens d'être dénoncé aux Jacobins, comme ayant travaillé

Je racontai à M. *de la Hogue* les mille et une angoisses que j'avais éprouvées, sans avoir avancé d'un pas l'extradition de nos fusils.

Ah! me dit-il, je viens, avec bien du regret, vous répéter que c'est partout de même, qu'il faut tâcher de vous tirer de cette épouvantable affaire. La malveillance est telle en Hollande, comme ici, que votre fortune y passera devant que vous obteniez l'extradition des armes de *Tervère*. *La France vous dessert, et la Hollande sert l'Autriche!* Comment voulez-vous, seul, sortir de ce filet? Je vous apporte la grande requête que j'ai faite pour vous en réponse à une note du ministre de l'empereur, et fait remettre, par M. de *Maulde*, au greffier des États de Hollande; et la ridicule réponse qu'on nous a faite au nom de ces États, quand les ministres l'auront lue, ils connaîtront les vrais obstacles qui retiennent la cargaison.

— Mon ami, ils ne lisent rien, ne répondent à rien, ne font rien, que d'intriguer dans leur

---

à Londres, avec M. *Calonne* (lequel est *à Madrid*), à faire de faux assignats. Vous voyez, Citoyens, avec quelle rapidité toutes les infamies se succèdent! Ne perdez pas de vue que j'ai prêté l'argent *qui fit arrêter les faussaires de Hollande*; priez *Lecointre* de vous dire quel service je vous rendis, et portez votre jugement sur l'honnête homme qui me dénonce.

parti, qui n'est point la chose publique. C'est un désordre ici qui fait frémir! Et l'on veut, à travers cela, marcher à une constitution! Je jure qu'ils ne le veulent pas! Mais qu'est-ce que les États de Hollande ont répondu à la requête?
— Des choses vagues, insignifiantes, fausses! Et tout est bon, *pourvu qu'on gagne du temps contre vous.* J'apporte leur réponse.

Si vous aviez voulu céder ces armes au plus haut prix, là-bas, vos embarras seraient finis. Votre argent vous serait rentré, avec un bénéfice immense; et le plus grand de tous, c'est qu'on les enlevait *en bloc*, comme vous les avez achetées, sans *triage* et sans embarras. M. de *Maulde* est bien instruit des offres que l'on nous a faites; car rien n'échappe en ce pays, à ses vigilantes recherches.

Je sais, lui dis-je, ce qu'il a écrit là-dessus, et *le peu qu'on a répondu.* J'ai trouvé le moyen ici d'avoir des notices exactes; cela n'est pas à bon marché; mais, comme c'est pour le bien de l'affaire, il faut que l'affaire porte tout. Car ce n'est plus une entreprise de commerce, c'est une affaire d'honneur et de patriotisme; je vais plus loin, *d'obstination.* Ils ont juré que les fusils n'arriveraient pas; moi j'ai juré qu'autre puissance que la nation, ne les aurait. Mon premier motif est le besoin que nous en avons.

Or voici de nouveaux ministres; nous allons voir comme ils procéderont : mais, quelque mal qu'ils puissent faire contre l'arrivée des fusils, je les défie de faire pis que ceux qui leur cèdent la place !

Sur ma simple demande, M. *Chambonas* nous fit dire que, le soir même, M. *Lajard* et lui, nous recevraient chez eux. J'y allai, bien déterminé à montrer à ces deux ministres toute la fermeté qui m'avait attiré la disgrâce de M. *Clavière*.

J'avais le portefeuille de mes correspondances : j'instruisis fort au long les ministres, ils nous donnèrent audience complète, et telle qu'aucun prédécesseur ne m'en avait jamais donnée. — Enfin, Monsieur, me dirent-ils, résumez-vous. Que voulez-vous ? et que demandez-vous ?

Je ne demande plus, Messieurs, leur dis-je, qu'on m'aide à faire arriver ces fusils; je sens trop qu'on ne le veut pas. Je demande seulement qu'on me dise *qu'on n'en a pas besoin; qu'ils sont trop épineux, trop chers, ou trop embarrassés; enfin tout ce qu'on voudra* : mais qu'on le dise par écrit, afin que cet écrit fasse ma justification. Je n'ai cessé de le demander aux ministres vos prédécesseurs : non que je voye sans douleur la France privée de ces armes, mais je sais trop que le fond de ceci est qu'on veut m'abreuver de tant de dégoûts à la fois ; que, dépité, je vende les armes en Hollande, afin de crier dans Paris que *mon patriotisme était une chimère*, *et que j'ai créé les obstacles qui ont enfin porté ces armes chez nos ennemis.*

Quand vous m'aurez rendu, Messieurs, et mes paroles, et mes fusils, j'irai *à l'assemblée nationale*, j'élèverai l'écrit que vous m'aurez donné, je prendrai *l'assemblée* à témoin de tout ce que j'ai fait pour nous procurer ce secours ; et si elle dit, COMME LES AUTRES, *ou que la nation n'en veut pas, ou qu'elle n'en a pas besoin,* je prendrai conseil de moi-même pour savoir ce que j'en dois faire.

— Nous savons bien ce que vous en ferez, dit en riant l'un des ministres. Vous les vendrez à beaux deniers comptants. M. *de Maulde* nous écrit qu'on vous en fait des offres magnifiques. — S'il écrit tout, Messieurs, il doit vous dire aussi avec quel dédain j'ai refusé ces offres ! — Aussi, me dit M. *de Chambonas,* le mande-t-il très-positivement.

— Oui, Monsieur, on les fait depuis plus de deux mois. Je n'avais point cherché à m'en faire un mérite : mais, puisque M. *de Maulde* l'écrit, elles sont telles, ces offres, que tout autre que moi les aurait dix fois acceptées ; mon argent me serait rentré avec un très-fort bénéfice, mais je suis *Français avant tout.* Et cependant je ne puis soutenir l'état fâcheux où l'on me tient, qui détruit mon repos, et ma fortune, et ma santé, quand je puis d'un seul mot voir tout cela bien rétabli !

M. *Lajard* me répondit : Nous ne pouvons, de notre fait, rompre un traité *d'armes si nécessaires*, au moment où nous en manquons, sans consulter, avant, les trois comités réunis, *diplomatique*, *militaire*, et *des douze*; nous les consulterons, et nous vous donnerons réponse.

Le lendemain M. *de Chambonas* nous dit qu'ils avaient entamé l'affaire avec *des membres des comités :* que, par les difficultés survenues en Hollande, on regardait assez le traité de M. *de Graves* comme *rompu de fait*; mais qu'on était loin de me dire *qu'on ne voulait plus de ces armes*, et moins encore *de le signer*, dans l'extrême besoin que l'on avait de mes fusils.—Monsieur, Monsieur, répondis-je au ministre : ou vous voulez des armes, ou vous n'en voulez point. Je ne saurais prendre un parti sur les offres que l'on me fait, qu'après une décision précise; cette décision, quelle qu'elle soit, je l'attends de votre honnêteté; *mais il me la faut par écrit.*

—C'est qu'on craint, dit M. *Lajard* (*en me regardant dans les yeux*), que vous ne vouliez en user, pour nous monter le prix des armes au taux, avantageux pour vous, des offres qu'on vous fait là-bas ?

— Monsieur, lui dis-je avec chaleur, si l'on m'aide de bonne foi à lever l'injuste embargo que les Hollandais nous ont mis (*en fournissant le cautionnement que mon vendeur exige avec justice*), je donne ma parole d'honneur que, dans ce cas, nul acheteur n'aura les armes que la France, à qui je les ai destinées, *quelque prix qu'on m'en offre ailleurs*. Je donne ma parole d'honneur que je n'augmenterai point le prix de mon premier marché, quoique je pusse en avoir à l'instant plus de *douze florins*, en or, au lieu de huit que je tiendrai de vous, en assignats ! *Voulez-vous ma déclaration pour la montrer aux trois comités réunis ?* je ne demande autre justice que de me trouver délivré de la fâcheuse incertitude qui m'a tant tourmenté, depuis trois mois, sur *l'éventualité du prix des assignats, à époque incertaine ;* au point que j'ai souvent pensé, en suivant la conduite *impolitique, impatriote, injuste* des ministres passés, que l'on voulait traîner les choses jusqu'au moment où, *l'assignat* tombant à une perte excessive, on me ferait offre réelle, en exigeant de moi la livraison subite ; et j'en ai vu assez pour m'attendre à ce beau procès. Et tout cela, pour n'avoir pas pu gagner, sur la timidité de M. *de Graves*, la justice de traiter *en florins*, avec moi, parce que ce n'était point l'usage *dans les fiers bureaux de la Guerre :* mais ils ont cent moyens de se dédommager, quand moi je n'en veux pas un seul !

— Mais qui nous assurera, me dit l'un des ministres, que, fatigué par les obstacles qui retiennent ces armes en Zélande, vous ne les vendrez pas à d'autres, quoique nous ayions vos paroles ? car enfin vous êtes négociant, et ne faites de grandes affaires que pour gagner beaucoup d'argent ?

— J'entends votre objection, Monsieur ; elle pourrait être un peu plus obligeante : quoi qu'il en soit, je vais vous délivrer de toute inquiétude à cet égard. Pour vous bien assurer qu'aucune autre offre ne pourra me séduire, faites recevoir à l'instant *mon expropriation et la livraison à Tervère*, par qui vous jugerez à propos : la chose étant devenue *vôtre*, vous aurez seuls le droit d'en disposer. Puis-je aller plus loin avec vous ? daignez me l'indiquer, Messieurs. Pour purger mon patriotisme des soupçons dont on l'a couvert, il n'est rien, *rien à quoi je ne me soumette!*

A l'air étonné des ministres, je vis qu'ils étaient prévenus. — Quoi ! M. *Beaumarchais*, vous parlez sérieusement ? Quoi ! si nous vous prenions au mot, vous auriez le courage de ne pas reculer ? — Le courage, Messieurs ! c'est de ma pleine volonté, que j'en fais l'offre et la déclaration. — Eh bien, me dit M. *Lajard*, mettez-nous cela par écrit : nous consulterons sérieusement *les trois comités réunis.*

Le lendemain, 9 juillet, les ministres reçurent de moi le net résumé que voici :

BEAUMARCHAIS

A Messieurs de Lajard *et* Chambonas, *Ministres de la Guerre et des Affaires étrangères.*

9 juillet 1792.

Messieurs,

« Vous le savez, il faut en toute affaire simplifier pour éclaircir. Permettez-moi de rappeler les principes que j'ai posés, dans la conférence d'hier, et que vous parûtes adopter. — Comme négociant, ai-je dit, je n'aurais nul besoin que le gouvernement français se substituât à moi, dans l'affaire des fusils de Hollande, si je rompais mon traité avec lui (*à Dieu ne plaise*)! Et vous avez, Messieurs, la preuve dans vos mains, que la meilleure et la plus courte façon pour moi de terminer l'affaire à mon grand avantage, est, certes, bien en mon pouvoir, si je veux me borner aux vues commerciales, puisqu'on ne cesse de m'offrir (avec promesse et même avec menace) de me rembourser sur-le-champ, *en ducats cordonnés, et sous le bénéfice qu'il me conviendra d'imposer*, les soixante mille fusils que j'ai achetés en Hollande; *votre ambassadeur vous l'écrit.*

» Ce n'est donc point comme négociant, ce n'est point comme spéculateur, que j'ai traité cette question avec messieurs *Lajard* et *Chambonas*, mais en patriote français, qui veut le bien de son pays avant tout, et le préfère à son propre avantage. *Faites-moi la justice de vous en souvenir.*

» Je vous ai proposé, Messieurs, de vous substituer à moi, en recevant la livraison de toutes mes armes à *Tervère* ; la subite déclaration de la guerre ayant apporté un obstacle invincible pour moi, à les livrer en France, et le ministère français ayant des moyens qui me manquent, de faire lever l'injuste embargo hollandais, et d'amener ces fusils à *Dunkerque*. Je vous ai fait sentir, Messieurs, que votre premier avantage était, en ceci, d'empêcher nos ennemis de s'en emparer par la force, comme on m'en menace aujourd'hui ; les Hollandais ne pouvant hasarder de laisser faire contre un gouvernement ce qu'ils protégeront peut-être contre un simple particulier.

» En vous expliquant bien ceci, Messieurs, je n'ai fait que renouveler *ce que j'ai dit vingt fois aux ministres vos prédécesseurs.*

» Ne pouvant amener *au Hâvre* une cargaison d'armes que l'on me retient en Zélande, *contre justice et droit des gens*, je vous pose ainsi la question.

» Quand le ministère m'a pressé d'acheter ces fusils pour le service de la France, *les sacrifices d'argent ne m'ont pas arrêté* : depuis trois mois je tiens ces armes en magasin, mais je ne les tiens qu'en Zélande ; et vous savez que le gouvernement d'Autriche engage celui de Hollande à les empêcher d'en sortir, sans aucun prétexte plausible ; uniquement parce qu'ils sont les plus forts, et peuvent être impunément injustes à l'égard d'un particulier. Ces fusils sont donc à *Tervère*. Ils y sont pour votre service ; et voici mon dilemme unique.

» La France a-t-elle besoin des armes, et surtout vous importe-t-il qu'elles ne passent point dans les mains de vos ennemis, qui les demandent à tout prix, *ce qui doublerait le dommage?* recevez-en la livraison à *Tervère*, en place du *Hâvre*, où je ne puis plus vous la faire. C'est le seul changement que je propose à mon traité; car je ne vous dis point, Messieurs, rompez le traité de ces armes entre M. *de Graves* et moi; au contraire, je vous propose d'accélérer sa conclusion, *pour vous assurer qu'il l'aura*, en fesant faire la réception des armes dans ce port, où elles sont encore. Alors vous agirez de couronne à couronne; et l'on aura bientôt raison, parce qu'on vous respectera, quand on n'a nul égard pour moi!

» Ne voulez-vous pas à l'instant vous mettre en possession des fusils? moyen qui peut seul empêcher peut-être qu'on ne s'en empare par la force, si je m'obstine à ne pas les leur vendre; alors (et je le dis avec un grand regret) déclarez-moi, Messieurs, *que vous ne voulez plus des armes, et que vous renoncez à les avoir à vous, par ma livraison à Tervère; m'autorisant à m'en défaire, à moins de perte et de risques possibles.*

» Obligé de céder à l'empire des circonstances, je porterai sur le bureau de l'*assemblée nationale* tous mes marchés et mes correspondances, enfin les détails bien prouvés de mes efforts patriotiques, pour procurer ces armes à la France. Alors bien affligé, mais dégagé de prendre une peine inutile pour servir mon pays en ce point, *quand je n'y suis aidé par aucun des pouvoirs;* et quand, depuis trois mois, mes capitaux sont loin de moi, engagés, arrêtés avec des pertes incalculables, j'écrirai en Hollande: *Laissez aller ces malheureux fusils aux conditions qu'on vous en offre, plutôt que de les voir enlever par la force*, et de n'avoir après, pour tout espoir, que l'aperçu d'un éternel procès, dont je ne sortirais jamais, contre mon vendeur et l'État, pour cause de violence d'une part, et de non-livraison de l'autre!

» Ne croyez pas, Messieurs, qu'un transport fictif envers vous pût me tirer de l'embarras où je me trouve! au contraire, il me ferait perdre *le seul temps qui me reste* pour retirer mes capitaux, engagés si long-temps pour le service de la patrie. Il m'enlèverait tout pouvoir d'échanger contre des ducats ces armes dont vos ennemis ont bien autant besoin que vous, et qu'ils ne cessent de demander, en s'offensant de mes refus constants.

» Quel serait notre sort, Messieurs, si, par un traité simulé, vous plaidiez ma cause en Hollande, au lieu d'y débattre la vôtre, et ne réussissiez pas à conduire les armes à *Dunkerque*, dans un temps utile pour vous? Il vous resterait l'avantage d'avoir au moins empêché l'ennemi de s'en servir contre vous-mêmes, pendant toute la guerre actuelle : et moi, privé de tous mes fonds, je n'obtiendrais pour récompense d'avoir bien servi mon pays, que le désespoir de me voir *une horrible quantité d'armes, que je ne vendrais à personne* : personne n'en ayant plus besoin! je serais ruiné, abîmé; sans doute, vous ne le voulez pas!

» On m'objecte, Messieurs, que votre responsabilité s'expose, si vous annullez le traité de M. *de Graves* avec moi! Oui, Messieurs, elle est exposée, si vous annullez ce marché, pour laisser vendre aux ennemis les fusils achetés pour vous, mais non pas si vous l'échangez contre un traité définitif qui vous assure que l'ennemi ne s'emparera point des armes; puisque, étant reconnues *propriété nationale*, les Hollandais ne peuvent plus, à moins de déclarer la guerre, souffrir ouvertement chez eux que l'on viole leur territoire, pour vous faire une grave insulte dont ils deviendraient les complices ! Voilà la question bien posée, sur ce qui tient, Messieurs, *à la responsabilité des ministres*, dans cette affaire.

» Quant à la conférence d'hier, en voici le court résumé : Je vous ai proposé, Messieurs, de vous faire la livraison des armes *réellement*, et non *fictivement*, *à Tervère*, en place *du Hâvre*, sur les motifs que vous venez de lire ; ou que vous déclariez, en annullant le traité de M. de Graves, *que vous ne voulez plus des armes pour la France, et me rendez l'entière liberté de recouvrer mes fonds, où, quand, et comme je pourrai, sauf les justes indemnités !* Je vous supplie, Messieurs, de m'accorder la faveur d'une prompte réponse, *car je cours d'imminents dangers, que mon ardent patriotisme est bien loin d'avoir mérités !* vous-mêmes, avez eu la bonté de me le dire hier matin. »

» Recevez, Messieurs, les respects d'un bon citoyen affligé. »

Signé Caron de Beaumarchais.

Je fus trois jours sans avoir de nouvelles. Je priai M. *de la Hogue* de passer aux *Affaires étrangères.* Il me rapporta pour réponse, qu'il avait rendez-vous, le soir même, aux trois comités réunis, *diplomatique, militaire*, et *des douze.* Eh bien ! nous allons voir, lui dis-je, si les ministres sont de bonne foi ! car enfin les trois comités ont, comme moi, les yeux ouverts sur eux. *La Hogue* fut aux comités, il y plaida (au grand étonnement de tous) la nature des obstacles, *français et hollandais*, qui arrêtaient ces fusils à *Tervère*. Le fond de son discours, tiré de ma lettre aux ministres, de ma requête aux états de Hollande, de leur pitoyable réponse, qui étaient là, sur le bureau, et jetaient sur toute l'affaire un jour lumineux et pressant : son discours, sa conclusion furent : *qu'il y avait un avantage immense pour moi* (comme négociant), *que l'on me rendît maître de disposer de mes fusils ;* que, sous huit jours alors, je remettrais les 500 mille francs d'assignats, *comme je les avais reçus ;* parce que je recevrais, dans quatre jours, au prix de plus de douze florins, les ducats bien comptés, *de la masse entière des fusils*. Il ajouta qu'on lui avait offert, à lui, mille louis et plus, pour qu'il tentât de m'y déterminer. Mais il assura bien MM. des comités, que (comme patriote), je les laissais les maîtres de juger, *non dans mon intérêt, mais* DANS CELUI DE LA NATION, *si ce parti convenait à la France.*

Pouvait-il s'expliquer plus généreusement en mon nom ?

Là, M. *de la Hogue* entendit la lecture de la lettre honorable de notre ministre à la Haye, que M. *Chambonas* avait eu l'équité d'envoyer aux trois comités. Oui, *honorable à mon patriotisme!* et qui me valut, de leur part, *les grands éloges dont j'ai parlé*, dans ma pétition de défense. Or cette lettre, la voici : je m'en suis fait donner une bonne expédition, par *les affaires étrangères*, quand elles n'étaient pas si *étranges* à mon égard, qu'elles le sont devenues depuis que M. *Lebrun* en fait son patrimoine.

Monsieur DE MAULDE *à monsieur* DUMOURIEZ, *Ministre des Affaires étrangères.*

A la Haye, le 2 juin 1792, l'an 4ᵉ de la liberté.

MONSIEUR,

« La présente vous sera remise par M. *de la Hogue*, associé de M. *Beaumarchais*, pour l'acquisition des armes qui sont à Tervère. Les tentatives qu'il a faites jusqu'à présent n'ayant pu en obtenir l'exportation, ont été infructueuses, malgré tout le zèle qu'il a pu y mettre. Mais je dois rendre justice à son patriotisme, ainsi qu'à celui de M. *Beaumarchais*, en disant qu'ils ont refusé des offres infiniment avantageuses, et au moyen desquelles ils auraient recouvré, même avec un fort bénéfice, tous leurs capitaux, par la seule raison que c'étaient des ENNEMIS DE L'ÉTAT qui leur fesaient ces propositions.

Je m'empresse, Monsieur, de leur rendre cette justice; ne doutant pas que vous la prendrez en d'autant plus grande considération, qu'en éprouvant un retard pour la rentrée de leurs fonds, ils ont, par leur refus constant, rendu à la nation un service essentiel, en empêchant au moins ces armes d'être dans les mains des ennemis.

» Le ministre plénipotentiaire de France à la Haye.

(*Signé*) EMM. DE MAULDE.

J'ai demandé aussi aux Affaires étrangères expédition de la lettre que le ministre *Chambonas* avait écrite au président des comités, en leur envoyant mon Mémoire ; et je la joins ici, pour établir mon corps de preuve, à votre gré, *Lecointre*, et sans lacune ; *la voici* :

Le Ministre des Affaires étrangères aux trois Comités réunis.

Du 11 juillet 1792.

Monsieur le président,

« Le moment où les trois comités, *militaire*, *diplomatique*, et *des douze*, sont réunis pour aviser à tous les moyens d'augmenter les forces intérieures et extérieures de l'Empire, me paraît propre à leur soumettre une question aussi difficile qu'essentielle, et sur laquelle le ministère prononcerait avec plus de confiance, *s'il connaissait l'avis des membres qui composent ces comités*.

» En vous adressant, Monsieur le président, le clair et court Mémoire qui a été remis à M. *Lajard et à moi*, par M. *Beaumarchais*, négociant et propriétaire des soixante mille fusils qui font l'objet de ce Mémoire, et dont l'extradition est devenue très-difficile, depuis la déclaration de guerre, *je crois pouvoir me dispenser d'entrer dans tout autre détail que celui de vous assurer que les efforts patriotiques du négociant, à ce sujet, sont, depuis trois grands mois, absolument infructueux, et qu'il les a portés aussi loin qu'un particulier peut le faire, par le sacrifice de ses propres intérêts.* Il demande, avec raison, une prompte décision : la lecture du Mémoire suffira ; et tous les éclaircissements que l'officier par qui j'ai l'honneur de vous l'envoyer, et seul en état de les donner, ne laisseront rien à désirer *aux trois comités réunis*, sur cette importante affaire. Cet officier a traité lui-même cette affaire en Hollande, au nom de M *Beaumarchais* son ami, tant avec le vendeur, le gouvernement, et l'amirauté, qu'avec *notre ministre à la Haye, lequel a été spécialement chargé*, par mon prédécesseur, de réclamer ces armes, comme la propriété d'un *négociant français*, injustement retenue en Hollande, grief dont il demandait à grands cris le redressement à la France. L'objet est capital, sous le double point de vue, de faire entrer enfin ces armes, *en les réclamant comme une propriété devenue nationale*, et d'empêcher surtout que nos ennemis ne parviennent à s'en emparer avec force, si elles restent plus long-temps celle d'un simple négociant, comme il en paraît menacé.

» Je crois qu'il y aurait du danger que cette question fût agitée dans le sein *de l'assemblée nationale*, à cause de la publicité : mais, si vous voulez bien, Monsieur le président, *me faire connaître l'avis des comités*, je ferai repartir sur-le-champ M. de *la Hogue*, qui a été porteur des dépêches *de notre ministre à la Haye*, pour que ce dernier fasse à l'instant ce qui sera nécessaire pour faire cesser une injustice *qui nous est si préjudiciable !*

Signé CHAMBONAS.

Il était impossible que des ministres, quels qu'ils fussent, se comportassent plus honorablement.

Le soir j'appris, par M. de *la Hogue*, qu'en général on convenait aux comités, qu'il fallait accepter ce qu'on nommait *mes offres généreuses*, qui, de ma part, n'étaient que l'expression d'un vrai patriotisme, sûrement dans le cœur de tous! On dit à M. *de la Hogue* qu'on enverrait aux deux ministres *l'avis des trois comités réunis.* En l'écoutant, je fis un soupir de soulagement. *Dieu soit béni!* me dis-je, *tous les hommes ne sont ni injustes ni atroces! et la France aura les fusils.*

Dans la crainte qu'on n'oubliât l'affaire, j'écrivis sur-le-champ cette lettre, en forme de mémoire :

A Messieurs des trois Comités réunis, Diplomatique, Militaire *et des Douze, en assemblée avec les deux Ministres, de la Guerre et des Affaires étrangères.*

16 juillet 1792.

Messieurs,

« Si, dans l'affaire des fusils détenus en Hollande, ma conduite vous a paru telle, que chacun de vous se fût honoré d'en tenir une semblable, en bons patriotes que vous êtes, je vous demande, pour toute récompense, *de ne pas me laisser exposé à l'affreuse nécessité de céder aux demandes des ennemis de l'État!*

» Je mourrais de chagrin, après ce que j'ai fait pour les priver de ces ressources, si votre décision me forçait à la honte de les laisser se mettre en possession des armes, destinées à nos braves soldats! J'irai, pour les en empêcher, au dernier terme de mon pouvoir : c'est à vous à faire le reste.

» Agréez, etc. »   *Signé* Beaumarchais.

Le lendemain au soir, les ministres me dirent que mes offres étaient acceptées par les comités réunis, *avec beaucoup de gratitude.* Ils eurent même l'honnêteté, sur ma demande instante, de me communiquer *l'avis particulier des trois comités réunis;* dont je les suppliai de me faire donner copie, pour l'étudier, et tâcher de m'y conformer, *touché de voir que l'on commençait à m'entendre !* La voici :

16 juillet 1792.

« *L'avis de la commission des douze et des comités réunis,*

» 1° Pour conserver à la nation tous ses avantages, et les moyens de retirer les fusils ; 2° pour rendre toute justice *au négociant,* dont le marché doit être considéré comme *rompu par force majeure,* et *qui, cependant,* pour conserver à la nation la possibilité d'avoir ces armes, *n'use pas de ses droits, et refuse un fort bénéfice :*

A été,

» 1° qu'il ne faut pas acquérir, recevoir à *Tervère,* et réclamer ces armes, comme une propriété nationale, et qu'il est préférable d'agir fortement, au nom de la nation, *mais pour le négociant,* et d'exiger le redressement du tort qui lui est fait, par cette violation du droit des gens. Mettre à cette affaire *la plus grande force et le plus grand éclat ;*

» 2° *Reconnaître légalement, et faire attester en bonne forme,* par les ministres de la guerre et des af-

faires étrangères, que l'exécution du marché conclu avec M. *de Graves*, et la remise des armes *au Hâvre*, ayant été empêchées *par force majeure*, par la déclaration de guerre inopinée, et la violation du droit des gens, ce marché doit être considéré *comme résilié de fait; mais* que, puisqu'il est avantageux à la nation *que le négociant, dont le patriotisme a préféré de rester dans une position dangereuse, et qui compromet sa fortune, ne profite pas de ses avantages*, les fonds de ce négociant, qui restent engagés, et ne peuvent rester tels, *que de son libre consentement*, doivent lui être garantis, *quel que soit l'événement*, afin qu'il demeure indemne ;

» 3º Que cet acte nouveau doit être conclu sur-le-champ, renfermer *tous les moyens de dédommagement pour le négociant, quelles que pussent être les circonstances;* car, sans cela, il serait forcé de livrer ces armes aux ennemis, et ne pourrait d'aucune manière être contraint à l'exécution du marché avec M. *de Graves*;

» 4º Que, de quelque manière que *les fonds du négociant restent engagés, il a le droit d'exiger*, contre la garantie suffisante de ses fonds, *l'intérêt commercial ou industriel*, depuis l'époque *où, par force majeure*, le marché s'est trouvé impossible à exécuter, *et par conséquent* NUL ;

» 5º C'est un nouveau marché à conclure : il faut regarder le premier comme non avenu, *remettre le cautionnement*, et traiter le négociant comme possédant à *Tervère* des armes qu'il s'engage à ne livrer qu'à la nation ; à condition *que, dans tous les temps, elles seront reçues par la nation ;* à condition que, si l'on fait la guerre à notre commerce *en s'emparant de cette propriété*, sur le territoire hollandais, *le dommage en sera supporté* PAR LA NATION; ce qui est la seule garantie suffisante des fonds engagés. »

Tel est, ô citoyen *Lecointre !* la base sur laquelle porta le traité calomnié, que les ministres consommèrent.

Il ne s'agit, me dirent-ils, que de bien donner à ces vues les formes d'un nouveau traité. Mais on désirerait savoir, dans la supposition qu'en vous expropriant aujourd'hui, vous allez nous ôter la crainte de voir ces armes passer aux ennemis ; si vous consentirez, par le même traité, de n'en être payé qu'au temps où l'on pourra les faire venir en France ; *prenant pour le plus long délai la fin de cette guerre, la cessation de toute hostilité ?*

— Messieurs, leur dis-je, excusez-moi : ce que vous me proposez là est une autre éventualité pire que celle des assignats ! car si la guerre dure dix ans, je serai donc, dix ans, privé de mes fonds commerciaux ? Je ne puis accepter cette offre : aucun négociant ne le peut.

— Mais on vous allouera, me dirent les ministres, *aux termes de l'avis des trois comités réunis*, pour la nullité de vos fonds, l'intérêt *commercial ou industriel* que vous exigerez, et qu'on sait bien vous être dû. C'est l'avis de tous ces Messieurs, et c'est à vous à l'indiquer.

— Il n'y a point, Messieurs, d'intérêt acceptable, qui puisse dédommager un négociant de l'absence de ses fonds, *pour un temps indéter-*

miné. Quel droit me reste à ces fusils, quand je vous les aurai livrés au seul endroit du monde où la chose est possible ? alors ils sont à vous ; *et pourquoi préférer pour moi un intérét industriel,* QUE JE NE VOUS DEMANDE PAS, *à mon payement effectif qui est juste, et que je demand*e ?

— Ah ! c'est qu'on pense, me dit-on, que l'attrait d'avoir votre argent plus tôt, vous engagera à continuer de faire autant d'efforts pour les tirer de là, que si ces armes, que nous réclamerons comme vôtres, étaient encore effectivement à vous ?

— Messieurs, mes efforts ne sont rien, si vous n'y joignez pas les vôtres. Si c'est pour échauffer mon zèle (dont on ne peut pourtant douter, après mes sacrifices immenses), que vous voulez garder mes fonds, quand je me suis exproprié des armes, je ferai encore celui-là : mais je n'indiquerai point *l'intérêt commercial* d'une aussi bizarre mesure, *qui me répugne étrangement !* Vous, ou les comités, appréciez-le vous-mêmes. Je n'y mets qu'une condition. J'ai tellement été vexé, que si d'autres ministres, *et tels que j'en connais*, vous succédaient un jour, et me déniaient justice, je me verrais à leur merci, et je sais ce qu'en vaut l'épreuve : j'ai passé par une fort dure !

Je demande qu'en vous donnant, par ma livraison à *Tervè*   ute la sûreté *d'une expropriation parfaite*, qui remet les armes en vos mains, et vous ôte l'inquiétude que jamais je les vende à d'autres, les fonds destinés au payement *soient déposés chez mon notaire*, afin que la sûreté soit réciproque des deux parts, et que toutes les vilenies des *oppositions*, des *patentes*, surtout de me faire valeter des mois entiers pour obtenir mon dû, ne puissent plus m'atteindre. Je demande, de plus, que votre propriété remonte au temps de mon traité avec M. *de Graves*, puisque les intérêts, magasinage et frais de toute nature, sont depuis ce temps à ma perte. A ce prix je n'objecte plus.

Les comités furent consultés de nouveau. *Le dépôt des fonds parut juste, alors que je m'expropriais ;* et l'acte ainsi fut minuté dans les bureaux de ces ministres. J'en ai les minutes *chargées en marge*, des observations du ministre de la guerre, et d'un chef de bureau, à l'encre et au crayon. Lecointre, je vous les remettrai ; elles sont dans mon portefeuille. C'est avec ce portefeuille-là, qui renferme toutes mes preuves, que je veux vous corrompre et *vous acheter*, vous et *la convention*, afin qu'un grand *feuilliste*, que vous connaissez tous, ait encore une fois raison !

L'on proposa M. *de Maulde*, en qualité de maréchal-de-camp instruit, pour faire la réception des armes *à Tervère;* qui était chargé d'en acheter tant d'autres ! Je l'acceptai avec plaisir, quoique je ne le connusse que sur sa réputation d'habile homme.

Et quant à la question de l'intérêt *commercial industriel de mes fonds, dont on me privait,* elle avait été, me dit-on, bien débattue *aux comités* : enfin, puisque vous refusez, par déférence à leur avis, de vous expliquer là-dessus, *l'on vous propose*, me dit un des ministres, *un intérêt de* 15 *pour* 100 : *répondez net; l'acceptez-vous ?*

— Messieurs, leur dis-je, si c'est comme dédommagement du sacrifice d'argent que je fais à la France, en vous laissant mes armes au premier prix que je les ai vendues, quand j'en pourrais toucher un bien plus fort, *je ne l'accepte pas*, parce qu'il n'y a nulle proportion entre le sacrifice et le dédommagement offert, et que je ne mets point à prix tout ce que mon civisme exige. Si c'est comme *intérêt commercial* de mes fonds que vous retenez malgré moi, *sans que je devine pourquoi*, vous m'obligerez beaucoup plus de me payer, Messieurs, en recevant ma livraison, et de garder *votre intérêt* qui n'est qu'une ruine pour moi. L'on ne fait rien qu'avec des capitaux; *les intérêts* sont bons pour les oisifs.

Pour n'être remboursé qu'à la fin de la guerre,

je n'en puis accepter non plus, si vous ne me mettez à même, en me remettant quelques fonds, de suivre des objets majeurs que j'ai entamés malgré moi. Ou plutôt permettez que mon payement tienne lieu de l'intérêt que vous m'offrez comme un dédommagement : car aucun emprunt que j'aye fait pour cette malheureuse affaire ne m'a coûté, tous frais payés, un intérêt plus médiocre que celui que vous proposez, pour me garder mes fonds *un temps illimité*. Une semblable perte ne saurait s'apprécier : interrogez tout le commerce.

M. *Vauchelle*, de l'Artillerie, qui nous servait comme de rapporteur, prit la parole, et dit que si j'acceptais l'intérêt qu'on m'offrait, au lieu du capital *que l'on voulait garder*, on me payerait 100,000 *florins comptants*, en déduction du prix des armes, pourvu que j'acceptasse des mandats à plusieurs époques.

Après quelques débats, je me rendis avec regret. Les blancs de l'acte furent remplis, et nous nous retirâmes, pour qu'on en fît quatre expéditions semblables : une pour le département *de la guerre* ; l'autre pour celui *des affaires étrangères* ; la troisième pour le *dépôt des trois comités réunis* ; et la quatrième *pour moi.*

Le lendemain au soir nous nous rassemblâme

à l'hôtel de la guerre, les ministres, MM. Vauchelle, la Hogue et moi, pour terminer.

Tels furent, *Lecointre*, les détails de cette négociation. Avais-je beaucoup influé sur tout ce qu'on venait de faire, contrariant en tout mes vues, me laissant pour tout avantage l'honneur des sacrifices que j'avais consommés ? *Avec cette authenticité, si les ministres étaient coupables*, il faut pourtant prononcer net *que les trois comités n'étaient guère plus innocents.*

Voilà donc le traité conclu, après de longues discussions. Vous allez voir, ô citoyens, de quels moyens on s'est servi pour en éluder toutes les clauses, et me plonger dans de pires embarras que ceux dont j'avais tant souffert !

Après lecture faite du traité, à l'instant qu'on allait signer, M. Vauchelle (un des plus puissants objecteurs que j'aye rencontrés de ma vie), *s'avisa* que si mon notaire, ayant quelque besoin d'une aussi forte somme, *s'avisait*, lui, de l'emporter, il s'agissait de décider qui, de la nation, ou de moi, en supporterait le dommage ?

Je sentis que cette objection pouvait nous faire user un mois en vains débats, au grand dommage de l'affaire. Je tranchai la difficulté, en disant à M. Vauchelle que personne ne le supporterait, parce qu'au lieu de déposer des florins *que nous n'avions pas*, ni même des assignats au cours du change pour florins, on prendrait, *en présence des ministres*, de bonnes lettres de change, pour la somme, *au plus fort* (comme dans les lois anglaises); puis passées à mon ordre, et déposées ainsi chez le notaire; *traites*, comme on le voit, *dont il ne pourrait abuser*; et qu'à leur échéance, on les renouvellerait, sous les mêmes formalités, jusqu'au terme du payement, à quelque époque qu'il pût se prolonger; qu'on réglerait alors les différences *en plus, en moins*. Je courais, comme on voit, au-devant de tous les obstacles.

Cela parut raisonnable à tout le monde. Enfin, M. Vauchelle, se voyant si pressé, se tourne vers les deux ministres : — Il faut bien dire à M. Beaumarchais le vrai motif de la difficulté: *Le département de la guerre n'est pas assez en fonds pour se dessaisir si long-temps d'une aussi forte somme, avant de la payer.*

Par quel renversement d'idées, répondis-je comme un éclair, voulez-vous me soumettre, moi, à vous laisser mes fonds, au hasard de la malveillance et d'une longue nullité, quand *le gouvernement français* ne se croit pas assez riche pour l'oser? — Messieurs, ceci rompt tout. Permettez que je me retire.

Je m'en allais. Vauchelle m'arrêta, disant que je prenais le change sur l'intention qui l'avait fait parler; qu'on ne prétendait point l'arracher de moi par violence, *puisque le dépôt de la somme était réglé avec les comités*; mais qu'après avoir fait tant d'honorables sacrifices, *une marque de confiance dans le gouvernement français ne devait pas m'en sembler un*; qu'on ne voulait point me tromper; qu'on m'en saurait le plus grand gré; que, pour mieux m'y déterminer, au lieu de *cent mille florins* que j'allais toucher tout-à-l'heure, si, pour faire aller mes affaires, j'en voulais *toucher deux cent mille*, on me les donnerait, pourvu que je consentisse que les ordonnances fussent à poste, aux dates dont on conviendrait; ce qui diminuerait d'autant *cet intérêt commercial* qui paraissait me contrarier. La tête me brûlait! Je me promenais, sans rien dire, dans le cabinet du ministre, où l'on entrait à tout moment: je cherchais vainement le mot de cette énigme. J'étais horriblement troublé!

Etait-ce un piége, une réalité? Les deux ministres, à qui je dois la justice de dire qu'ils étaient pour néant dans ces difficultés, tout aussi étonnés que moi, m'assurèrent qu'on en rendrait le meilleur compte à *l'assemblée des comités*, et que j'en recevrais l'honneur dû à un si bon citoyen.

M. Vauchelle, regardant la chose comme arrêtée, quoique personne n'eût rien dit, emporta les minutes pour les faire refaire dans la journée du lendemain, après avoir ôté de l'acte *le dépôt mis chez mon notaire*, en ajoutant, COMME REÇUS PAR MOI, 200 *mille florins, au lieu de* 100.

Quant à moi, je me retirai, dans une confusion d'idées insupportable. Je voulais écrire aux ministres que je les suppliais de trouver bon qu'il n'y eût rien de fait, leur redemandant mes paroles. Mais ils s'étaient conduits si honorablement ! L'on pouvait tourner contre moi mon invincible répugnance, en me supposant l'intention de vouloir revenir sur l'acte, pour préférer l'argent des ennemis à l'avantage de la patrie.

Enfin, très-indécis, le lendemain au soir, nous fûmes chez M. *Lajard.* M. *Vauchelle* y lut le nouvel acte, cependant, que chacun collationnait un des quadruples. Moi, comme un déterré, j'envisageais M. *Vauchelle*, pour voir si tout était fini! Ce rapporteur fit signer les ministres ; mon tour vint : j'hésitais ; on me pressa : je signai sans parler. M. *Vauchelle* serra un des quadruples dans sa poche ; et, comme je demandais les *ordonnances de mes fonds*, M. *Vauchelle* s'attablant pour les faire, *se ressouvint subitement* qu'il avait dans ses mains l'opposition d'un sieur *Provins*, sans la main-levée de laquelle, aucun ministre, disait-il, ne pouvait me remettre une ordonnance de fonds.

— Mais, Monsieur, dis-je avec chaleur ; vous m'avez fait reconnaître dans l'acte, *que je les ai reçus comptant.* — Cela est bien égal, dit-il. Il n'y a qu'à mettre une addition à l'acte, qui dira qu'*attendu cette opposition, vous ne toucherez rien qu'elle ne soit levée !*

— Messieurs, leur dis-je, ce *Provins* a été condamné deux fois, il est sans titre contre moi ; je n'ai nulle affaire avec lui : ce n'est qu'un instrument qu'on fait agir, à défaut d'autre, pour m'arrêter de toutes les façons. Il demande 80,000 fr. à mon vendeur, le Brabançon, qui m'écrit *ne lui rien devoir.* Eh! quel rapport cela peut-il avoir avec une affaire si majeure, qui regarde l'Etat et moi? Gardez, si vous voulez, 100,000 fr., ou 150,000 ; mais ne détruisez point un objet capital pour vous, en nous fesant user les mille et un délais que la loi accorde à cet homme, pour que l'arrêt qui le condamne ait son entière exécution.

— Monsieur, me dit M. *Vauchelle*, cela est impossible au ministre : mais faites en sorte que l'opposant s'explique au tribunal, sur le *maximum* de sa prétention, fausse ou vraie, sur votre vendeur : prenez-en acte ; alors on pourra faire ce que vous demandez. — Non, non, Monsieur, lui dis-je ; déchirons plutôt les traités, et qu'il n'en soit jamais question ! Dans huit jours au plus tard, vous aurez vos 500,000 *livres*, et vous me rendrez mes contrats. — *On ne déchire point d'acte*, me dit M. *Vauchelle, quand un ministre l'a signé.* Ces délais de condamnation solutive sont une affaire de quinze jours ; voulez-vous annuller un acte, qui nous a coûté tant de soins, pour le retard d'une quinzaine ?

Pendant ce temps, il fesait froidement l'addition à l'acte signé par nous tous, par laquelle il était bien dit *que je ne touchais point d'argent.* Vous verrez, citoyens, quel usage on a fait depuis *de mes reçus dans cet acte maudit*, sans parler *de la restriction* qui en annullait l'effet ! Vous en frémirez avec moi.

On me fit signer, malgré moi, l'addition, et je m'en revins en fureur délibérer (*trop tard*) sur ce qu'il fallait faire, emportant avec moi les minutes du premier acte, *chargées de la main du ministre*, où le dépôt chez mon notaire est spécifié, comme chose arrêtée ! Je vous les remettrai, *Lecointre*.

C'était le 18 de juillet. *Provins* avait été déjà jugé et condamné : *mon avoué me consolait, en me disant, comme Vauchelle : C'est l'affaire de quinze jours!* O citoyens, voyez vos belles lois ! Six mois après l'opposition, au 1ᵉʳ décembre suivant, tous les délais de l'ordonnance n'étaient pas encore expirés; et quand ils l'ont enfin été, lorsque ce *Provins* s'est trouvé condamné envers moi en tous *dommages et intérêts*, on l'a fait se pourvoir par appel contre cet arrêt. Il y a neuf mois que cela dure; et Dieu seul sait quand cela finira!

Nous avons depuis essayé, *comme Vauchelle le conseillait*, toutes les manières possibles de faire déclarer à cet homme, devant le juge, à l'audience, à quoi, *pour le plus fort*, il portait ses fausses demandes, contre le Brabançon, mon vendeur, pour profiter de sa déclaration, en laisser le montant à la trésorerie nationale jusqu'à sa condamnation ultérieure, et me faire délivrer le reste. Mais on l'avait trop bien endoctriné! cet homme est resté dans le vague *d'une opposition sans motif.* Voilà ce que mon dénonciateur appelle ma reconnaissance de son droit.

Était-ce reconnaître un droit, que de chercher tous les moyens d'engager le gouvernement à me payer, malgré cette opposition illusoire? Et pouvais-je ne pas céder, lorsqu'on refusait de le faire, *après les signatures données*, sur l'acte portant *mon reçu de sommes* QUE JE N'AI POINT REÇUES? Me restait-il d'autre ressource, dans l'état où l'on m'avait mis, que de constater, tout au moins, en signant cette restriction, que l'opposition de cet homme, dont on n'avait parlé qu'après *les signatures, qu'on ne voulait plus annuller,* avait suspendu des payements, qu'on soutiendrait peut-être aujourd'hui m'avoir faits, *notre acte en portant mon reçu,* si l'addition signée ne démontrait pas le contraire ? Que n'ai-je pu ravoir cet acte et le déchirer en mille pièces, à l'instant où j'ouvris les yeux ! Tout est horrible en cette affaire.....

Arrêtons-nous ! je sens que mon lecteur se lasse. Mon indignation qui renaît, me rend moi-même hors d'état de continuer avec modération !

Qu'avais-je donc gagné, *Lecointre,* en *sacrifiant mon intérêt* DE VENDRE A L'ÉTRANGER, à *l'intérêt bien plus puissant de servir la patrie ?* Rien, sinon d'avoir reconnu que les ministres royalistes, ni les comités réunis, n'avaient cherché à nuire à cette affaire nationale ; *qu'un fort parti dans les bureaux d'alors et les ministres populaires* avaient *seuls* mis tous les obstacles qui nous empêchaient d'avancer.

Mais moi, quel était mon état ? J'avais perdu ma vraie propriété, et fait à mon pays le sacrifice des avantages *que l'on m'offrait ailleurs,* sans avoir même acquis la sûreté de mon payement ; puisqu'on m'avait forcé la main, *sur le dépôt chez mon notaire,* sous le vain dédommagement d'un intérêt *dont je ne voulais pas*, dont *je n'ai pas touché un sou*; quoiqu'on ait fait assurer *à Lecointre* que l'on m'avait payé, *pour l'intérêt échu*, la somme de 65,000 liv., tandis qu'on a trouvé moyen d'arrêter, *sans me rien payer*, les intérêts, les capitaux; enfin, jusqu'à mon propre argent, par d'indignes oppositions!

Mais ceci n'était rien auprès de tout ce qui suivit. Malgré l'horreur que j'en ressens, j'ai commencé, il faut finir. Vous allez voir, ô citoyens, *par les* ÉPOQUES *qui vont suivre*, jusqu'où, dans un temps de désordre, la scélératesse en crédit a osé porter son audace pour tâcher de faire périr un citoyen irréprochable, et parvenir enfin à voler la nation sans qu'on pût s'en apercevoir, comme on le fait de tous côtés. Mais malheur à qui m'a forcé d'entrer dans ces affreux détails! Ils ont tous espéré me faire égorger par le peuple trompé. Cinq fois l'affreux poignard a menacé ma vie. S'ils le font aujourd'hui, *c'est un crime perdu* : LEUR INFAMIE EST IMPRIMÉE!

QUATRIÈME ÉPOQUE.

Malgré l'angoisse que j'éprouve, il faut poursuivre mon récit. *O Lecointre!* si vous n'êtes pas un instrument banal de toutes les vengeances secrètes ? O convention nationale, qui m'avez jugé sans m'entendre, mais sur l'équité de laquelle repose encore tout mon espoir ! O Français, à qui je m'adresse ! écoutez un bon citoyen qui dévoile une vérité que l'intérêt national, contre son intérêt, le forçait seul de retenir.

Vous le devez. Souvenez-vous de ce dilemme sans réplique, *inséré dans ma pétition* : Si je ne prouve pas à votre gré que les traîtres à la patrie sont ceux qui me font accuser, *je vous fais présent des fusils !* Si ma preuve vous paraît bonne, je m'en rapporte à vous sur la justice qui m'est due.

Dévorez donc, ô citoyens, l'ennui de cette discussion ! Ce n'est point pour vous amuser que j'écris, c'est pour vous convaincre ; et vous y avez, j'ose dire, un plus grand intérêt que moi. Irréprochable en ma conduite, je puis perdre sur ces fusils ; mais vous, quand vous y renoncez, vous faites à la fois une grande perte et une plus grande injustice.

Écoutez-moi aussi, vous qui applaudissiez quand on lança sur moi ce faux décret d'accusation ; comme si l'on eût annoncé un triomphe pour la patrie, comme si un motif secret eût fait saisir à tout le monde un prétexte pour m'écraser !

O mes concitoyens ! cette cause, entre nous,

se divise en deux parts. Je dois prouver que j'ai raison, mais je ne puis aller plus loin. Vous, qu'un faux exposé trompa, vous devez revenir sur vous, et me faire bonne justice ; car la France et l'Europe, ayant le procès sous les yeux, pèseront à leur tour, dans leur balance redoutable, l'accusateur, l'accusé, et les juges.

Aucune des pièces que je vous ai fait lire ne saurait être récusable ; toutes sont authentiques, comme *actes notariés, requêtes judiciaires*, et *pièces de correspondance, dont les originaux sont dans les bureaux des ministres.* C'est l'ouvrage de chaque jour ; chaque jour amenait sa peine, et plus je vais monter en faits, plus j'espère vous attacher de ce grand intérêt qui touche à la chose publique. Prêtez-moi donc votre attention.

Le lendemain de ce contrat, tant de fois brusquement changé, contrat qui m'ôtait tout et ne me donnait rien, mon notaire me dit : « Vous êtes abusé ; cette addition après les signatures, qui vous soumet à des délais pour toucher votre propre argent, qu'on peut prolonger tant qu'on veut, ni le traité qui la précède, ne disent pas un mot du sacrifice que l'on vous a fait faire *du dépôt de vos fonds chez moi, réglé par les trois comités*, dépôt qu'on a eu l'art de retrancher de l'acte, sans qu'il reste la moindre trace d'un dévouement aussi parfait. » — Je ne puis croire, lui dis-je, que l'on ait eu cette intention cruelle.

« Je ne vois pas non plus, dans ce traité, dit-il, sur quel motif vous aurez droit de solliciter d'autres fonds, s'ils vous devenaient nécessaires, ni même de toucher vos *deux cent mille florins*, si des ministres malveillants prenaient la place de ceux-ci ! Je vois que l'on vous a mené, de circonstance en circonstance, à signer un acte onéreux ; plus onéreux qu'on n'ose dire, puisqu'on n'y met pas pour motifs les sacrifices qui l'ont dénaturé ! »

Je revins chez moi confondu de la faute que j'avais faite. Je me suis vu trois fois, disais-je, pris sur le temps, par les changements successifs du premier commis rapporteur ! Mais les ministres ont été si honnêtes ! Refuseront-ils de reconnaître que je fus patriote et désintéressé en sacrifiant mes sûretés aux besoins du département ? Oublieront-ils qu'ils m'ont promis *de m'en faire un très-grand honneur auprès des comités de l'assemblée nationale ?*

Je vais leur écrire à l'instant. Leur conduite me montrera s'ils sont entrés pour quelque chose dans les atteintes qu'on me porte ! et s'ils ont cru servir le parti qu'on nomme *autrichien*, et nuire à l'arrivée des armes, en fesant retenir mes fonds, sans lesquels je ne puis marcher, et sans qu'il me reste une preuve du mérite que j'eus de leur laisser mes capitaux à la prière qu'ils m'en firent? Mon cœur était serré dans un étau ! Je pris la plume et j'écrivis la lettre timide qui suit.

A Messieurs Lajard *et* Chambonas , *Ministres de la Guerre et des Affaires étrangères.*

20 juillet 1792.

Messieurs,

« Le traité qui vient d'être passé entre vous et moi sur les soixante mille fusils retenus si injustement en Hollande , *vous a donné de nouvelles preuves de l'abnégation continuelle que je fais de mes intérêts pour le service de la patrie.*

» Vous avez insisté , Messieurs , sur ce que je fisse , aux besoins actuels du département de la Guerre , le sacrifice du dépôt convenu entre nous , *chez mon notaire*, de toute la somme qui m'est due , en vertu de ce même traité , jusqu'à son entier payement !

» Messieurs , des armes achetées et payées par moi ; au comptant , depuis quatre grands mois ; les frais extraordinaires occasionnés par l'odieuse retenue que les Hollandais font des armes; les emprunts à titre onéreux que l'absence de mes capitaux m'a forcé de conclure , pour alimenter mes affaires , me rendaient la sûreté de la rentrée de mes fonds absolument indispensable. La préférence à très-bas prix et à crédit , que mon patriotisme donne à la France , sur les offres au comptant d'un prix presque double du vôtre, que nos ennemis n'ont cessé de me faire , et dont vous avez toutes preuves , me donnait, je pense , le droit d'exiger le dépôt arrêté entre nous de l'argent qui me reste dû , d'après le traité d'avant-hier, ainsi que M. de Graves crut devoir exiger de moi celui de mes contrats viagers, lorsqu'il me fit une première avance; mais vous avez désiré, Messieurs, que j'en fisse le sacrifice, *en me promettant, tous les deux, que le département de la guerre viendrait à mon secours, si, avant l'époque du dernier payement arrêté, j'avais besoin de nouveaux fonds pour le soutien de mes affaires;* et je l'ai fait.

» *En relisant froidement le traité, je n'y trouve aucune trace de mon désistement du dépôt, ni de vos promesses à son sujet.* Comment les prouverai-je aux ministres qui peuvent un jour vous succéder, Messieurs, si je n'ai pas de vous *un titre qui, rappelant mon sacrifice, me recommande à leur justice?* Je vous prie donc, Messieurs, de vouloir bien régler et fixer entre vous, et même avec le chef du bureau de l'artillerie, qui a servi de rapporteur en cette affaire, *et aux observations duquel, sur les besoins actuels du département de la Guerre, est dû mon désistement du dépôt convenu;* voulez-vous bien, dis-je, régler sous quelle forme il convient de me donner un titre, qui me fasse obtenir, dans un cas de besoin, les secours pécuniaires que vous m'avez promis?

» Je profite de cette occasion, Messieurs, pour vous rendre de nouvelles grâces, ainsi qu'à tous les honorables membres des trois comités, *diplomatique, militaire et des douze, réunis,* du témoignage très-flatteur que vous avez tous daigné rendre à mon civisme désintéressé, lequel pourtant n'est, selon moi, qu'un devoir justement rempli; comme vous le feriez vous-même, si vous vous trouviez à mon poste.

» Agréez, je vous prie, Messieurs, le dévouement respectueux d'un bon citoyen. »

Signé Caron Beaumarchais.

J'avoue que je restai dans une anxiété fâcheuse jusqu'au moment où leur réponse me parvint.

La voici telle que je la reçus le lendemain vers le midi.

A M. DE BEAUMARCHAIS.

Paris, ce 20 juillet 1792.

« Pour vous ôter, Monsieur, toute inquiétude relativement au changement *que nous avons demandé*, au nouveau traité des armes, *en exigeant de vous que le dépôt du capital* des fusils en florins courants de Hollande, *qui devrait être fait par le gouvernement chez votre notaire* (comme vous avez fait celui *de vos sept cent cinquante mille livres de contrats viagers*, lors de l'avance de cinq cent mille francs, chez le notaire du département de la Guerre), *n'eût pas lieu, et que l'argent restât de confiance dans les mains du Gouvernement ;* nous vous répétons avec plaisir, Monsieur, que *l'opinion unanime des comités et des ministres*, ayant été *que le patriotisme et le grand désintéressement dont vous avez fait preuve*, en refusant des ennemis de l'État, *de douze à treize florins* comptants, des fusils que vous nous cédez à terme, sur le pied *de huit florins huit sols*, et la modique indemnité à laquelle vous vous restreignez pour tant de sacrifices, *mérite les plus grands éloges, et qu'on vous traite fort honorablement sur cette affaire.* Nous vous assurons de nouveau, Monsieur, qu'après que l'état de la quantité des armes dont vous vous expropriez, reçues, vérifiées, ficelées et cachetées par M. *de Maulde*, nous sera parvenu, signé de ce ministre plénipotentiaire, ainsi que le compte de vos frais, au remboursement desquels le traité oblige envers vous le département de la Guerre ; *si vous avez besoin de nouveaux fonds pour l'arrangement de vos affaires, sur le reliquat qui vous sera dû*, le département de la Guerre ne refusera pas de vous les faire compter, *ainsi que nous en sommes convenus*, pour vous tenir lieu du dépôt, chez votre notaire, dont vous vous désistez.

» Recevez-en notre assurance, Monsieur,

Signé le Ministre de la Guerre A. Lajard;

Le Ministre des affaires étrangères, Scipion Chambonas.

En lisant cette lettre, je me disais : Ils ont senti mon affliction, et n'ont pas cru devoir m'y laisser un moment de plus. Grâces leur soient rendues ! Alors sortit de ma poitrine un soupir de soulagement. Je n'ai pas tout perdu, me disje ; si d'autres embarras arrêtaient encore cette affaire, au moins serais-je justifié par les grands efforts que j'ai faits : *les éloges que j'en reçois seront ma douce récompense.* Mais je dois, dans mon cœur, des excuses à tout le monde ; on m'a fait soupçonner tout le conseil de malveillance ; j'ai soupçonné les deux ministres de vouloir nuire à l'arrivée des armes, pour servir un parti contraire, et tout cela n'existe point ! Heureusement que je ne suis coupable que dans le secret de mon cœur ; je n'ai nul tort public à réparer : il suffit que je m'en repente, et que j'aille demain remercier les ministres.

La prudence humaine est bien fausse ! Loin

que tout le conseil ni ces ministres m'eussent nui, ah! c'est le seul moment où cette affaire intéressante a été vraiment protégée! Je me méfierai désormais de tous les bruits que l'on répand. Arrêter ces fusils est une trop grande félonie, pour accuser légèrement d'un tel crime envers la nation! Ceci n'est, je le vois, *qu'une vengeance des bureaux*, affaire de cupidité, une grande leçon qu'ils me donnent, *de ne jamais tenter de bien qui trouble leurs arrangements, et qui nuise à la marche ordinaire du pillage.*

J'allai dîner à la campagne; une indisposition m'y retint. Deux jours après, on m'y vint dire *que les ministres étaient retirés*; qu'un M. *d'Abancourt* avait la Guerre, et M. *Dubouchage* les Affaires etrangères. — Ah ciel! me dis-je, celui qui perd un seul instant, peut en perdre un irréparable. Si j'eusse différé d'un jour, je n'obtenais aucune preuve des sacrifices que j'ai faits!

Ma position changeant avec les choses, au lieu d'envoyer des reproches au chef des bureaux d'artillerie, pour tous les changements qu'il avait exigés *dans l'acte* refait à trois fois, je crus devoir y substituer des remercîments sur les soins qu'il s'était donnés pour finir; le reste pouvait nuire et n'était bon à rien. Puis, le 25 juillet, je lui adressai cette lettre.

ÉPOQUE.

A M. VAUCHELLE.

Ce 25 juillet 1792.

« J'ai l'honneur, Monsieur, de vous envoyer, de la campagne où je suis, l'un des quadruples du dernier traité que j'ai conclu avec les Ministres de la Guerre et des affaires étrangères (*C'était l'expédition pour les comités réunis*). J'y joins celle de la lettre que j'ai eu l'honneur de leur écrire, après la signature, et qui se rapporte aux nouvelles sommes, qu'en cas de besoin dans mes affaires, j'aurai droit d'obtenir, *pour me tenir lieu du dépôt total chez mon notaire, dont vous savez que je me suis désisté sur vos remarques* JUDICIEUSES. Mais mon notaire m'a fait observer que mon traité porte quittance de *200 et tant de mille florins, comme reçus par moi;* et que j'ai consenti à ne les pas toucher que je n'eusse fait ordonner la main-levée d'une absurde opposition, mise sur moi entre les mains du Ministre de la Guerre. Les deux Ministres n'étant plus en fonctions, faites-moi, je vous prie, Monsieur, le plaisir de me mander en réponse quelle forme il faudra que j'emploie envers notre nouveau Ministre *pour toucher ces* 200 *mille florins*. M. *Lajard*, comme vous savez, ne m'ayant point expédié d'ordonnance pour ces sommes, il m'en faut peut-être une du nouveau Ministre, *qui atteste que je n'ai rien touché*. Recevez les salutations de

Signé BEAUMARCHAIS.

Je sondais le terrein, car je voulais tenter d'accumuler mes preuves ; M. *Vauchelle* me fit cette réponse honnête.

Paris, le 27 juillet 1792.

« J'ai reçu, Monsieur, la lettre que vous m'avez fait l'honneur de m'écrire, à laquelle étaient jointes une expédition de votre nouveau traité, et une autre de votre lettre à M. *Lajard*, etc.

» Il est vrai que votre traité porte quittance de 200 et tant de mille florins, comme reçus par vous ; mais rien ne prouve mieux que CE PAYEMENT N'A PAS ÉTÉ EFFECTUÉ, que le consentement que vous avez mis au bas ; que tout payement vous fût suspendu jusqu'à la main-levée de l'opposition.

» Quant à l'exécution de votre traité, elle ne me paraît pas devoir être douteuse, quoique les deux Ministres qui l'ont signé ne soient plus en place. Néanmoins il convient que vous en donniez connaissance vous-même au nouveau Ministre de la Guerre, en le prévenant qu'une expédition en forme de votre transaction existe au bureau de l'artillerie, qui, par conséquent, sera en état de lui en rendre compte, et de l'informer qu'il ne pourra vous être expédié d'ordonnance de payements que quand vous produirez la main-levée (*Ici l'objecteur se montrait*). Vous aurez encore, Monsieur, une autre formalité à remplir, avant de recevoir ; ce sera de faire chez votre notaire une déclaration, par laquelle vous affecterez vos biens présents et à venir, pour sûreté et garantie de la somme que vous recevrez, par le prochain à-compte, au delà des 750,0000 livres de contrats que vous avez déposés pour les 500,000 fr. que vous avez déjà touchés.

» Le chef du quatrième bureau de la Guerre,

Signé VAUCHELLE.

Il avait raison en ce point, car le cinquième

article de mon dernier traité portait que je donnerais hypothèque sur mes biens, pour l'argent que je recevrais, jusqu'à l'expropriation entre les mains de M. *de Maulde* ; laquelle, fesant la livraison, libérait alors tous mes biens.

Tel était l'état de l'affaire quand ces deux ministres quittèrent. Le *cautionnement commercial* justement exigé par le premier vendeur (puisqu'il l'avait donné lui-même), et que le ministère allait fournir, aux termes de l'article 8, *une fois envoyé en Hollande*, rien au monde n'arrêtait plus la livraison des armes à *Tervère*. Quelque chose qu'on fît sous main *pour empécher l'extradition*, quand même on trouverait le moyen d'éluder toutes les conditions de l'acte, *celle du cautionnement* REMPLIE, *je pourrais accomplir le reste avec des emprunts onéreux.* Je devais donc tromper la malveillance, en m'en tenant à bien solliciter *le cautionnement de* 50,000 *florins*, et patienter sur tout le reste ; car le besoin de ces fusils devenait chaque jour plus pressant pour nos volontaires sans armes.

Profitant de l'avis de la lettre de M. *Vauchelle*, je fis deux détails de l'affaire ; l'un destiné à M. *d'Abancourt*, l'autre pour M. *Dubouchage*; détails dont je fais grâce ici ; *ils sont dans toutes leurs archives.* En voici le court résumé.

Que le cautionnement doit être fourni tout-à-

l'heure, attendu qu'il importe que la réclamation des armes se fasse promptement par le ministre de France auprès des états de Hollande, aux termes de l'article 8 du traité du 18 juillet.

Que l'instruction adressée à M. *de Maulde* soit très-promptement expédiée et remise à M. *de la Hogue*, qui n'attend que ces pièces et son passeport pour partir; ayant, à *Dunkerque*, depuis le 24 juin, et aux frais du gouvernement, le bateau qui l'a amené, par lequel il doit reporter à M. *de Maulde* la réponse attendue depuis plus d'un mois, des importantes dépêches dont il a été le courrier.

J'attends en vain. POINT DE RÉPONSE de M. *d'Abancourt*. POINT DE RÉPONSE non plus de M. *Dubouchage*; mais leur ministère fut si court, qu'il n'y a point de reproche à leur faire. Je vis pendant ce temps, jusqu'à l'en impatienter, *Bonne-Carrère* chargé du haut travail des affaires étrangères, *pour avoir le cautionnement* et le passeport de *la Hogue*, si le désordre affreux où l'on vivait, empêchait qu'on ne s'occupât des dépêches de M. *de Maulde* sur les *fabricateurs d'assignats* faussaires, qu'il tenait en prison en Hollande, et qu'on voulait arracher de ses mains; ce qui était un grand désastre.

Fatigué de ne voir que moi, *Bonne-Carrère*, un matin, quitta son cabinet pour descendre chez le ministre, régler avec lui les sûretés que M. *Durvey* demandait pour fournir le *cautionnement*, lorsque, tirant sa porte, un mal si violent, si subit, le saisit devant moi, qu'il fallut bien tout oublier pour voler à son secours, et ne plus s'occuper que de cet accident, qui le retint dix jours au lit, au grand retard du *cautionnement désiré*.

En revenant chez moi, je me disais : c'est une vraie malédiction ! Les hommes, les événements, la nature même, tout est contre.

Cependant j'obtins, le 31 juillet, le passe-port de M. *la Hogue*, avec une courte lettre adressée à M. *de Maulde* ; mais *pas vestige de cautionnement*. L'on fut même plus de quatre heures à chercher vainement les dépêches de M. *de Maulde*, tant le désordre était affreux ; à retrouver, dans le bureau du sieur *Lebrun*, les titres des 6,000 florins avancés en mon nom à cet ambassadeur, lorsqu'il fit arrêter les faussaires de Hollande, pour me faire rendre au moins cet argent-là, devenu nécessaire au départ de M. *de la Hogue*, tout le reste étant arrêté.

Si cet argent m'eût été dû au département de la Guerre, je ne fais aucun doute que le sévère M. *Vauchelle* n'eût objecté, sur ma demande, *l'opposition du sieur Provins*.

J'avais dit à tout le monde que M. *la Hogue* partait pour faire arriver les fusils. Le voyant rester à Paris, où il attendait avec moi *cet éternel cautionnement*, on commençait à murmurer que j'arrêtais M. *la Hogue*, et ne voulais point sûrement que ces armes nous vinssent pendant que l'ennemi pénétrait dans la France, et que de tous côtés nos soldats manquaient de fusils ! De fréquents avis m'arrivaient.

Je priai mon ami d'aller attendre, *au Hâvre*, que j'eusse vaincu les obstacles qu'un profond désordre mettait dans l'expédition des ministres, afin que, *le croyant parti*, les cris du peuple s'appaisassent. Il quitta tristement Paris, me suppliant de ne pas lâcher prise *que je n'eusse le cautionnement, sans lequel il perdait ses pas*.

Enfin, le 7 août, premier jour où M. *de Sainte-Croix* se montre aux *Affaires étrangères*, je lui écris la lettre suivante, qu'il faut bien joindre ici pour montrer la série de toutes mes démarches, *pendant qu'on m'accusait d'incivisme et de trahison*.

A M DE SAINTE CROIX, Ministre des Affaires étrangères.

Paris, le 7 août 1792.

MONSIEUR,

« En vous adressant le mémorial instructif déjà remis à M. *Dubouchage*, sur l'état d'une affaire aussi pressée que celle des armes de Hollande, j'ai l'honneur de vous assurer que, depuis quatre mois et demi, la plus légère circonstance qui se rapporte à ces fusils, m'a toujours coûté quinze jours de sollicitations, et au moins vingt courses perdues ; c'est une vraie malédiction. En voici le dernier exemple :

» Le 18 juillet, les deux ministres, *de la guerre et des affaires étrangères*, ont enfin signé l'acte par lequel ils obligent le gouvernement *à fournir tout-à-l'heure un cautionnement de 50 mille florins d'Allemagne* à mon vendeur hollandais, qui s'y est engagé lui-même envers feu l'empereur *Léopold*, en assurance que ces fusils iraient en Amérique, *et sans lequel on ne peut rien finir.* Eh bien ! la misérable circonstance de savoir quelle sûreté l'on doit donner à *M. Durvey*, *qui se charge du cautionnement*, *nous a coûté déjà dix-neuf jours de retard*, *et trente courses inutiles*, sans que M. de la Hogue, qui doit en être le porteur, ait pu quitter la France pour une affaire où les heures perdues *coûtent si cher à la patrie qui demande à grands cris des armes !* De plus, je suis menacé tous les jours d'être dénoncé sur le retard de ce départ (seul moyen, prétend-on, de me faire dénoncer moi-même ceux qui en sont les vrais fauteurs)! Ainsi, froissé entre les embarras ou l'oubli d'un côté, et la malveillance de l'autre, j'ai fait sortir *M. de la Hogue de Paris*, afin qu'au moins on ne l'y trouvât plus. Il attend dans le port du Hâvre : et moi, je vous supplie, Monsieur, de consacrer un seul quart-d'heure à terminer *la sûreté que M. Durvey vous demande.* C'est par honneur que je vous importune, par amour seul de ma patrie, puisque l'affaire des fusils est devenue personnelle au gouvernement.

» Pendant que tout prétexte est bon pour trouver les ministres en faute, ne fournissons pas des motifs aussi importants que ceux-ci à la brûlante malveillance.

» Agissons, je vous en conjure. J'attends vos ordres

avec une impatience qui fait bouillir mon sang comme celui de *Saint-Janvier !* Recevez les salutations respectueuses de

Signé Beaumarchais.

Du 7 au 16 août *je n'eus* réponse de personne : nul ministre n'avait écrit ; mais en revanche le peuple avait parlé. A la terrible journée du 10 août, les habitants du faubourg Saint-Antoine criaient dans les rues en marchant : *Comment veut-on que nous nous défendions ? nous n'avons que des piques, et pas un seul fusil !* Des agitateurs leur disaient : C'est cet infâme *Beaumarchais*, cet ennemi de la patrie, qui en retient 60 mille en Hollande, et ne veut pas les faire venir. D'autres, par écho, répondaient : Bah ! c'est bien pis ! *il a ces armes dans ses caves*, et c'est pour nous massacrer tous ! Et les femmes, en hurlant, criaient : *Il faut mettre le feu chez lui.*

Le samedi 11 août, on vient me dire le matin, que des ennemis infernaux échauffaient la tête des femmes, sur le port Saint-Paul, contre moi ; et que, si cela continuait, il se pourrait bien faire que le peuple des ports vînt piller ma maison !

Je ne puis l'empêcher, leur dis-je, et c'est ce que mes ennemis demandent ! Mais qu'on en sorte au moins *ce portefeuille, qui contient toute ma justification :* si je péris, on le retrouvera.

O citoyens français ! ce portefeuille renfermait

les pièces que je viens d'offrir à vos regards, et toutes celles qui vont suivre.

Qu'ai-je besoin de répéter, sur cet événement, ce qu'on a imprimé le mois d'août dernier ? J'avais fait *à ma fille*, pour son instruction, l'affreux détail de ce qui m'arriva : je le lui envoyai *au Hâvre*, où elle était avec sa mère ; on a gardé ma lettre onze jours à la poste ; elle a été ouverte en vertu de la loi qui regarde comme exécrable le premier qui les violera ; elle a été copiée, imprimée, elle court le monde ; en vain voudrais-je la changer ; elle existe, et l'on me dirait que j'ai voulu depuis la rendre meilleure qu'elle n'est.

Citoyens ! je la jette ici, *dans mes Pièces justificatives* (*). Si d'autres vous ont ennuyés par leur fâcheuse sécheresse, celle-ci n'a pas ce défaut. Mon âme y était toute entière : c'est à ma fille que j'écrivais ! Ma fille, en ce moment si malheureuse à mon sujet ! Cette lecture peut n'être pas inutile à l'histoire de la révolution !

Reprenons celle des fusils. M. de *Sainte-Croix* avait quitté le ministère, M. *Lebrun* avait sa place.

Au désespoir de l'inutilité de mes soins et de mes démarches, et voyant mes dangers s'accroître, j'écris à M. *de la Hogue au Hâvre*, de partir à

(*) On la trouvera dans le volume qui contient les lettres.

l'instant pour *la Haye*, sans le fatal cautionnement. On jugera de ma situation, en lisant ma lettre *à la Hogue*.

Paris, le 16 août 1792.

» J'ai attendu, mon cher *la Hogue*, jusqu'à ce jour, pour vous engager de partir. Hélas! tout mon patriotisme et mes efforts accumulés ne peuvent rien sur les événemens, ni sur les hommes! Malgré mes immenses sacrifices, et les éloges que les trois comités réunis en ont faits devant vous, *je ne suis aidé par personne*; et la malheureuse France, qui périt faute d'armes, n'a, en honneur, que moi qui veuille sincèrement qu'elle ait celles de Hollande. J'ai écrit à M. *de Sainte-Croix*, à *Bonne-Carrère*, à *Vauchelle*, à MM. *d'Abancourt*, *Dubouchage*; je n'ai réponse de personne *sur ce maudit cautionnement*, que M. *Durvey* veut bien faire, moyennant bonne sûreté. Il semble, en vérité, que les affaires de la patrie n'intéressent plus personne ici! à qui m'adresser aujourd'hui? Les ministres se succèdent comme dans une lanterne magique. Depuis les grands événemens, M. *Lajard*, a-dit-on, été tué; M. *d'Abancourt* arrêté; MM. *Berthier*, *Vauchelle* et autres sont en prison; je ne sais plus où prendre ni M. *Dubouchage*, ni M. *de Sainte-Croix*! M. *Lebrun*, nouveau ministre des affaires étrangères, est à peine installé; *Bonne-Carrère* est arrêté; le scellé sur tous ses papiers! M. *Servan*, hélas! qui revient *à la Guerre*, n'est pas encore de retour de *Soissons*; et l'Interim en est tenu, devinez par qui? par *Clavière*, qui, en outre, a les contributions. Et la plus importante affaire de la France, celle des 60 mille fusils, reste là! J'en suis suffoqué de douleur.

» Enfin, mon cher ami, partez: fesons notre devoir de

citoyens ; je suis la voix qui crie dans le désert : *Français ! vous avez 60 mille fusils en Zélande ; vous en manquez dans l'intérieur ! Seul je me tue pour vous les procurer.* Il semble que je parle chansons, lorsque je presse tout le monde ; ou plutôt les événements qui se pressent, absorbent l'attention de tous ! Partez, mon cher *la Hogue*, et remettez la lettre du ministre à notre ambassadeur : qu'il fasse, en attendant, la réception des armes ! *Le misérable cautionnement partira, quand j'aurai pu le faire faire !* Mais que l'ambassadeur ne fasse nulle démarche politique auprès des Hollandais, *que le cautionnement ne soit arrivé à la Haye*, afin que, les grands coups frappés, tout soit terminé dans un jour ; on forgerait là-bas d'autres difficultés, s'il y avait de l'intervalle entre l'embargo levé et le départ des armes ; *elles ne peuvent partir sans le cautionnement. Ah ! pauvre France !* comme tes intérêts les plus chers touchent peu tous ceux qui s'en mêlent ! Si cela continue, j'aurai perdu cinq florins par fusil, pour consacrer ces armes à la France. *Les ministres, les comités* m'auront fait de vains compliments sur mon désintéressement civique : et, misérables que nous sommes ! nous n'aurons pas tous ces fusils, *pendant qu'on forge ici des piques !* parce que personne, hélas ! ne fait réellement son devoir : nous ne les aurons pas à temps, pendant que tant de corps se forment !

» Laissons toutes ces doléances : partez, mon ami ; et si ma présence est utile au départ des armes, que M. de *Maulde* l'écrive. Je n'examine point les dangers que je puis courir, si cela est utile à mon pays. Oui, je ferai encore le sacrifice de me déplacer, quoique je sois vieux et malade ! Nos tribunaux sont suspendus, et je ne puis faire lever l'opposition de ce *Provins*, pour toucher des fonds à la *Guerre.* Vous ne me dites pas si vous avez reçu la lettre de crédit de vingt mille florins, que je vous ai envoyée le surlendemain de votre départ de Paris. »

Bonjour, bonjour.

Signé BEAUMARCHAIS.

Je m'étais présenté (mais en vain) chez M. *Lebrun,* comme chez un ministre instruit, *puisqu'en sa qualité de premier commis des affaires étrangères, toute l'affaire des fusils lui avait passé par les mains!* NUL NE LA SAVAIT MIEUX QUE LUI.

Je prends le parti le plus sûr, de solliciter par écrit. Je lui adresse un mot pressant.

16 août 1792.

« M. *de Beaumarchais* a l'honneur de saluer M *Lebrun.* Il le prie de vouloir bien lui accorder la faveur d'une courte audience, pour conférer avec lui sur une affaire très-pressée et très-importante, que MM. *Dumourier, Chambonas, Dubouchage* et *Sainte-Croix,* ont dû terminer l'un après l'autre, et que le mal des événements laisse encore dans l'incertitude et la suspension, *malgré le concours et l'avis des trois comités réunis, diplomatique, militaire et des douze.* Il ne s'agit pas moins que des soixante mille fusils de Hollande. Il semble, en ce pays, qu'il y ait un aveuglement incurable sur ce qui se rapporte au bien de la patrie ! Eh ! n'est-il pas temps qu'il finisse? *Beaumarchais* attendra les ordres de *M. Lebrun.* »

M. *Lebrun* me fait répondre.

« Les scellés apposés sur les papiers de M. de Sainte-

Croix n'ayant été levés que d'hier, le ministre des affaires étrangères n'avait pas connaissance de la lettre de M. Beaumarchais (*apparemment celle que j'avais écrite à M. de Sainte-Croix, en lui envoyant mon Mémoire*). IL EST FORT ÉTONNÉ du retard de l'affaire des fusils ; il croyait M. la Hogue parti. Il désire en conférer avec M. Beaumarchais, et le prie de venir le voir demain vers le midi. »

Ce 16 août 1792, l'an 4e de la liberté.

Dieu soit loué ! me dis-je. Un homme au fait de cette affaire me dit *qu'il est étonné* des obstacles (qui ont empêché *M. la Hogue de partir*). Ce ministre est un bon citoyen qui a connu toutes mes peines, et qui s'y montre fort sensible. Voilà comme il faut des ministres. Il finira l'objet *du cautionnement* ; c'est l'affaire d'une heure entre lui et M. *Durvey*. Il va pousser mon *la Hogue* à la mer, et la France aura les fusils ; Dieu soit loué ! Dieu soit béni !

Mais, quoique j'eusse été deux fois par jour chez ce ministre (et j'en demeure à près d'une lieue), je ne pus le rejoindre que le 18 après midi.

Il me reçut fort poliment, me répéta ce qu'il m'avait écrit, me dit qu'il allait au conseil *régler l'affaire du cautionnement, et faire partir M. de la Hogue au plus tôt; que je revinsse le lendemain, qu'il m'expédierait promptement.*

Satisfait d'avoir rencontré un ministre aussi *bienveillant*, j'y retournai le lendemain à dix heures, *il était sorti*, je m'en revins chez moi. Un courrier, arrivant *du Hâvre*, me remit un paquet très-pressant de *la Hogue*. C'était une réponse à ma lettre du 16, qu'on vient de lire, contenant l'extrait du procès-verbal de la commune *du Hâvre*, sur le *visa* de son passe-port, du 18 août 1792. Le voici :

« Le conseil-général prenant en considération la demande faite par le sieur *J. G. de la Hogue*, décoré de la croix de Saint-Louis; chargé d'une commission extraordinaire de l'assemblée nationale en Hollande, tendante à obtenir un *visa* sur son passe-port.

» A délibéré. ouï le procureur de la commune, qu'attendu que ledit passe-port est daté du 31 juillet dernier, il sera envoyé à l'assemblée nationale pour prendre ses ordres sur le parti que doit tenir la municipalité vis-à-vis dudit sieur *la Hogue*, et que, jusqu'à ce, le paquet dont il est porteur pour M. de *Maulde*, ministre plénipotentiaire de France à la Haye, restera déposé au secrétariat de la municipalité. »

Certifié conforme au registre, etc.

Signé TAVEAU.

Les méchants sont bien bons ! me dis-je, de se donner tant de fatigue pour empêcher que ces fusils n'arrivent ! Que ne laissent-ils aller les événements seulement ? Je défierais au *Diable* de faire marcher aucune affaire en cet affreux temps de désordre, et qu'on nomme de liberté !

Le courrier du Hâvre m'apprit qu'avant de m'apporter ma lettre, il en avait remis une autre dans l'assemblée nationale, à M. *Christinat*, un député du Hâvre, de la part du maire de cette ville. Je sens à l'instant le danger pour *la chose*, qu'elle soit discutée publiquement à *l'assemblée*. Certes, pour moi, il y eût eu de l'avantage, cela fesait ma justification ; mais *le bien public avant tout.*

J'écris à M. *Christinat* (que je ne connaissais nullement) :

S'il en est temps encore, Monsieur, demandez, je vous prie, de porter vos dépêches aux trois comités réunis. Eux seuls, discrètement, doivent connaître de l'affaire : ELLE EST PERDUE SI ELLE DEVIENT PUBLIQUE. Je promets au courrier trois billets de cent sous, s'il fait vite ma commission. Il court ; il était temps, M. *Christinat* allait lire.

Sur ma lettre, il demande *à traiter cette affaire avec les comités ;* ON LE DÉCRÈTE. Il me fait dire d'être tranquille, et voilà ma souleur passée. Je paye mon actif courrier, et lui dis de venir recevoir mon paquet quand il aura celui des comités. J'écris, je console *la Hogue*, sur ce retard de peu de jours, *que* M. Lebrun *m'a promis de réparer très-promptement ;* je le supplie de regagner alors le temps perdu en allant, *comme au feu,* tirer d'inquiétude M. de *Maulde* qui l'attendait depuis près de deux mois.

Je retourne à trois heures chez M. *Lebrun le ministre.* Il rentrait. Je descends de voiture. Il s'arrête sur son perron, m'y dit trois mots fort secs; et, profitant de ma surprise, il me quitte assez brusquement.

Ces trois mots me frappèrent comme d'un coup de foudre. Je jugeai qu'il savait déjà *l'affaire du courrier du Hâvre.* Je revins chez moi fort ému, lui écrire mon sentiment *sur les trois mots qu'il m'avait dits, pour empêcher qu'ils n'eussent leur effet diabolique.*

Je vous supplie, ô citoyens, de lire ma lettre à ce ministre avec toute l'attention que je demandais à lui-même; cette lettre est le pronostic de l'horrible persécution qui va commencer dans l'instant.

Ce dimanche au soir, 19 août 1792.

Monsieur,

« Lisez ceci, je vous en prie, avec toute l'attention dont vous êtes capable.

» Quand vous m'avez dit ce matin *que M. la Hogue était moins propre en ce moment qu'un autre à terminer l'affaire des fusils de Hollande, à cause de la publicité que tous les malveillants lui donnent, et que c'était l'avis de MM. les ministres; qu'en conséquence on allait faire remettre, au Hâvre, M.* la Hogue *en liberté d'en partir, non pour la Hollande, mais pour le dedans du royaume;* j'ai bien jugé, Monsieur, qu'il y avait encore quelque malentendu, sur lequel vous aviez besoin de recevoir de moi une explication nette, qui vous tirât *de deux ou trois erreurs où vous paraissez être*, sur le fond d'une affaire qui ne peut plus nous être utile, qu'autant qu'elle est bien éclaircie et menée très-habilement.

« Mais, comme je suis le seul homme qui puisse la traiter avec méthode, exactitude et fruit; puisque, depuis cinq mois, elle est ma grande affaire, comme négociant et comme patriote, j'ai préféré, Monsieur, l'honneur de vous écrire, à celui de répondre verbalement à ce que vous disiez; parce que, dans les temps difficiles, un homme sage ne doit rien articuler, ni proposer sur un objet aussi majeur, dont il ne reste au moins des traces par écrit, et des notes fidèles, *qui puissent servir à le justifier.*

» J'ai préféré de vous écrire aussi, afin que vous puissiez, Monsieur, en conférer avec tous les ministres, sur des renseignements bien clairs, et m'accorder ensuite le moment de la traiter à fond politiquement devant eux. Cela est d'une grande importance *pour la patrie, et pour eux, et pour moi.* J'insisterai donc là-dessus, si vous daignez me le permettre. Voici le précis de la chose :

» Premièrement, Monsieur, M. de *la Hogue n'est point en arrestation au Hâvre*, comme vous paraissez le penser. Il y est depuis trois semaines, logé chez MM. *le Couvreur et Curmer*, mes correspondants de cette ville, où il attend mes derniers renseignements pour s'embarquer pour la Hollande. Car je lui ai écrit le 16 *que rien ne finissant à Paris, dans le trouble où sont les affaires, je lui conseillais de partir, afin qu'il fît au moins la guerre à l'œil en attendant*, et ne laissât point entamer de démarches fortes à notre ministre à la Haye, jusqu'à ce que le cautionnement qu'il attend lui fût arrivé, pour que tout s'achevât ensemble. C'est parce que son passe-port est vieux, qu'on envoie un courrier pour le faire renouveler, *et non pour faire prononcer sur son arrestation*, LAQUELLE N'EXISTE PAS.

» Secondement, Monsieur, par quelle subversion d'idées empêcherait-on de partir *le seul homme* qui peut vous livrer les fusils ?

» Quel autre peut, Monsieur, terminer cette affaire que M. *la Hogue* en mon nom, *à moins que ce ne soit moi-même*, puisque ces fusils sont ma chose, et que M. *la Hogue*, mon ami, mon agent, mon chargé de pouvoir, ayant toutes mes instructions, tous mes fonds, mon crédit, ayant seul commencé mes négociations, soit de l'achat, soit de la vente ? Il peut seul, *si ce n'est pas* MOI, sortir des magasins les fusils pour vous les remettre, *en subvenant à tous les frais d'embarquement, de comptes, et à tous réglements où le traité m'oblige envers la France, à l'occasion de ces fusils* : car, si M. de la Hogue ne vous les livre pas, *personne au monde ne peut vous les livrer là-bas*, parce que nul n'y a droit à ma chose, que mon agent ou *moi*, Monsieur.

» Troisièmement. Lorsqu'on dit dans le traité (art. 7): *Nous nommons M. de la Hogue pour aller terminer l'affaire, comme étant l'homme le plus capable, par son zèle et par son talent, de la bien achever* : c'est en mon nom, Monsieur, qu'on l'a nommé, puisque c'est *en mon nom* que l'on doit continuer à réclamer les armes. *Je n'aurais pas souffert qu'on en nommât un autre !* Ce n'était que pour lui donner plus de sûreté dans sa route, qu'on a imaginé de traiter sa mission, *comme office ministériel*, afin qu'il pût passer sans trouble dans toutes les villes du royaume, et sans se trouver arrêté. Il n'est ici que *mon agent*, sans lequel rien ne peut finir. *Voilà son titre pour partir.*

« Vous enverriez, *Messieurs*, dix autres personnes *à la Haye*, qu'il faudrait toujours qu'il y fût ; car ce n'est point pour recevoir les armes qu'il va en Zélande, à *Tervère*, mais *pour en faire la livraison*. M. *de Maulde* ici représente *l'acheteur* ; M. *de la Hogue*, le *vendeur* : donc rien ne peut se faire sans M. *de la Hogue*, lequel seul a la clef de toutes les difficultés à vaincre, et mon crédit pour les lever.

» Quand je ne serais pas résolu de rester ici *à mon poste pour ne laisser sur moi aucune prise aux malveillants* : quand j'irais moi-même en Hollande, encore me verrais-je obligé de mener avec moi mon ami, M. *de la Hogue*, car lui seul connaît mon affaire ; ayant passé déjà quatre mois à *la Haye* pour tâcher d'en venir à bout. *Il est* MOI *dans cette occasion*; et il faut que j'aille à *Tervère*, ou cet homme fort, en ma place, car (je dois vous le répéter) personne que *lui ou moi* n'a le droit ni le pouvoir de remettre en vos mains ces armes. D'où vous voyez, Monsieur, que toute la publicité *que la sottise donne ici à cette affaire*, ne peut rien déranger au voyage de M. *de la Hogue, puisque, depuis cinq mois, il est public dans la Hollande, qu'il y stipule mes intérêts pour l'achat, le payement et la sortie de ces fusils.*

En voilà bien assez, Monsieur, pour vous faire sentir l'urgence qu'il y a, que, les *pièces en main, le ministère m'entende sur le voyage de mon ami* ; car, en le retenant en France, on s'ôte l'unique moyen d'avancer d'un pas en Zélande. Tout le pouvoir du monde ne peut rien changer à cela, sans être d'accord avec moi. *Voilà sur quoi porte l'erreur que moi seul je puis relever : ce que je fais en ce moment.*

» Cette affaire, Monsieur, a pris un tour si grave, que

personne ne doit (*à commencer par moi*) rien faire dont il ne puisse rendre un compte sévère *à la nation française, qui est toute prête à nous interroger.*

» Après vous avoir expliqué *ce qu'un nouveau ministre ne saurait deviner :* si l'on va en avant, en contre-carrant ces données, je suis forcé *de déclarer*, Monsieur, *qu'ici ma responsabilité finit; que j'en dépose le fardeau sur le pouvoir exécutif (que j'ai l'honneur d'en prévenir).* Depuis cinq mois, pour servir mon pays, je me désole et je me ruine, *sans que personne m'entende et me soulage !* J'ai été dix fois accusé : *n'est-il pas temps que je me justifie ?* Je sais que ce n'est pas la faute des ministres qui entrent en place ; mais au moins, quand il est question d'une affaire aussi difficile, où mon patriotisme et ma fortune sont compromis, et dont j'ai seul la connaissance, ne doivent-ils rien ordonner sans être d'accord avec moi, *ou bien répondre seuls de tout l'événement à la patrie,* DONT LES INTÉRÊTS SONT BLESSÉS.

» J'attends vos ordres là-dessus, et suis avec respect,

» MONSIEUR,   Votre, etc. »

Signé CARON BEAUMARCHAIS.

Je fus ce même dimanche au soir, 19 août, chez M. *Lebrun* pour la troisième fois du jour. Je voulais lui laisser ma lettre, *après l'avoir discutée avec lui,* afin qu'il la communiquât aux autres ministres, ses collègues. *Il ne me reçut pas,* et me remit au lendemain. J'y vins à neuf heures du matin ; *il ne me reçut pas. Même réponse : remis au soir.*

En arrivant chez moi, j'y trouve un inconnu

qui écrivait chez mon portier. (*Lecteur, redoublez d'attention.*) Je suis chargé, me dit-il en riant, de la part *d'une compagnie autrichienne*, de vous faire des propositions sur l'arrivée de vos fusils; et je vous écrivais pour vous demander rendez-vous. — En nous promenant il ajoute : Connaissez-vous, Monsieur, M. *Constantini?* — Je n'ai pas cet honneur, Monsieur. — Comme il est lié d'affaires avec une *compagnie de Bruxelles; qu'il sait que c'est de là que vient l'embargo mis sur vos fusils en Hollande*, il vous fait proposer par moi, que si vous voulez lui donner moitié de bénéfice dans votre affaire, *il a* UN MOYEN SUR *pour les faire arriver dans huit jours.* — Il faut qu'il soit donc bien puissant, votre M. *Constantini?* Mais, Monsieur, je ne puis écouter, même sans tromper ce Monsieur, une proposition si vague; parce que je ne sais plus, à la manière dont nous marchons, s'il y aura bénéfice, ou perte; faites-moi donc une offre nette? *Que me demandez-vous d'argent pour faire arriver nos fusils?* Eh bien, Monsieur, dit-il UN FLORIN PAR FUSIL; *mais l'affaire payera les frais.* — Monsieur, il faut savoir quels frais? Si votre M. *Constantini* employait la voie du commerce, les droits alors seraient, pour la sortie, *d'un florin et demi par fusil*; avec le florin que vous demandez pour ses soins, voilà les fusils augmentés de *deux florins et demi* la pièce, bons ou mauvais, sans être sûr si tous seront acceptés *au triage?* L'affaire est loin, Monsieur, de pouvoir porter ce fardeau. — Combien donc voulez-vous nous donner, me dit-il? *Vingt sous par fusil, quel qu'il soit.* Mais votre homme offrira *caution*, qui puisse me garantir que les moyens qu'il emploiera pour tirer les fusils de Hollande, ne les y cloueront pas. Je songerai quelle assurance je devrai exiger de lui. *Soixante mille francs sont mon offre.*

Il me dit : Je vais vous laisser sa proposition par écrit : je m'appelle *Larcher* : recevez mon adresse, et faites-moi passer votre réponse dans le jour; car je vous avertis, (*en me regardant bien*) que cela presse un peu pour vous! — Comment cela, Monsieur, lui dis-je! Il me quitta sans me répondre. Je ne savais quel sens donner à ce propos bizarre! J'ouvris les offres du *sieur Constantini;* et, à mon grand étonnement, je lus l'écrit que je copie.

« Conditions proposées à M. *Beaumarchais*
» dans l'affaire des fusils déposés à *Tervère* en
» Zélande.

» M. *Constantini*, associé *des maisons de*
» *Bruxelles*, propose à M. *Beaumarchais* de
» partager les bénéfices de cette opération, par
» moitié, en faveur de M. *Beaumarchais*, et

» moitié en faveur de M. *Constantini* et ses as-
» sociés.

» M. *Beaumarchais* justifiera sur-le-champ
» de son contrat d'acquisition.

» M. *Beaumarchais* ayant fait les avances de
» l'achat des armes, dont on a lieu de croire qu'il
» a été remboursé en partie par le gouvernement
» français, M. *Constantini*, de son côté, s'en-
» gagera à faire effectuer l'expédition de *Tervère*
» à *Dunkerque* de la manière la plus prompte
» et la plus convenable.

» Les frais seront supportés par l'opération.
» Comme on est persuadé que l'expédition de
» *Tervère* n'a été entravée jusqu'ici *que par l'in-*
» *fluence de l'ancien ministère*, on a la con-
» fiance de croire que M. *Beaumarchais* peut la
» faire cesser.

» On doit prévenir M. *Beaumarchais* que les
» mesures prises et effectuées pour l'arrivée de
» ces armes, *peuvent seules suspendre la réso-*
» *tion* D'ÉCLAIRCIR LA CONDUITE *de* M. *Beaumar-*
» *chais dans cette affaire*, etc. » (Le reste était
d'arrangement.)

Ha ha! M. *Constantini! Nouvelle intrigue,
et des menaces?* Suivant ma constante méthode
d'analyser tout ce que je reçois, je vois ici, me
dis-je, *un Autrichien français*, qui prétend avoir
les moyens de faire arriver les fusils. *Cet Au-*

trichien français a aussi le pouvoir, DIT-IL, *d'arrêter, moyennant argent, l'éclairement qu'on est tout prêt à faire de ma conduite en cette affaire ?*

Bravo ! M. *Constantini !* Ce n'est plus sourdement, ni avec des sous-ordres, que l'on procède contre moi ! Vous êtes l'associé, M. *Constantini,* d'un homme assez puissant pour pouvoir lever l'embargo de *Tervère* en trois jours, *s'il veut,* et *me faire trembler,* si je refuse d'entrer dans ce beau *Triumlatronnat?* La seule façon dont cet homme puissant sache lever l'obstacle de notre extradition, est apparemment de donner à vous seul *le cautionnement qu'il s'obstine à me refuser?* J'entends, M. *Constantini!* VOTRE ASSOCIÉ EST UN NOUVEAU MINISTRE. *Il reste à découvrir lequel? C'est à quoi je vais travailler.* En attendant, je vais répondre à M. *Larcher,* votre agent. A l'instant partit ma réponse.

A M. LARCHER.

Ce 20 août 1792.

« J'ai lu, Monsieur, les conditions que vous me proposez pour me faire arriver à *Dunkerque* ou *au Hâvre* mes fusils, de la part d'une *compagnie autrichienne.*

» En outre de ce qui est écrit par vous, vous m'avez proposé verbalement de me faire entrer ces mêmes armes, *au prix d'un florin par fusil.*

» A cela voici ma réponse :

» Je donnerai *vingt sous de France* à la personne, quelle qu'elle soit, par fusil, qu'elle se chargera de me faire entrer à *Dunkerque* ; pris dans mon magasin à *Tervère*.

» *Sous la condition rigoureuse* qu'elle donnera *caution valable* de me payer la valeur des fusils, si elle ne les fait pas entrer, parce que ses moyens peuvent être tels, que l'ébruitement, les fesant saisir en Hollande, m'ôte tous les moyens de les ravoir jamais !

» Et quant à la bonté qu'on a de me prévenir que les mesures prises et effectuées pour l'arrivée de ces armes, *peuvent seules suspendre la résolution d'éclaircir la conduite de M. Beaumarchais dans cette affaire*,

» Je réponds franchement à la personne que vous appelez ON, ce que je vais signer ici.

» Je méprise beaucoup les gens qui me menacent, *et mets la malveillance au pis*. La seule chose contre laquelle je ne puisse être en garde ici, *c'est le poignard d'un assassin* ; et quant au compte que j'ai à rendre de ma conduite en cette affaire, le jour que je pourrai la traduire au grand jour, *sans nuire à l'entrée des fusils*, ce sera ma gloire publique.

» *C'est à l'assemblée nationale que j'en rendrai le compte à haute voix, pièces probantes sur le bureau*. Alors on pourra distinguer le vrai citoyen patriote, des vils intrigants qui l'assaillent. »

Signé Caron Beaumarchais,

Boulevard Saint-Antoine, *d'où il ne bougera pas.*

Maintenant, dis-je, pour procéder avec ma méthode ordinaire, il faut que j'envoie à M. *Lebrun le ministre* ma réponse à *Constantini*, et voir de son côté comment il procédera envers moi; je connaîtrai par là *si M. Lebrun est leur homme.*

Le soir je fus chez M. *Lebrun*..... Invisible, *et moi refusé.* Je prends du papier chez son suisse, et j'écris.

Lundi 20 août 1792, écrite chez votre suisse.

« Hélas ! Monsieur, c'est ainsi que, depuis cinq mois, de remise en remise, les événements ont gâté l'affaire la plus importante à la France ! Ne pouvant donc vous remettre *à mon troisième voyage, inutile chez vous,* le Mémoire instructif que j'ai fait hier en vous quittant, je vous prie de le lire avec d'autant plus d'attention, que l'horrible malveillance, qui se remue dans tous les sens, me force tout-à-l'heure à une justification publique, *si le ministère s'obstine à ne pas s'entendre avec moi !*

» Vous en allez trouver la preuve dans la réponse que j'ai faite à un homme qui est venu chez moi me faire des offres menaçantes *verbalement et par écrit.*

» S'il vous est possible de me donner rendez-vous aujourd'hui, vous préviendrez peut-être le mal *d'une publicité fâcheuse*, par laquelle on veut couper court à l'arrivée de nos fusils. *C'est très-sérieusement* que vous en êtes prié, Monsieur, par votre dévoué serviteur,

Signé Beaumarchais.

A ma lettre étaient jointes sa grande lettre qu'on a lue sur l'affaire de M. *la Hogue,* et ma fière réponse au proposant *Constantini.*

Point de réponse.

J'y vins deux fois par jour, le 19, le 20, le 21

et le 22, où je lui écrivis cet autre billet chez son suisse, après huit courses en quatre jours, qui, pour aller et venir, composaient près de deux lieues chacune; et je disais dans le chemin : Si les ministres se croient heureux *de leur invisibilité*, les gens qui galopent après eux sont, certes, bien infortunés !

22 août 1792.

« Beaumarchais est venu dimanche, avant-hier, hier et aujourd'hui pour saluer M. *Lebrun*, et lui rappeler que le cautionnement assuré par M. *Durvey* est toujours *en retard*; et que lui, *Beaumarchais*, ignore ce qui concerne *M. de la Hogue* : qu'il est comme les héros d'Homère, combattant dans l'obscurité, et priant tous les dieux de lui rendre la lumière, pour savoir ce qui reste à faire pour la portion de bien qu'il est chargé, depuis cinq mois, de procurer à la patrie, et que tout tend à reculer.

» Il présente son respect à M. *Lebrun*. »

Point de réponse.

Je cesse d'y aller. Ne pouvant deviner ce qu'après ma lettre si ferme, les ministres avaient décidé sur le sort de M. *de la Hogue*, je dévorais mon sang dans une espèce de rage mue. Plus de nouvelles de ce *Constantini*, sinon une lettre d'*injures*, à laquelle j'avais fait une réponse de *pitié*.

Une lettre de M. *Christinat*, le député *du*

Hâvre, m'avait appris que son courrier était reparti pour ce port, et que l'affaire du départ de M. *de la Hogue* avait été jugée *par le pouvoir exécutif*, sans qu'il pût me dire comment ; et je me disais, en fureur : Ils ne s'en sont point occupés ; ils auront envoyé une lettre d'attente, quelque réponse insignifiante ; et c'est encore du temps perdu. Pardonnez-moi, lecteurs ! ils s'en étaient fort occupés ; en voici la preuve très-claire, qu'on ne supposait guère que je pusse acquérir jamais :

Le 22 août je reçois ce mot désastreux de *la Hogue*.

« Vous avez, Monsieur, sous le repli de la présente, une copie de la réponse du ministre de l'intérieur, *au sujet de mon passe-port*.

» Je ne puis que m'en rapporter à vous sur la conduite que vous croyez devoir tenir à cet égard : en attendant, je prends patience, et reste ici à poste fixe. »

Signé De la Hogue.

Je passe au *verso* de sa lettre, et j'y lis enfin ce qui suit :

Copie de la lettre du Ministre de l'Intérieur à la Municipalité du Hâvre.

Ce 19 août 1792.

« L'assemblée nationale, Messieurs, me renvoie la lettre que vous écrivîtes hier à son président, en lui envoyant le passe-port du sieur de la Hogue. Elle me

CHARGE de vous mander de laisser en pleine liberté ce particulier, et de lui donner un passe-port s'il le désire......
(*Devinez lequel, ô lecteurs !*) un passe-port POUR L'INTÉRIEUR, mais de ne lui en point donner POUR L'ÉTRANGER. A l'égard du paquet pour M. de *Maulde*, L'ASSEMBLÉE VOUS CHARGE de me l'adresser. »

Signé ROLAND, Ministre de l'Intérieur.

Je fis le bond d'un lièvre atteint de plomb dans la cervelle, en voyant *l'assemblée nationale* envoyer l'ordre affreux d'empêcher *la Hogue* de partir. Puis me remettant tout-à-coup, je dis, avec un rire amer : *Eh parbleu ! j'oubliais que nos amis sont revenus en place ! Ce n'est point l'assemblée, ce sont eux. En voilà le premier effet.* PLUS DE FUSILS POUR NOTRE FRANCE !

Maintenant, mes lecteurs, rafraîchissez-vous bien le sang, en démêlant, avec le pauvre diable, le mot de cette nouvelle énigme. Comment se peut-il, me disais-je, que *l'assemblée nationale*, à qui l'on soustrait, *par prudence*, la discussion publique de ce qui touche cette affaire, pour ne pas augmenter la malveillance des Hollandais, s'ils apprenaient l'intérêt qu'elle y prend ? Comment cette *assemblée* a-t-elle pu *ordonner* au ministre de l'intérieur (*comme il l'écrit à la municipalité du Hâvre*) *d'interdire à M. la Hogue d'aller exécuter sa mission en Hollande* ? Tout cela n'est qu'une perfidie !

18.

Heureusement pour ma recherche, qu'ayant reçu de M. *Christinat* une réponse très-polie à mes deux lettres du 19, je m'avisai de la relire ! J'y surpris avec joie le mot que je cherchais (car, lorsqu'on s'acharne à trouver le mot d'une énigme, fût-ce un malheur qu'il nous apprend, on éprouve un certain plaisir à le dérober à l'auteur); j'y vis, lecteurs, ce que vous allez voir aussi.

Paris, le 22 août 1792.

« Il m'a été impossible, Monsieur, de pouvoir répondre hier à vos deux billets que m'a remis le courrier. Votre second m'informait que vous saviez la réponse qui m'avait été faite au premier. (*Cette réponse était l'ordre de l'assemblée d'aller en conférer avec les comités.*) Chargé par le comité de surveillance, et la commission des douze, de me retirer vers *M. Roland pour avoir une réponse positive de lui*, A LA LETTRE DE LA MUNICIPALITÉ DU HAVRE, *écrite à M. le président de l'assemblée.....* ».

Vous l'entendez, lecteurs: l'assemblée n'envoie pas M. *Christinat au pouvoir exécutif provisoire,* pour lui donner de sa part *l'ordre d'écrire au Hâvre, qu'on arrête M.* la Hogue *en France.* Elle envoie M. *Christinat* aux comités pour délibérer là-dessus, discrètement, comme je le désirais ; lesquels comités ne font pas autre chose que d'envoyer M. *Christinat à M. Roland, pour avoir de lui une réponse* DES MINISTRES, non à aucune demande de *l'assemblée nationale,* mais *à la lettre de la municipalité du Hâvre* ; ce qui devient bien différent, *l'assemblée* et les comités s'en rapportant à ces ministres : car M. *Roland* n'est ici (comme je l'ai toujours vu depuis) que la plume passive de MM. *Clavière* et *Lebrun*; seuls ministres que cela regardait. Or, que font ces Messieurs, qui, de retour en place depuis très-peu de jours, n'étaient instruits que par M. *Lebrun*, ci-devant premier commis, de ce qui s'est passé là-dessus pendant leur éclipse solaire ? Dans leur réponse à la municipalité, ils se disent *forcés*, PAR UN ORDRE DE L'ASSEMBLÉE, *d'empêcher d'aller en Hollande le seul homme qu'elle avait grand intérêt d'y envoyer; et l'homme désigné par les comités réunis!* ... Avec ce tour de passe-passe, ils cassent encore une fois le col à l'arrivée de nos fusils! et *Constantini* les aura.

La lettre de M. Christinat se termine fort simplement :

« Ayant reçu les paquets, dit-il (*les paquets de* M. Roland), il ne dépendait pas de moi de retarder le courrier (*Les paquets étaient donc fermés*). En les lui remettant vers les huit heures, je l'ai engagé à prendre une voiture, et de courir vous demander les vôtres. Je ne doute pas qu'il ne l'ait fait, *et que vous n'ayiez pressé son départ*. Recevez l'assurance du dévouement sincère de

Signé J. J. CHRISTINAT.

La phrase de l'obligeant M. *Christinat* : *Je ne doute pas que vous n'ayiez pressé le départ du courrier*, achèverait la preuve, si j'en avais besoin, qu'il était persuadé que le courrier portait *au Hâvre une nouvelle qui m'était agréable*. Donc lui qui fut le seul intermédiaire *de l'assemblée aux comités, des deux comités aux ministres, et des ministres au courrier*, ne savait pas que ces derniers *empêchassent mon ami de suivre sa mission!* A plus forte raison, *l'assemblée nationale* l'ignorait-elle, *elle que ces ministres accusent d'en avoir* DONNÉ L'ORDRE FUNESTE à *l'intérêt public!*

Citoyens, c'est par cette méthode, que la part qu'ils ont eue aux horreurs qui vont suivre, sera prouvée pour vous comme pour moi.

Ainsi M. *Constantini* me demandait *avec menace* 130,000 livres, ou (60,000 florins) pour faire arriver mes fusils, comme étant le seul homme qui eût le grand moyen *de les arracher de Tervère*. Et les nouveaux ministres, en arrêtant *la Hogue* en France, et *refusant le cautionnement*, favorisaient le plan du sieur *Constantini* : ils me mettaient au désespoir, pour me mieux disposer à faire ce qu'on voulait. Mais ce que je devinais là, *il fallait en avoir la preuve avant de pouvoir en parler.* JE L'AI OBTENUE EN HOLLANDE.

Je fis un grand Mémoire pour *l'assemblée nationale, à qui je demandai des juges;* et l'on était à le copier *lorsqu'on vint m'arrêter*, le

23 août, à cinq heures du matin, avec un grand scandale, et *mettre le scellé chez moi!* L'on me traîna dans la Mairie, où je restai debout dans un couloir obscur, depuis sept heures du matin jusqu'à quatre heures après midi, sans que personne m'y parlât, sinon les gens qui m'avaient arrêté. Ils vinrent me dire, à huit heures : *Restez là, nous nous en allons ; voilà un bon reçu que l'on nous a donné de vous.*

Fort bien, me dis-je, me voilà *comme le pied fourché sur la place* : les conducteurs ont leur reçu, ils partent, et moi j'attends, bien garrotté, le boucher qui m'achètera.

Après neuf heures d'attente sur mes jambes, on vint me prendre et me conduire dans un bureau, nommé *de Surveillance*, présidé par M. *Panis*, qui se mit à m'interroger. Etonné qu'on n'ecrivît rien, j'en fis la remarque; il me dit *que ceci n'était que sommaire, et qu'on y mettrait plus de formes, quand mes scellés seraient levés.* Ce que j'y sus de plus certain, c'est qu'il y avait sur moi des clameurs au Palais-Royal, *sur la traîtrise avec laquelle je refusais d'amener en France soixante mille fusils*, QUE L'ON M'AVAIT PAYÉS D'AVANCE; *et que j'avais des dénonciateurs.* — Nommez-les, Monsieur, je vous prie; sinon moi, je les nommerai. — Mais, dit-il, un M. *Colmar*, membre de la municipipilité ; un M. *Larcher*, et tant d'autres. — *Larcher*, lui dis-je. Ah ! n'allez pas plus loin ! Envoyez seulement chercher un portefeuille que j'ai fait mettre à part, sous un scellé particulier, vous y verrez la noire intrigue de *ce Larcher*, et *d'un Constantini*, avec *tant d'autres*, ainsi que vous le dites, mais qu'il n'est pas temps de nommer.

On lèvera demain vos scellés ; nous verrons, dit M. *Panis* ; en attendant, *allez coucher à l'Abbaye*. J'y fus, et je fus en chambrée avec les malheureux....... qui bientôt furent égorgés !

Le lendemain 24, après midi, deux officiers municipaux vinrent me prendre à l'Abbaye pour assister à la levée de mes scellés, et description de mes papiers. L'opération dura toute la nuit jusqu'au lendemain 25, à neuf heures du matin : puis l'on me conduisit *à la Mairie*, où mon couloir obscur me reçut une seconde fois, jusqu'à trois heures après midi, qu'on me fit entrer de nouveau *dans le Bureau de surveillance, présidé par* M. Panis.

On nous a, dit-il, rendu compte de l'examen de vos papiers. Il n'y a là-dessus que des éloges à vous donner : mais vous avez parlé *d'un portefeuille sur l'affaire de ces fusils, que vous êtes accusé de retenir méchamment en Hollande* ; et ce portefeuille-là, ces deux Messieurs l'ont déjà vu, ils nous ont même dit *que nous en serions étonnés* (c'étaient les deux municipaux qui avaient levé les scellés). — Monsieur, je brûle de vous l'ouvrir, et le voici. Je prends l'une après l'autre toutes les pièces qu'on vient de lire. Je n'étais pas à la moitié, que M. *Panis* s'écria : Messieurs, *c'est pur, c'est pur !* Ne vous semble-t-il pas ainsi ? Tout le bureau s'écria : *c'est pur !* Allons, Monsieur, c'est bien assez : Il y a quelque horreur là-dessous. Il faut donner à M. *Beaumarchais* une *attestation honorable de son civisme et de sa pureté*, et lui faire des excuses des chagrins qu'on lui a causés, dont la faute est au temps qui court. Un M. *Berchères*, secrétaire, dont les regards bienveillants me consolaient et me touchaient, écrivait cette attestation, lorsqu'un petit homme aux cheveux noirs, au nez busqué, à la mine effroyable, vint, parla bas au président. Vous le dirai-je, ô mes Lecteurs ! c'était *le grand, le juste ;* en un mot, *le clément* MARAT.

Il sort. M. *Panis*, en se frottant la tête avec quelque embarras, me dit...... J'en suis bien désolé, Monsieur ; mais je ne puis vous mettre en liberté. Il y a une nouvelle dénonciation contre vous. — Dites-la-moi, Monsieur, je l'éclaircirai à l'instant. — Je ne le puis ; il ne faudrait qu'un mot, un seul geste de vous à quelques-uns de vos amis qui vous attendent là dehors, pour détruire l'effet de la recherche qu'on va faire. — *M. le president ! qu'on renvoie tous mes amis :* je me constitue prisonnier dans votre bureau, jusqu'à la recherche finie : peut-être donnerai-je les moyens de la raccourcir. Dites-moi de quoi il s'agit.

Il prit l'avis de ces Messieurs; et, après avoir exigé ma parole d'honneur, que je resterais au bureau, et n'y parlerais à personne, jusqu'à ce qu'ils revinssent tous, il me dit : Vous avez envoyé *cinq malles de papiers suspects* chez une présidente, rue Saint-Louis, au Marais, n° 15; l'ordre est donné de les aller chercher. — Messieurs, leur dis-je, écoutez ma réponse.

Je donne aux pauvres, avec plaisir, tout ce qu'on trouvera dans les cinq malles que l'on indique, *et ma tête répond de ce qu'on y verra de suspect*, ou plutôt recevez ma déclaration qu'il n'y a aucune malle à moi dans la maison que vous citez. Seulement un ballot existe dans la maison d'un de mes amis, rue des Trois-Pavillons : ce sont des titres de propriétés, que j'avais fait sauver, sur l'avis d'un pillage qui devait se faire chez moi, *la nuit du 9 au 10 août*, et dont j'ai donné connaissance par une lettre à M. *Péthion*. Pendant qu'on cherche les cinq malles, faites chercher aussi mon ballot, sur cet ordre que je donne au domestique de mon ami de le livrer ; vous l'examinerez aussi : une autre malle de papiers et de vieux registres m'a été volée le jour même que ce ballot sortit de ma maison ; faites-la tambouriner, Messieurs ; je ne saurais aller plus loin.

Tout cela fut executé. *L'attestation me fut donnée et signée de tous ces Messieurs, sauf l'examen des malles et du ballot.*

Ces Messieurs s'en furent dîner pour revenir à l'arrivée des malles ; et moi je restai prisonnier dans le bureau, avec un seul commis, à qui la garde était confiée.

Comme ils allaient sortir, un homme très-échauffé, portant écharpe, entra, et dit *qu'il avait dans sa main des preuves de ma trahison, de l'affreux dessein où j'étais de livrer* 60 *mille fusils* QU'ON M'AVAIT BIEN PAYÉS, *aux ennemis de la Patrie.*

Il était comme un forcené, sur ce qu'on me donnait une attestation du contraire. C'était monsieur *Colmar*, l'affilié de mes *Autrichiens*, de plus mon dénonciateur. — Vous voyez bien, Messieurs, leur dis-je froidement, *que Monsieur ne sait pas un mot de l'affaire dont il vous parle! Il est l'écho de Larcher et de Constantini.* Il m'injuria, me disant *que mon cou y passerait.* Je

Je veux bien, lui dis-je, pourvu que vous ne soyiez pas mon juge!

Ils sortirent. Je restai là, réfléchissant bien tristement sur la bizarrerie de mon sort. Mon ballot arriva, mais nulle nouvelle des cinq malles! Que vous dirai-je enfin, Français qui me lisez! *Je restai là 32 heures, et sans que personne y revînt.* Le garçon de bureau, en allant se coucher, me dit *qu'il ne pouvait me laisser seul dans le bureau la nuit.* Il me remit debout dans mon obscur couloir. Sans la pitié d'un domestique qui me jeta un matelas par terre, *j'y serais mort de fatigue et d'horreur.*

Au bout de 32 *heures*, personne n'étant revenu, des officiers municipaux, touchés de compassion, s'assemblèrent et me dirent : M. Panis *ne revient point, peut-être est-il incommodé.* En visitant les malles chez cette présidente, où l'on en a trouvé huit ou neuf, on a vu que c'étaient les guenilles de *religieuses*, à qui elle a donné retraite. Nous savons que vous êtes innocent de toutes les choses qu'on vous impute. En attendant que le bureau revienne, nous allons, par pitié, vous envoyer coucher chez vous. Demain matin, on visitera votre ballot, *et vous aurez une attestation bien complète.*

Et moi, je dis à mon domestique qui pleurait: Va me faire apprêter un bain; il y a cinq nuits que je ne repose point. Il court. On me renvoie, mais *avec deux gendarmes qui devaient me garder la nuit.*

Le lendemain, je renvoyai l'un d'eux savoir si le *bureau* venait enfin de s'assembler *pour me donner l'attestation promise.* Il revint, avec d'autres gardes, et l'ordre rigoureux *de me conduire à l'Abbaye, au secret, avec défense expresse de m'y laisser parler à personne du dehors,* SANS UN ORDRE PAR ÉCRIT DE LA MUNICIPALITÉ. J'eus de la peine à retenir le désespoir de tout mon monde. Je les consolai de mon mieux; et *je fus conduit en prison,* où je me retrouvai avec MM. d'*Affry, Thierry, les Montmorin, Sombreuil*, et *sa vertueuse fille* qui s'était enfermée avec son père dans ce cloaque, et qui, dit-on, lui a sauvé la vie! l'abbé *de Bois-Gélin*, MM. *Lally-Tolendal, Lenoir,* trésorier des aumônes, vieillard de quatre-vingt-deux ans; M. *Gibé*, notaire; enfin, 192 personnes encaquées dans dix-huit petites chambres.

Une heure après mon arrivée, on vint me dire que l'on me demandait, *avec un ordre écrit de la municipalité.* Je me rendis chez le concierge, où je trouvai.... Devinez qui, lecteur!... M. *Larcher*, l'associé de *Constantini*, et celui *de tant d'autres*, que je ne nomme pas encore. Il venait me renouveler les douces propositions qu'il m'avait déjà faites chez moi, et même de leur vendre tous mes fusils de Hollande *à 7 florins 8 sols la pièce ; ce n'était qu'un florin de moins de ce que l'Etat les payait, et je prendrais en payement les* 800 *mille francs* QUE JE VENAIS, dit-il, DE TOUCHER A LA TRÉSORERIE. *A cette condition, je sortirais de l'Abbaye, et j'aurais mon attestation !* Je prie mon lecteur qui me suit depuis que je fais ce Mémoire, de se former l'idée de ma figure, car je ne puis la lui dépeindre. Après un moment de silence, je dis froidement à cet homme : *Je ne fais point d'affaires en prison ; allez-vous-en dire cela aux ministres qui vous envoient, et qui savent aussi bien que moi que je n'ai pas touché un sol des* 800 *mille francs dont vous parlez ! sottise qu'on n'a répandue que pour me faire piller chez moi, la triste nuit du* 10 *août !*

Vous n'avez pas touché, dit-il en se levant, 800 *mille francs depuis* 15 *jours ?*—Non, dis-je, en lui tournant le dos; il prit la porte et court encore. Je ne l'ai pas revu depuis.

Quand ces Messieurs, disais-je, à son départ, viennent m'en offrir 7 florins, c'est pour les revendre sans doute à l'Etat 11 ou 12, *car ils ont tout pouvoir.* J'entends maintenant leur affaire ; *mais ils m'égorgeront avant de l'accomplir,* ajoutai-je les dents serrées.

Revenu dans la chambre avec les autres prisonniers, *je leur contai à tous ce qui venait de m'arriver*, et je vis que moi seul en étais étonné.

L'un de ces Messieurs nous disait: Les ennemis ont pris *Longwi*. S'ils peuvent entrer dans *Verdun*, la terreur gagnera le peuple, et l'on en profitera pour nous faire égorger ici. — Je n'y vois que trop d'apparence, lui répondis-je en gémissant.

Le lendemain, on me fit passer en prison le billet que je vais copier.

BILLET.

« *Colmar*, officier municipal, et celui qui a dit *en votre présence* avoir des preuves contre vous, est cause du nouvel ordre. (*Celui qui m'avait remis au secret.*) Le comité n'a pas voulu prendre sur lui de le décerner; il a exigé *une réquisition écrite du sieur* Colmar. Je l'ai vue. Elle est *sans désignation de motifs*. On nous promet de s'occuper de vous sans délai. *Votre portefeuille est scellé comme vous l'avez désiré.* Ecrivez avec force *au comité que je ne quitte pas.* »

Ce billet de mon neveu me fut remis par le concierge, à l'honneur duquel je dois dire qu'il adoucissait de son mieux le sort de tous ses prisonniers.

Je demande à mes compagnons d'infortune la liberté d'écrire, dans un coin et sur mes genoux, un fort Mémoire *au comité de surveillance de la*

Mairie. M. *Thierry* me prêta du papier. M. *d'Affry*, son portefeuille pour me tenir lieu de bureau. Le jeune *Montmorin*, assis par terre, le soutenait pendant que j'écrivais. M. de *Tolendal* disputait avec l'abbé de *Bois-Gélin* ; M. *Gibé* me regardait écrire : M. *Lenoir*, à genoux, priait avec ferveur; et moi, j'écrivais ma requête, *plus fière, hélas ! peut-être, que ce temps ne le comportait*. Je ne fais cette réflexion qu'en faveur de *Lecointre*, qui vous a dit, ô citoyens, *que j'écrivais avec bassesse sur cette épouvantable affaire !* La voici, ma bassesse, à ceux qui me tenaient le couteau sur le sein.

A Messieurs du Comité de Surveillance de la Mairie.

Ce 28 août 1792.

Messieurs,

« Si je rassemble, au fond de ma prison, le peu de mots que j'ai pu recueillir sur l'objet trop public *de mon étrange arrestation*, je juge qu'un ardent désir de voir entrer en France les soixante mille fusils achetés par moi en Hollande, et cédés au gouvernement, vous fait ajouter foi aux viles accusations de quelques calomniateurs *aussi lâches que mal instruits du très-grand intérêt que j'ai à vous procurer ces secours*.

» Mais, laissant là mes intérêts, comme négociant et comme patriote, et d'après leurs imputations, permettez-moi, Messieurs, de vous observer de nouveau que la conduite qu'on tient envers moi, *est diamétralement oppo-*

sée, qu'elle nuit en tout sens au bien que vous prétendez faire. Ce qu'il y a de plus pressé, n'est-il pas d'éclaircir les faits, de poser des bases solides qui puissent régler votre conduite, et vous faire juger la mienne ?

» Au lieu de cela, Messieurs, depuis cinq jours, je traîne alternativement du *corridor obscur de la Mairie à la prison infecte de l'Abbaye*, sans que l'on m'ait encore interrogé sévèrement sur des faits d'une telle importance, quoique je n'aye cessé de vous le demander, quoique j'aye apporté et *laissé dans votre bureau le portefeuille* qui contient ma justification entière, fait ma gloire de citoyen, et peut seul vous montrer le succès après les travaux !

» Cependant ma maison, mes papiers ont été visités, et la plus sévère recherche n'a fourni à vos commissaires que des attestations honorables pour moi ! *Mes scellés ont été levés :* moi, seul, je suis sous le scellé d'une prison incommode et malsaine, par l'affluence trop excessive des prisonniers qu'on y envoie.

» Forcé, Messieurs, de rendre *à la nation* le compte le plus rigoureux de ma conduite en cette affaire, qui ne devient fâcheuse *que par les torts d'autrui*, j'ai l'honneur de vous prévenir que, si vous refusez la justice de m'entendre en mes défenses et mes moyens d'agir, *je me verrai forcé, à mon très-grand regret, d'adresser un Mémoire public à l'assemblée nationale, où, détaillant les faits, tous appuyés de pièces inexpugnables et victorieuses, je ne serai que trop bien justifié ; mais la publicité même de mes défenses sera le coup de mort pour le succès de cette immense affaire.* Et m'emprisonner au secret, ne pourra garantir personne de mes réclamations pressantes, puisque mon Mémoire est déjà dans les mains de quelques amis.

» Comment, Messieurs, nous manquons d'armes ! Soixante mille fusils seraient depuis long-temps en France *si chacun eût fait son devoir*. Moi, seul, je l'ai fait vainement ; et *vous ne hâtez pas l'instant de connaître les vrais coupables !* Je vous ai répété, Messieurs, que *j'offrais ma tête en ôtage des soins que je me suis donnés, des sacrifices que j'ai faits pour amener ces grands secours* : je vous ai dit *que je mettais l'horrible malveillance au pis ;* et parce que j'ai demandé le nom de mes vils délateurs, et le bonheur de les confondre, au lieu de continuer mon interrogatoire à peine commencé, vous m'avez fait rester *trente-deux heures complètes*, *sans voir revenir au bureau ceux qui devaient m'interroger !* Et, sans la douce compassion qui a pris quelque soin de moi, j'aurais passé deux jours et une nuit *sans savoir où poser ma tête !* Et l'affaire des fusils est là sans aucun éclaircissement ! Et le seul homme qui puisse vous éclairer, *vous l'envoyez*, Messieurs, *au secret dans une prison, quand l'ennemi est à nos portes !* Que feraient de plus, pour nous nuire, nos implacables ennemis ? *Un comité prussien ou autrichien ?*

» Pardonnez la juste douleur d'un homme qui attribue ces torts plutôt à de grands embarras qu'à la mauvaise volonté. Mais *c'est qu'on ne fait rien sans ordre*, et que pendant ces cinq malheureux jours *j'ai été effrayé du désordre qui règne dans l'administration de cette ville !* »

Signé Caron Beaumarchais.

Le lendemain, 29 août, sur les cinq heures du soir, nous philosophions tristement. M. *d'Affry*, ce vieillard vénérable, était sorti, la veille, de l'Abbaye. Un guichetier vient m'appeler ! *Monsieur Beaumarchais, on vous demande !* — Qui me demande, mon ami? — M. *Manuel, avec quelques municipaux.* Il s'en va. Nous nous regardons. M. *Thierry* me dit : N'est-il pas de vos ennemis ? — Hélas ! leur dis-je, nous ne nous sommes jamais vus : il est bien triste de commencer ainsi ; cela est d'un terrible augure ! *Mon instant est-il arrivé ?* Chacun baisse les yeux, se tait ; je passe chez le concierge, et je dis en entrant :

Qui de vous tous, Messieurs, se nomme M. *Manuel?* — C'est moi, me dit un d'eux en s'avançant ! — Monsieur, lui dis-je, nous avons eu, sans nous connaître, un démêlé public sur mes contributions. Non seulement, Monsieur, je les payais exactement, mais même celles de beaucoup d'autres *qui n'en avaient pas le moyen.* Il faut que mon affaire soit devenue bien grave pour que le procureur-syndic de la commune de Paris, laissant les affaires publiques, vienne ici s'occuper de moi ?

Monsieur, dit-il, loin de les laisser là, c'est pour m'en occuper que je suis dans ce lieu ; et le premier devoir d'un officier public, n'est-il pas de venir arracher de prison *un innocent qu'on persécute ?* Votre dénonciateur, *Colmar*, est reconnu un gueux ! sa section lui a arraché l'écharpe dont il est indigne : il est chassé de la commune, et je le crois même en prison ! l'on vous donne le droit *de les suivre tous en justice. C'est pour vous faire oublier notre débat public que j'ai demandé à la commune de m'absenter une heure pour venir vous tirer d'ici.* Sortez a l'instant de ce lieu !

Je lui jetai mes bras au corps, sans pouvoir lui dire un seul mot : mes yeux seuls lui peignaient mon âme : je crois qu'ils étaient énergiques, s'ils lui peignaient tout ce que je pensais ! Je suis d'acier contre les injustices, et mon cœur s'amollit, mes yeux fondent en eau sur le moindre trait de bonté ! Je n'oublierai jamais cet homme ni ce moment-là. Je sortis.

Deux officiers municipaux (les deux qui avaient levé mes scellés) m'emmenèrent dans un fiacre. Devinez où ? Lecteur !..... Non : il faut vous le dire ; vous le chercheriez vainement !....... *Chez M. Lebrun, ministre des affaires étrangères*, qui sortit de son cabinet et me vit....

Arrêtons-nous encore une fois. Ma cinquième et dernière partie ne laissera rien, citoyens, à désirer sur ma justification promise, et, j'ose espérer, *attendue.*

CINQUIÈME ÉPOQUE.

O Citoyens Législateurs ! est-il donc vrai qu'en invoquant votre justice, je doive dissimuler une partie des faits qui me disculpent ? M'amoindrir en plaidant ma cause, à peine d'offenser des hommes qui influent..... Il faut que quatre mois d'absence ayent bien faussé mon jugement, sur l'acception connue du grand mot *Liberté*, puisque je suis si peu d'accord avec mes amis de *Paris*, sur les points importants de la conduite que je dois tenir, dans une affaire qui détruit mon existence *de citoyen*, et porte une atteinte mortelle à cette *liberté*, à cette *égalité* de droits *que nos lois m'avaient garanties* !

Chacun m'écrit : Prenez bien garde à ce qui sort de votre plume ! Défendez-vous, et n'accusez personne ! N'offensez aucun amour propre, pas même celui de ceux qui vous ont le plus outragé ! Vous n'êtes plus au cours des choses !

Songez qu'on a voulu vous perdre, et qu'eussiez-vous cent fois raison, vous ne pouvez rien obtenir, si vous n'êtes très-circonspect !

Songez que vous avez le poignard sur la gorge, et que tous vos biens sont saisis !

Songez qu'à défaut d'autre crime, on veut vous

faire passer pour émigré ! que vous ne dites pas un mot qui ne soit tourné contre vous ! que vous ne faites rien de bien qui n'irrite vos ennemis ! qu'ils sont puissants.... et sans pudeur ! Songez que vous avez une fille que vous aimez ! Songez.....

Oui, j'ai une fille que j'aime. Mais en la chérissant, je cesserais de l'estimer, si je la supposais capable de supporter l'avilissement de son père, et de vouloir que je lui conservasse une fortune qu'on m'envie, *et qui fait mon unique tort*, au prix d'affaiblir mes défenses, en taisant la moitié de ce qui les compose, et de commettre mon honneur, en ménageant des ennemis *qui n'ont pas osé m'attaquer tant que je suis resté en France, quoiqu'ils eussent entre leurs mains,* DEPUIS SIX MOIS, *toutes les pièces sur lesquelles ils ont l'imprudence de m'accuser, lorsque je suis absent !*

Quoi ! d'injustes ministres ont abusé de mon zèle pour la patrie, et m'ont fait sortir de France, avec un passe-port perfide..... espérant si bien manœuvrer, que je n'y rentrasse jamais ! ou que, si j'y rentrais, ce fût chargé de chaînes, et couvert de l'opprobre d'avoir desservi mon pays ; accusé de l'avoir trahi. Et j'affaiblirais mes défenses !

Quoi donc ! d'un pays libre où ils ont du crédit, ils auront envoyé chez un peuple étranger, qui se dit libre aussi, un courrier extraordinaire, pour m'en ramener garrotté; espérant pouvoir, *à la Haye*, ce qu'ils n'osent tenter *à Londres*, quand ils ont eu la lâche négligence *d'y laisser échapper des faussaires, des fabricateurs d'assignats, qu'un homme vigilant y tenait en prison*, faute de lui répondre, ou d'y envoyer des courriers, pendant sept ou huit mois. Moi, je garderais le silence!

Quoi! sur des crimes supposés, ils ont voulu me faire entraîner de Hollande, pour être égorgé dans la route, ou par des gens payés par eux, ou par notre peuple abusé, avant d'arriver aux prisons où l'on feindrait de m'amener, pour y produire mes défenses! Et je tairais, moi, citoyen, tous ces grands abus du pouvoir!

— Oui, mon cher! il le faut; ou vous êtes perdu.

— Mes amis! on n'est point perdu, quand on prouve qu'on a raison! Être perdu, ce n'est pas d'être tué; c'est de mourir déshonoré! Pourtant, amis, soyez contents! Je ne les accuserai point, sur cette affaire méconnue, mais qu'il est temps de mettre au jour: car je dois sauver mon honneur, si je ne puis les empêcher de consommer la ruine de mon enfant, même d'assassiner son père!

Je ne les accuserai point. Je dirai seulement

les faits, les appuyant de pièces inexpugnables, comme je ne cesse de le faire. *La Convention nationale*, bien supérieure aux petits intérêts de ces individus d'un jour, car elle n'est qu'un grand écho de la volonté générale, qui est d'être juste envers tous ! *la Convention* discernera, sans moi, les coupables, de l'innocent ! ceux qui ont trahi la nation, de celui qui l'a bien servie ! Alors elle prononcera lesquels, d'eux, ou de moi, méritent le décret qu'ils ont fait prononcer sur un faux exposé !

Dans quelle affreuse liberté, pire qu'un réel esclavage, serions-nous tombés, mes amis, si l'homme irréprochable devait baisser les yeux devant des coupables puissants, parce qu'ils peuvent l'accabler ? Quoi donc ! tous les abus des vieilles républiques, nous les éprouverions à la naissance de la nôtre ? Périssent tous mes biens ! périsse ma personne, plutôt que de ramper sous ce despotisme insolent ! Une nation n'est vraiment libre que lorsqu'on n'obéit qu'aux lois !

O Citoyens Législateurs ! ce Mémoire lu par vous tous, j'irai me mettre en vos prisons ! Tu m'y consoleras, ma fille, comme la jeune et vertueuse *Sombreuil*, devant laquelle mon âme se prosternait, *à l'Abbaye*, aux approches du 2 septembre.

J'EN suis resté, lecteurs, à la stupéfaction du ministre *Lebrun*, de me voir dans son beau salon, avec mon air de prisonnier, ma barbe de cinq jours, mes cheveux en désordre, en linge sale, en redingote, entre deux hommes en écharpe...... Oui, Monsieur, lui dis-je ; c'est moi. Victime dévouée, je sors de l'Abbaye, où certains délateurs *que vous connaissez* m'ont fait mettre, en criant partout que c'est moi qui méchamment m'oppose à l'arrivée de nos fusils. *Vous savez trop, Monsieur, ce qui en est !*

Un municipal m'interrompt, dit au ministre : Nous sommes envoyés, Monsieur, par la municipalité, vous demander, d'après les explications de M. *Beaumarchais, dont on est satisfait*, si vous voulez, ou non, faire partir à l'instant son courrier pour Hollande, avec tout ce qu'il faut *pour que les fusils nous arrivent ?* — Il ne faut, dis-je, *aux termes du traité, qu'un cautionnement arrêté trente fois*, malgré trente promesses : il me faut *un passe-port*, il me faut *quelques fonds*.

Je trouvais à M. *Lebrun* les yeux un peu fuyards, la parole allongée, et la voix incertaine. Il dit à ces Messieurs que.... rien ne.... retenait....; qu'en.... ce moment, il.... n'en pouvait finir....; mais que si nous voulions.... venir demain matin...., ce serait l'affaire.... d'une heure.

Qui donc étonnait M. *Lebrun?* Etait-ce mon emprisonnement, ou ma sortie inopinée? Je ne le savais pas encore.

Nous nous retirâmes, avec parole pour le lendemain à neuf heures. Nous nous rendons *au comité de surveillance de la Mairie*, où l'on me donne, avec beaucoup de grâce, une attestation de civisme dont je dus être satisfait. J'en avais eu déjà une première. Je convins avec ces Messieurs que je la rapporterais, et que des deux on en ferait une seule, que je pourrais faire afficher.

Le lendemain un des municipaux vint me prendre chez moi, me mène chez M. *Lebrun* à neuf heures. *Il était sorti*, nous dit-on.

Nous revînmes à midi; *il n'était pas rentré.* Nous revînmes à trois heures; enfin il nous reçut. J'avais appris par mes intelligences, qu'il avait écrit à M. *de Maulde de venir bien vite à Paris;* mais il ne m'en avait rien dit. Peut-être pensent-ils, disais-je, qu'ils tireront de lui quelques notions propres à me nuire, et que c'est là l'objet de son voyage!

En m'expliquant avec M. *Lebrun*, devant notre municipal, je dis avec un peu de ruse

que, dans mon Mémoire à *l'assemblée nationale*, je la priais de mander M. *de Maulde*
pour rendre témoignage de mes puissants efforts,
aidés des siens, sur l'extradition des fusils. Il me
répondit un peu vite : *Epargnez-vous cette peine,
il sera ici dans deux jours.*

Quoi ! Monsieur, lui dis-je, il revient ? Cette
nouvelle me comble de joie. Il rendra bon
compte de nous à *l'assemblée nationale*, et
remmènera mon *la Hogue*. Son air *ministériel*
lui revint à ces mots ; et, coupant sur l'explication, il nous quitta ; puis nous fit dire *qu'on
l'enlevait* pour terminer un objet très-pressé.

Le municipal étonné, me dit : Je ne reviendrai plus ici perdre le temps en courses vaines ;
on enverra qui l'on voudra. — Voilà depuis cinq
mois, lui dis-je, la vie que l'on me fait mener :
je dévore tout, sans me plaindre, parce que c'est
une affaire qui intéresse la nation.

Le soir même, 29 août, j'écrivis à M. *Lebrun*.

« Au nom de la patrie en danger, de tout ce que je
vois et entends, je supplie M. *Lebrun* de presser le moment où nous terminerons *l'affaire des fusils de Hollande*.

» Ma justification ? je la suspens. Ma sûreté ? je la
dédaigne. Les calomnies ? je les méprise. Mais, au nom
du salut public, ne perdons pas un moment de plus !
L'ennemi est à nos portes ; et mon cœur saigne, non des

horreurs que l'on m'a faites, mais de celles qui nous menacent !

» La nuit, le jour, mes travaux et mon temps, mes facultés, toutes mes forces, je les présente à la patrie : J'attends les ordres de M. *Lebrun*, et lui offre l'hommage d'un bon citoyen. »

Signé Beaumarchais.

Point de réponse. La nuit suivante, à deux heures du matin, mes gens vinrent, tout effrayés, me dire que des hommes armés demandaient l'ouverture des grilles. Ah ! laissez-les entrer, leur dis-je. Je suis dévoué, je ne résiste à rien.

Nous n'en eûmes que la frayeur. C'étaient tous mes fusils de chasse que l'on venait me demander. Messieurs, leur dis-je, quelle volupté trouvez-vous à choisir ces heures nocturnes pour vous rendre ainsi redoutables ? Quand il faut servir la nation, quelqu'un veut-il s'y refuser ?

Je leur fis donner sept fusils précieux, à un et à deux coups, que j'avais ; ils m'assurèrent qu'on en aurait grand soin, qu'ils allaient sur-le-champ les déposer à la section. Le lendemain au soir j'y envoyai : l'on n'en avait aucune nouvelle. C'est peu de chose, me dis-je, que cette perte, c'est une centaine de louis. *Mais ceux de Hollande ! ceux de Hollande !....*

J'écrivis à M. *Lebrun*, le soir même, cet autre mot pressant :

Paris, ce 30 août 1792.

« O Monsieur ! ô Monsieur ! si l'incurable aveuglement jeté par le ciel sur les Juifs n'a pas frappé *Paris*, cette nouvelle *Jérusalem !* comment ne peut-on rien finir, sur les objets les plus intéressants, pour le salut de la patrie ? Les jours composent des semaines, et les semaines font des mois, sans que nous avancions d'un pas !

» Pour le seul passe-port de M. *de la Hogue* à renouveler au *Hâvre* pour la Hollande, treize jours se sont passés sans que j'aye encore pu ouvrir les yeux à aucun homme *sur le mal qu'on fait à la France !* Un courrier est venu du *Hâvre*, et il est reparti en portant à M. *de la Hogue* l'ordre le plus étrange qui pût se donner dans ce cas. *Le voilà retenu en France !* et l'on me demande pourquoi les soixante mille armes de Hollande ne nous arrivent pas ? et je suis forcé de répondre *que si le diable s'en mêlait, il ne pourrait pas faire pis pour les empêcher d'arriver !*

» J'ai été prisonnier six jours à l'Abbaye, et au secret, pour ces misérables fusils ! Et je suis prisonnier chez moi, parce que j'y attends le rendez-vous que vous m'avez promis pour en finir ! Je connais tous vos embarras ; mais si nous n'y travaillons point, l'affaire n'a pas de jambes pour avancer toute seule !

» On est venu cette nuit chez moi à main armée m'arracher mes fusils de chasse ; et je disais en soupirant : *Hélas ! nous en avons soixante mille en Hollande ; personne ne veut rien faire pour m'aider, moi chétif, à les en arracher ! et l'on vient troubler mon repos !*

» Je suis un triste oiseau, car je n'ai qu'un ramage, qui est de dire, depuis cinq mois, à tous les ministres qui se succèdent : *Monsieur, finissez donc l'affaire des armes qui sont en Hollande ?* Un vertige s'est emparé de la tête de tout le monde ! chacun dit un mot, et s'en va, me laissant là sans nulle solution. *O pauvre France ! ô pauvre France !*

» Pardonnez-moi mes doléances, et donnez-moi un rendez-vous, Monsieur ; *car, par ma foi ! je suis au désespoir.* »

Signé Beaumarchais.

Point de réponse.

On voit avec quelle patience j'oubliais mes maux personnels, pour me livrer entier à ceux de la chose publique. Pourtant le lendemain de ma sortie de la prison, j'avais été *au comité de surveillance de la Mairie* chercher l'attestation promise.

Jugez de mon étonnement, Lecteurs ! Tous les bureaux étaient fermés, les scellés sur toutes les portes, et ces portes barrées de fer. Qu'est-il arrivé, dis-je aux gardes ? — Hélas ! Monsieur, tous ces Messieurs sont enlevés de leurs fonctions. — Et cent cinquante prisonniers qui attendaient là-haut, dans des greniers sur de la paille, qu'on leur apprît pourquoi ils étaient là ? — On les a conduits en prison, l'on en a bourré les cachots. — O Dieu ! me dis-je, et plus personne de ceux qui les ont arrêtés ! Comment cela finira-t-il ? qui les retirera de là ?

Je m'en revins chez moi, le cœur serré, disant : *O Manuel ! ô Manuel !* quand vous me disiez : SORTEZ VITE, j'étais loin de m'imaginer qu'un jour plus tard il ne serait plus temps ! Grâces, grâces, vous soient rendues, mon très-généreux ennemi ! aucun ami ne m'a servi si bien !

Je réunis les deux attestations du comité de surveillance en une, *puisque personne ne pouvait plus le faire*, et je la fis promptement afficher.

La voici :

Attestation donnée à *P. A. Caron Beaumarchais*, par le comité de surveillance et de salut public.

Servant de réponse à toutes les dénonciations calomnieuses, à toutes les listes de proscription, notamment à celle imprimée des électeurs de 1791, qui ont été au club de la Sainte-Chapelle, où il *est méchamment inséré*.

« Ces vingt-huit et trente août, mil sept cent quatre-vingt-douze, l'an IVe de la liberté, et le Ier de l'égalité, nous, administrateurs de police, membres du comité de surveillance et de salut public, séant à la Mairie, avons examiné avec la plus scrupuleuse attention tous les papiers du *sieur Caron Beaumarchais*. Il résulte de cet examen *qu'il ne s'y est trouvé aucune pièce* manuscrite ou imprimée *qui puisse autoriser le plus léger soupçon contre lui, ou faire suspecter son civisme.*

» Nous attestons en outre que plus nous examinons l'affaire de l'arrestation dudit sieur *Caron Beaumarchais*, plus nous voyons *qu'il n'est nullement coupable des faits à lui imputés*, ET N'EST PAS MÊME SUSPECT : pour quoi nous l'avons renvoyé en liberté.

» Nous reconnaissons avec plaisir *que la dénonciation faite contre lui*, et qui a motivé l'apposition des scellés chez lui, et l'emprisonnement de sa personne à l'Abbaye, *n'avait point de fondement*.

» Nous nous empressons de mettre sa justification dans tout son jour, et de lui procurer la satisfaction *qu'il a droit d'attendre des mandataires du peuple*.

» Nous croyons *qu'il a droit de poursuivre son dénonciateur dans les tribunaux*, et avons remis *audit sieur Caron* ses registres et papiers.

» Fait à la Mairie les jour et an susdits : *les administrateurs de police, membres du comité de surveillance et de salut public.* »

Signé PANIS, LECLERC, DUCHESNE, DUFFORT, MARTIN, etc.

Le dimanche, 2 septembre, *n'ayant aucune réponse* du ministre *Lebrun*, j'apprends que la sortie de Paris est permise : fatigué de corps et d'esprit, je vais dîner à la campagne à trois lieues de la ville, espérant revenir le soir. A quatre heures l'on vient nous dire que la ville était refermée, qu'on sonnait le tocsin, battait la générale, et que le peuple se portait avec fureur vers les prisons pour massacrer les prisonniers. C'est bien alors que je criai dans ma gratitude exaltée : *O Manuel! ô Manuel!* Mon cerveau martelait comme une forge ardente. Je crus que j'en deviendrais fou !

Mon ami m'invita d'accepter un gîte chez lui. Le lendemain, six heures du soir, un commandant des gardes nationales des environs vint lui dire tout bas : On sait que vous avez chez vous M. de *Beaumarchais ;* les tueurs l'ont manqué cette nuit dans Paris, ils doivent venir la nuit prochaine ici, l'enlever de chez vous, et peut-être m'obligera-t-on de m'y rendre avec toute ma troupe. J'enverrai dans une heure chercher votre réponse : dites-lui bien qu'on sait *qu'il y a des fusils dans ses caves, et soixante mille en Hollande, qu'il ne veut pas que nous ayions,* quoiqu'on les lui ait bien payés. *Aussi, c'est bien horrible à lui!*—Il n'y a pas, dit mon ami, un mot de vrai à tous ces contes. Je vais lui parler au jardin.

Je le vois arriver à moi, la figure pâle et défaite. Il me fait son triste récit : Mon pauvre ami, dit-il, qu'allez-vous faire?—D'abord, ce que je dois à l'ami qui me donne hospice; *quitter votre maison pour qu'elle ne soit point pillée.* Si l'on vient chercher la réponse, dites qu'on est venu me prendre, que je suis parti pour Paris. Adieu. Gardez mes gens et ma voiture, et moi je vais aller à ma mauvaise fortune. Ne disons pas un mot de plus ; retournez au salon, n'y parlez plus de moi.

Il m'ouvre une petite grille, et me voilà marchant dans les terres labourées, fuyant tous les chemins. Enfin, dans la nuit, par la pluie, ayant fait trois lieues de traverse, je trouvai un asile chez de bonnes gens de campagne, à qui je ne déguisai rien, et dont je fus accueilli avec une hospitalité si touchante et si douce, que j'en étais ému aux larmes. Par eux, à travers vingt détours et sans que l'on sût où j'étais, j'eus des nouvelles de Paris. Les massacres duraient encore, mais les Prussiens pénétraient en Champagne. J'oubliai mes dangers, et j'écrivis à M. *Lebrun*.

De ma retraite, le 4 septembre 1792.

Monsieur,

« Après avoir passé six jours en prison ; soupçonné par le peuple de ne pas vouloir que les soixante mille fusils *que j'ai achetés et payés pour lui* depuis six mois en Hollande arrivent en France, *n'est-il pas temps que je me justifie, en repoussant le tort sur tous ceux qui en sont coupables ?* C'est ce que je fais, en ce moment, par un grand Mémoire *destiné à l'assemblée nationale*, à qui je veux encore une fois faire choir les écailles des yeux.

» En l'attendant, je vous adresse *ma requête aux états de Hollande, du mois de juin, sur les fusils, sur leur déloyale conduite envers un négociant français* (Elle s'était égarée aux Affaires étrangères, comme tout ce qu'on y renvoie). J'ai écrit à M. *la Hogue* de revenir à l'instant à Paris, *puisque l'enfer qui s'oppose à ce qu'aucun bien ne se fasse pour ce malheureux pays-ci*, l'a encore empêché de s'embarquer pour la Hollande !

» Ah ! si les ministres savaient quel mal un seul quart-d'heure d'inattention, de négligence, peut faire en ces temps malheureux, ils regretteraient bien *le mois qu'ils viennent de nous faire perdre* sur l'affaire de ces fusils !

» Et quant à moi, Monsieur, après avoir reçu *du comité de surveillance* les plus fortes attestations sur mon civisme et sur ma pureté, *d'après la lecture réfléchie des pièces accumulées dans mon portefeuille sur ces armes*, je me vois de nouveau poursuivi par la fureur du peuple, et obligé de me cacher pour ne pas en être victime, tandis que ceux qui n'ont rien fait *que nuire à ces opérations*, sont tranquilles chez eux, souriant de mes peines, et peut-être cherchant à les porter au comble ! Ce n'est pas vous, Monsieur ; *mais je les nommerai.*

» Vous m'avez demandé quels moyens je croyais meilleurs pour terminer cette interminable entreprise ? Il n'y en a point d'autres, Monsieur, *que de suivre les errements tracés dans le traité fait avec* MM. *Lajard, Chambonas et les trois comités réunis, de ne point enchaîner en France le vendeur qui doit vous les livrer*, car cela est par trop étrange ! Puis, consulter M. *de Maulde*, conjointement avec M. *la Hogue*, sur les moyens de ruse que peut employer le commerce, *puisque notre cabinet est trop faible pour prendre un parti ferme contre les états de Hollande* ; enfin de ne plus perdre des mois à *essayer de me trouver en faute, quand les preuves crèvent les yeux sur mes travaux* ET SUR MES SACRIFICES. On dirait, à voir la conduite que l'on tient en France envers moi, que la seule affaire importante soit de me ruiner, de me perdre, en se moquant que soixante mille armes arrivent ou n'arrivent point. Je vais demander des commissaires pour bien éplucher ma conduite *et celle des autres par contre-*

coup. Il est temps, *et bien temps*, QUE CET HORRIBLE JEU FINISSE!

» Je vous conjure, au nom de la patrie, *de songer au cautionnement, au misérable cautionnement*, si minime en affaire si grave! Si l'on ne m'a pas égorgé avant que M. *de Maulde* arrive, je me ferai un sévère devoir de venir, *à tous risques*, au rendez-vous que vous m'aurez donné.

» Daignez lire *ma requête aux états de Hollande*, et devenez mon avocat *contre les malveillants* d'une affaire aussi capitale.

» Je suis avec respect,

» MONSIEUR, Votre, etc. »

Signé BEAUMARCHAIS.

P. S. « Dans ce moment où le pillage peut se porter sur ma maison, j'ai fait mettre en dépôt, chez un homme public, le portefeuille de cette affaire. *Je puis périr, et ma maison:* MES PREUVES NE PÉRIRONT POINT. »

Je ne sais si ce furent les grands mots que je répétais dans ma lettre, *de Mémoire à l'assemblée nationale, où je repousserais les torts sur ceux qui s'en rendaient coupables,* qui me valurent enfin, le 6 septembre, ce billet *des bureaux*, au nom de M. *Lebrun.*

Paris, le 6 septembre 1792, l'an 4ᵉ de la liberté.

« Le ministre des affaires étrangères a l'honneur de prier M. *de Beaumarchais* de venir, demain vendredi, *le matin, à 9 heures, à l'hôtel de ce département, pour terminer l'affaire des fusils.* Le ministre désire que le tout soit réglé avant dix heures du matin (*vous l'entendez, Lecteurs ! il ne fallait qu'une heure*), afin d'avoir le temps d'en prévenir *M. de Maulde*, QUI A REÇU ORDRE DE NE POINT PARTIR DE LA HAYE. C'est demain jour de courrier pour la Hollande. »

Par les détours qu'il fallait prendre pour arriver à moi, sans que je fusse dépisté, ce billet ne m'y vint *que le lendemain à 9 heures ;* c'était celle du rendez-vous que M. *Lebrun* me donnait, ce qui le rendait impossible, étant à cinq lieues de Paris, ne pouvant m'y rendre qu'à pied, seul, à travers les plaines labourées, pour n'y arriver que la nuit.

Deux choses, comme on juge, me frappèrent dans ce billet. La première, qu'il se pouvait qu'on se fût bien douté qu'étant caché hors de Paris, je ne viendrais pas en plein jour m'exposer à me faire tuer, et qu'alors on dirait *que c'était bien ma faute si l'affaire n'était pas finie, ayant manqué le rendez-vous qu'on me donnait pour terminer.*

La deuxième est qu'on m'y disait *que l'on avait contremandé le voyage de M. de Maulde,* lequel avait été appelé sans que l'on m'en eût averti. Si mon lecteur n'a pas perdu de vue la petite ruse dont j'usai pour découvrir le véritable objet du retour de l'ambassadeur, il sera frappé comme merde l'annonce qu'on me fesait *du contre-ordre qu'il avait reçu.*

Sur la joie que j'avais montrée à la nouvelle *de son retour*, on paraissait avoir conclu que ce retour pourrait me faire beaucoup plus de bien que de mal ; et on l'avait *contremandé*.

Je répondis sur-le-champ à M. *Lebrun*.

De ma retraite, à une lieue de Paris.
(*J'étais à cinq, je le cachais*) le 7 septembre 1792.

Monsieur,

« De la retraite qui me renferme, je réponds à votre lettre comme je peux et quand je peux ; elle a fait vingt détours pour arriver à moi ; je ne la reçois qu'aujourd'hui vendredi à neuf heures du matin. Il est donc impossible que je me rende chez vous *avant dix heures*. Mais quand je le pourrais, c'est ce que je me garderais bien de faire ; car on me mande de chez moi, qu'après le massacre des prisons, le peuple veut aller chez les marchands, chez les gens riches. Il y a une liste de proscription immense ; et, grâce aux scélérats qui crient dans les places publiques, *que c'est moi qui m'oppose à l'arrivée de nos fusils*, je suis noté pour être massacré ! Laissons donc partir cette poste de vendredi : comme il faut que les lettres aillent par l'Angleterre, ou par un bateau frété à *Dunkerque* pour *la Haye*, puisque le Brabant est fermé, nous regagnerons bien les deux journées que nous perdons.

» Je vous prie donc, Monsieur, de changer l'heure de la conférence, de dix heures du matin en dix heures du soir, pour que je puisse arriver chez vous avec moins de danger de perdre la vie, qu'en plein jour.

» Mon zèle pour la chose publique est grand ; mais, sans ma vie, mon zèle ne sert de rien. Je me rendrai donc, si je puis, *ce soir à dix heures*, chez vous : si je ne puis avoir une voiture et des sûretés pour revenir dans ma retraite, ce ne sera que pour demain au soir. Mais nul temps ne sera perdu, car ce n'est pas une lettre à M. *de Maulde*, qui peut seule finir l'affaire ; c'est la présence de M. *la Hogue ou de* moi, avec des mesures bien prises ; *c'est le cautionnement de cinquante mille florins par M. Durvey*, en mon nom, *et des fonds* pour solder tous les comptes que ces retards ont occasionnés : ce sont *des passe-ports* tels que l'on ne soit point arrêté sur la route, et une intelligence suprême en adresse, *puisque les moyens de fierté ne peuvent plus être employés*, eux qui *seraient si bien à notre nation offensée par l'affreuse conduite des Hollandais envers moi, négociant français !* Le temps qu'on a perdu est bien irréparable ; mais partons du point où nous sommes. Je gémis depuis bien long-temps de voir crier partout : *des armes !* et d'en savoir soixante mille arrêtées en pays étranger par la sottise ou par la malveillance ; *c'est l'une ou l'autre, ou toutes deux.*

» Pardon, Monsieur, si mes réflexions sont sévères ; je me les passe d'autant plus librement avec vous, que ce n'est pas vous qu'elles atteignent. Mais j'ai le cœur navré de tout ce que je vois.

» Recevez les salutations respectueuses d'un citoyen bien affligé et qui le signe. »

Signé BEAUMARCHAIS.

P. S. « Ne dédaignez pas, Monsieur, de donner un mot

de réponse au porteur, par lequel j'apprendrai que vous acceptez mes offres et approuvez mes précautions.

» Moi, le plus courageaux des hommes ! je ne sais pas lutter contre des dangers de ce genre, et la prudence est la seule force qu'il me soit permis d'employer. »

Signé BEAUMARCHAIS.

Ma lettre fut remise; et le ministre fit répondre verbalement par son suisse, *qu'il m'attendait demain samedi à neuf heures précises du soir.*

Je calculai qu'il me fallait quatre heures pour me rendre à Paris, à travers les terres labourées. Je partis le 8 de septembre, à cinq heures du soir, à pied, de chez mes bonnes gens qui voulaient me conduire; ce que je refusai, crainte qu'on ne nous remarquât.

J'arrivai *seul*, mes forces épuisées, traversé de sueur, avec ma barbe de cinq jours, mon linge sale, en redingote (comme à ma sortie de prison); j'étais à neuf heures précises à la porte de M. *Lebrun*. Le suisse me dit que le ministre *ayant affaire en ce moment,* me remettait à onze heures ce soir, ou demain matin à mon choix. Je priai le suisse de lui dire que je reviendrais à onze heures, n'osant pas me montrer le jour.

Je ne pouvais attendre chez le ministre. Quelqu'un pouvait m'y voir, puis ébruiter mon retour; j'en sortis.

Mais où aller ? que faire, en attendant ce rendez-vous ? La crainte d'être rencontré par quelque patrouille incendiaire, me fit résoudre à me cacher sur le boulevard, entre des tas de pierres et de moellons, où je m'assis par terre. Je m'admirais dans cet asile, où la fatigue m'endormit ; et, sans un tapage qui se fit assez près de moi, vers onze heures, on m'y aurait trouvé le lendemain matin.

J'entendis sonner l'heure, et je m'acheminai *aux Affaires étrangères*..... O Dieu ! jugez de ma douleur, quand le suisse me dit *que le ministre* ÉTAIT COUCHÉ; *qu'il m'attendrait le lendemain à neuf heures du matin.* — Vous ne lui avez donc pas dit ?... — Pardonnez-moi, Monsieur, je lui ai dit... — Donnez-moi vite du papier. J'écrivis cette courte lettre, en dévorant ma frénésie.

Pour Monsieur LEBRUN, à son réveil.

Samedi soir, 8 de septembre, à onze heures,
chez votre Suisse.

Monsieur,

« J'ai fait cinq lieues à pied par les terres labourées, pour venir compromettre ma vie à Paris, en cherchant l'heure du rendez-vous qu'il vous a plu de me donner. Je suis arrivé à votre porte à neuf heures du soir. On m'a dit que vous voulies bien me donner le choix de ce soir à onze heures, ou demain à neuf heures du matin.

» D'après ma dernière lettre, où je vous ai appris tous les dangers que je cours dans cette ville, j'ai jugé que vous daigneriez préférer pour moi le rendez-vous du soir. Il est onze heures ; *vos fatigues excessives* font que *vous êtes couché*, dit-on. Mais moi, je ne puis revenir que demain après brune, et j'attendrai chez moi l'ordre qu'il vous plaira me donner.

» Ah ! renoncez, Monsieur, à me recevoir dans le jour. Je courrais le danger de ne vous arriver qu'en lambeaux !

» J'enverrai demain savoir quelle heure vous me consacrerez le soir ? La poste de Hollande ne part que lundi matin. Le sacrifice du danger de ma vie était le seul qui me restât à faire pour ces fusils : *le voilà fait*. Mais n'exposons point, je vous prie, un homme essentiel à la chose, en lui fesant courir les rues le jour !

» Je vous présente l'hommage d'un bon citoyen. »

Signé BEAUMARCHAIS.

Le temps de me copier donna celui de m'amener un fiacre. J'arrivai chez moi à minuit. Je renvoyai le fiacre à 600 pas, pour qu'il ne sût point qui j'étais. En rentrant, j'eus bien de la peine à modérer chez moi la joie de me revoir encore vivant : je recommandai le secret.

Le lendemain matin, j'écrivis à M. *Lebrun*.

Ce dimanche, 9 septembre 1792.

MONSIEUR,

« A la courageuse franchise de mes démarches d'hier au soir, jugez de celle de mon zèle. Rien ne saurait le refroidir, mais ils m'ont fourré dans toutes les listes de clubs suspects, moi qui n'ai de ma vie mis le pied dans aucun, *qui n'ai même jamais été à l'assemblée nationale, ni à Versailles, ni à Paris.*

» C'est ainsi que la haine agit ! Tout ce qui peut livrer un homme à la fureur d'un peuple égaré, ILS LE FONT DIRE CONTRE MOI. C'est le sage motif qui m'empêche de vous voir le jour. Ma mort n'est bonne à rien ; ma vie peut être encore utile. A quelle heure voulez-vous donc me recevoir ce soir ? Toutes me sont égales, depuis la brune de sept heures jusqu'au crépuscule de demain.

» J'attends vos ordres, et suis avec respect,

MONSIEUR, Votre, etc.

Signé BEAUMARCHAIS.

Le ministre me fit dire encore par son suisse de venir *le soir même à dix heures*. Je m'y rendis. Mais le suisse, baissant les yeux, me remit, de sa part, *au lendemain lundi*, *à la* même heure.

Dévoré d'un chagrin mortel, j'y revins le lundi, *à dix heures du soir*. On voit que, quand la chose importe, je jette sous mes pieds les dégoûts qu'on me donne. Mais, au lieu de me recevoir, il fit remettre chez son suisse le billet de laquais, que je transcris ici.

MONSIEUR,

10 septembre 1792.

« Come il n'y a pas aujourdhui de conseil Monsieur *Lebrun* prie M. de Beaumarche de vouloir bien repasser demain au soir à neuf heures trois cards il ne peut avoir lhonneur de le voir ce soir par raison de travailles. »

Je répondis sur-le-champ au billet...—Quoi! encore une lettre? — Je vois l'impatience du lecteur..... — Monsieur de Beaumarchais se moque-t-il de nous avec son fastidieux commerce? — Non, non, lecteur, je ne m'en moque point. Mais votre fureur me soulage : elle s'amalgame avec la mienne ; et je ne serai pas content que vous n'ayiez foulé aux pieds, de colère, tous ces récits! Ah! si beaucoup de gens le font, j'ai gagné cet odieux procès! *J'invoque votre indignation!*

En effet, citoyens, voyez cet homme courageux, au prétendu bonheur duquel beaucoup de gens portaient envie! *Le trouvez-vous assez humilié?* Si vous voulez savoir comment, savoir pourquoi il le souffrait, ah! je consens à vous l'apprendre.

J'avais voulu, d'abord, bien servir mon pays. Ma fortune était compromise : ces vexations accumulées avaient tourné mon zèle en obstination, sur l'arrivée de ces fusils.... — Tu ne veux pas que la nation les ait, *parce que tu ne les fournis pas*, disais-je : *elle les aura malgré toi!*

Les dangers que j'avais courus, et ceux, hélas! que je courais encore, changeaient mon courage en fureur. Ah! la pauvre nature humaine! Mon amour propre et l'orgueil s'en mêlaient! et puis je me disais : Si ces Messieurs, avec les avantages d'un grand pouvoir, une grande cupidité, les moyens de tout envahir.... S'ils gagnent sur moi le dessus, je ne suis que brutal ; eux, ils sont très-adroits ! Le peuple est abusé ; ils auront mes fusils qu'ils veulent ; et moi je serai poignardé !

L'affaire alors changeant encore de face, je me cramponnai au succès. J'oubliai tout, amour propre et fortune, et ne voulus que réussir. Je rappelai à mon secours tout ce que la prudence a de subtil et de délicat ! Je dis : Il faut fouler aux pieds la vanité ; c'est une cargaison d'armes que j'ai promise à mon pays ; voilà *le but*, il faut l'atteindre ; tout le reste n'est que *moyens*. Quand ils ne sont pas malhonnêtes, on peut les user tous pour arriver *au but*. Nous jetterons l'échafaud bas, quand le palais sera construit. Ménageons encore ces Messieurs !

Je répondis par la lettre suivante au beau billet de cuisinière, lequel m'avait transmis le nouveau délai du ministre.

A M. LEBRUN, Ministre.

Paris, le 11 septembre 1792.

MONSIEUR,

« Chaque journée perdue rend le péril plus imminent. *Je vous ai dit, Monsieur, que ma tête était en danger, tant que l'affaire ne marche pas.* Personne ne veut me croire lorsque je dis que je passe, près des Ministres, les heures, les jours, les semaines et les mois, en sollicitations inutiles. Dénoncé comme un malveillant, je vois mes amis effrayés me reprocher de rester exposé dans cette ville aux fureurs d'un peuple égaré.

» Pour faire avancer l'entreprise, je suis sorti de ma retraite, et nous avons perdu trois semaines à attendre M. *de Maulde*, que l'on fesait, disiez-vous, revenir, et qui enfin ne revient point. Dans les menaces qu'on me fait, je vois qu'on n'épargne personne : les scélérats s'exercent, et la *Surveillance* me dit : *Mais pourquoi ne finit-on point ?* En effet, on n'y comprend rien. Je me me crève inutilement : je cours les plus affreux périls; mes sacrifices sont au comble, et l'affaire des fusils est là.

» Je me présenterai chez vous ce soir, à neuf heures trois quarts, comme votre billet d'hier me l'indique.

« Recevez les respects d'un homme affligé. »

Signé BEAUMARCHAIS.

Je joignis à cette lettre un court traité à faire signer à MM. *Servan* et *Lebrun*, confirmatif de celui du 18 juillet : non que je crusse qu'ils le signeraient, mais je voulais que l'effort existât de ma part.

Loin de m'introduire le soir, comme il l'avait promis, M. *Lebrun* n'eut pas honte de me remettre encore, *par la bouche du suisse, au lendemain au soir*, mercredi 12 de septembre, à huit heures, chez M. *Servan*, où le conseil s'assemblerait.

Quoi ! je dis avec fureur, il veut donc me faire égorger ? Après m'avoir forcé de quitter ma retraite, et m'avoir fait perdre cinq jours en me repoussant tous les soirs, contre ses paroles précises, la fin de tout est de compromettre ma vie, en me forçant de me montrer au milieu de mes ennemis ?

Devant aller le lendemain *publiquement à l'hôtel de la Guerre*, guerroyer contre *le pouvoir*, et risquer le tout pour le tout, je pris mon parti sur-le-champ. Dédaignant toute sûreté, je m'en fus *en plein jour* à l'audience de ce ministre. J'avais mon portefeuille : je me fis annoncer. Il me parut un peu surpris.

Je n'ai pu, lui dis-je en entrant, obtenir de votre bonté un rendez-vous moins dangereux, qu'une audience du conseil : je viens vous demander, Monsieur, jusqu'à quel point vous trouvez bon que j'y porte mes explications ? — Moi, je n'ai rien à vous prescrire, me dit-il, on vous entendra.

On annonça M. *Clavière*. Il entre, et je lui dis : Puisque je dois, Monsieur, traiter demain, dans le conseil, l'affaire des fusils de Hollande, permettez-moi de vous faire une prière ; c'est d'oublier nos anciens altercas. Des ressentiments particuliers doivent-ils influer sur une affaire aussi nationale ? — Ces ressentiments, me dit-il, sont trop anciens pour être ici de quelque chose; mais on prétend que vous vous entendez avec votre vendeur pour que ces fusils n'arrivent pas.

— Monsieur, lui dis-je en souriant, si quelqu'un y travaille, il est bien clair que ce n'est pas moi ! J'allais lire à Monsieur ma dernière lettre à ce vendeur, M. *Osy de Rotterdam*, et la réplique du négociant : cela répond à tout, je vous prie de les écouter.

Ici je demande pardon au correspondant hollandais, si l'un de nos débats sort de nos cabinets et de mon portefeuille. La circonstance m'y oblige ; mais c'est surtout pour instruire *Lecointre*, que je copie la lettre toute entière.

MM. Osy et fils, de Rotterdam, de présent à Bruxelles.

Paris, le 2 Auguste 1792.

« Je reçois, Monsieur, une lettre de mon ami qui est à *Rotterdam*, par laquelle j'apprends que vous avez eu des inquiétudes que je ne vous renvoyasse, pour le léger solde des armes, à M. *Lahaye de Bruxelles*, ou que je ne cessasse de vous payer à son acquit. Si j'eusse eu des raisons pour changer de conduite, Monsieur, la première chose que j'aurais faite, eût été de vous en prévenir, en vous motivant, sans détour, ma nouvelle résolution ; car c'est ainsi que les gens probes se conduisent.

» Loin de cela, Monsieur, et malgré mes mécontentements contre *Lahaye* et contre vous, j'ai donné l'ordre à mon ami de vous solder entièrement, sans attendre même l'arrivée de *M. de la Hogue*, lequel repart pour la Hollande, car il faut bien que je fasse, *en homme blessé de l'injustice du gouvernement hollandais*, ce que vous eussiez dû faire vous-même pour un honnête négociant qui s'est substitué si loyalement à vous, et qui vous couvre entièrement de vos risques, en ajoutant *le cautionnement* auquel vous vous êtes engagé, envers feu l'empereur *Léopold*, à ses payements de tout genre.

» Certes, Monsieur, quand vous avez vendu ces armes, vous n'avez pas dû vouloir tendre un piége à votre acquéreur, en lui rejetant sur le corps tout le fardeau des embarras dont vous vous seriez facilement tiré, si l'affaire eût continué à vous être personnelle, vu le crédit que je vous sais, auprès des deux puissances autrichienne et hollandaise, *qui blessent sans prétexte, et pour servir leur politique*, le droit des gens et du commerce, en la personne d'un négociant français, et d'une manière si outrageuse !

» Mais, avant de porter mes plaintes éclatantes au tribunal de l'Europe entière, contre ceux dont j'ai à me plaindre, j'ai voulu que tous intérêts d'argent, de qui a traité avec moi, fussent absolument soldés, afin qu'on n'eût aucun prétexte à m'opposer qui pût excuser tant d'horreurs.

» En conséquence, Monsieur (et ceci vous est étranger), j'ai commencé par payer tous les primes que chacun s'est permis de s'adjuger sur un marché, où personne que vous et moi n'a sorti de sa poche un florin, pas un sol.

» Je vous ai fait payer à vous, non seulement le capital

des armes, mais tous les frais de caisses, de raccommodages de fusils, ceux même de justice, dont vous ne m'avez fait donner le compte qu'après coup. Restent ceux très-considérables *du cautionnement exigé*, enfin tout ce qu'il vous a plu m'imposer pour vous débarrasser vous-même.

» Mais après tant de sacrifices faits pour me mettre en état de tenir mes engagements envers nos îles du golfe, qui attendent ces armes, et à qui notre gouvernement n'eût pas manqué d'en envoyer des siennes, s'il n'eût pas cru devoir compter sur mon honneur et sur la foi de mes paroles, je me crois en droit de crier hautement à la vexation, *et de me plaindre ouvertement du gouvernement hollandais*, puis de M. *Lahaye* et de vous, dont pas un n'a daigné dire un mot, ni faire une démarche pour obtenir la levée de l'indigne embargo qu'on a mis sur mes cargaisons, dans un pays qui ne fleurit que par la liberté du commerce, et qui ne rougit pas de gêner dans ses ports celui des autres nations.

» Non, vous n'agissez pas avec moi en honorable négociant, Monsieur, en ne fesant aucun effort pour me faire rendre une justice que je n'aurais cessé de réclamer ici, pour vous, si notre gouvernement eût été assez lâche pour vous en faire une pareille, et que vous m'en eussiez prié ! Les négociants, Monsieur, ont des principes plus nobles que les feseurs de politique. Eux seuls enrichissent les états, réparent, lorsqu'ils sont loyaux, tout le mal que font les puissances, qui ne savent rien qu'asservir, tout gêner et tout engloutir. *Que l'on s'étonne donc après si les peuples indignés de se voir sous un pareil joug, font des efforts aussi terribles pour essayer de s'y soustraire !*

» Mais laissons là tous les maux des nations pour nous renfermer vous et moi dans ceux qui vous sont personnels. Vous êtes payé par moi, Monsieur, et vous ne m'aidez point à faire partir les marchandises que j'ai loyalement soldées ! voilà tous mes griefs et mes sujets de plainte. Vous êtes trop fin négociant, homme trop éclairé, Monsieur, pour ne pas être frappé de la justice de mes reproches.

» Recevez les salutations d'un homme blessé jusqu'au vif, et qui le signe ouvertement. »

Signé Caron Beaumarchais.

M. *Osy*, Messieurs, dis-je à nos deux ministres, après m'avoir écrit que nous marchons d'accord sur le reste et les frais que nous devons régler, finit sa lettre par ces mots, aussi insignifiants *que s'il était grand politique.*

« Je crois le mieux, Monsieur, de ne pas répondre sur les traits lancés contre moi dans votre lettre. Je me bornerai à vous dire que si je peux vous être utile, que je serais toujours charmé de vous prouver la considération parfaite avec laquelle j'ai l'honneur de me dire, Monsieur, votre, *etc.*, *etc.* »

Osy de Zéquewart.

Rotterdam, 23 août 1792.

M. *Clavière* se leva, et sortit sans dire un seul mot. M. *Lebrun* me dit : M. *Clavière* a des soupçons; et c'est à vous, Monsieur, à les détruire. Comment, depuis cinq mois, ces fusils n'arrivent-ils pas ? — Et c'est vous, M. *Lebrun*, qui me le demandez, *quand vous faites tout le contraire de ce **qu'il faut** pour qu'ils arrivent*, quand, *retenant notre **cautionnement**,* vous n'accordez aucun appui à **M.** *de Maulde* en ses efforts ? Vous connaissez son écriture ? Voyez ce qu'il m'écrit ! Je fouille dans mon portefeuille. — *C'est bien elle*, dit-il ; il lit :

« Vous ne doutez pas, Monsieur, de toute mon activité, de tout mon zèle, etc. Eh bien ! Monsieur, je vais vous parler le seul langage digne de vous et de moi, la vérité.

» CE GOUVERNEMENT ENNEMI EST DÉCIDÉ D'ÊTRE INJUSTE ENVERS NOUS, TANT QU'IL POURRA L'ÊTRE IMPUNÉMENT, et les circonstances ne prêtent que trop à sa duplicité. En conséquence ILS SONT DÉCIDÉS A NE PAS ACCORDER L'EXPORTATION DE VOS ARMES. » (*Entendez-vous*, **M.** Lebrun, *qui feignez de tout ignorer sur la nature des obstacles qui nous retenaient ces fusils, et qui avez lu cette lettre et vingt autres de **M.** de Maulde à vous, sans jamais y avoir répondu.*) « Je ne vois qu'un parti à prendre, celui de diviser l'objet entre plusieurs négocians, et de prendre avec eux des lettres de garantie, etc., etc. Alors vous pourrez etre sûr de l'expédition, puisque les négocians hollandais ne cessent d'en obtenir pour leur compte. Voilà le moyen indiqué par les circonstances. *M. Durand* voudra bien me suppléer pour l'analyse ; mais permettez-moi de vous ajouter que vous ne devez pas compromettre plus long-temps vos intérêts. Vous voudrez bien raisonner de ceci avec *M. de la Hogue*, DONT L'ABSENCE DEVIENT BIEN LONGUE, *etc.*, *etc.* »

(M. *de Maulde* avait bien raison de s'en plaindre. Pendant cinq mois, *la Hogue* ne lui rapporta aucune réponse, ni personne. *Les fabricateurs d'assignats furent remis en liberté; et leur empoisonnement a recommencé de plus belle!* Voilà toute l'obligation que nous avons à nos ministres ; interrogez M. *de Maulde*.)

Eh bien ! dis-je à M. *Lebrun*, est-ce encore moi qui arrête les fusils ? Tant que vous retiendrez *le cautionnement commercial* exigé par M. *Osy*, puis-je entamer un vain débat contre la politique hollandaise, débat auquel vous n'accordez aucun concours, aucun appui ?

Peux-je même employer le moyen du commerce, *sans ce maudit cautionnement*, lequel, en fin de compte, ne doit coûter à notre France qu'une commission de banque ? M. *Clavière* et vous, vous feignez de ne pas m'entendre !

Non, ce n'est pas cette commission, ni même *ce cautionnement*, qui arrête l'affaire ; non, c'est la sale intrigue d'un *sieur Constantini*, et de ses associés, pour lesquels on dirait qu'on me donne tous ces chagrins, sur lesquels je vous ai écrit, qui m'ont fait traîner en prison, espérant que l'on m'y tuerait, et que ma famille aux abois leur donnerait les armes pour rien, après que je ne serais plus, pour les revendre à la France bien cher !.....

M. *Lebrun* me dit qu'il ne pouvait m'écouter plus long-temps, *son audience l'attendant.* Je le quittai fort mécontent.

Et vous, *Lecointre*, qui avez lu mon épître à M. *Osy*, sa réponse, la lettre de M. *de Maulde*, il me semble qu'en tout ceci, *Provins*, le brocanteur, ne fait pas très-grande figure ? Comment prouverez-vous cette phrase qu'on vous fit mettre dans votre dénonciation, *que j'ai feint à Paris que le gouvernement hollandais s'opposait à l'extradition des armes ; tandis que, selon vous, c'était* Provins, *tout seul et ses sublimes prétentions, qui nous arrêtaient ces fusils,* lorsqu'il n'était question de lui, que dans l'intrigue *des bureaux*, pour me tuer à coups d'épingles !

Mais non, *Lecointre*, ce n'est pas vous qui avez dit ces faussetés ! trompé par des brigands, vous avez abusé la Convention nationale...... Vous reviendrez de votre erreur ; car on vous dit très-honnête homme !

Remis au lendemain 12 septembre au soir, devant le conseil assemblé, je m'y rendis avec mon portefeuille, celui même qui subjugua *la surveillance de la mairie* contre les dénonciations vagues et les clameurs des *Colmar*, des *Larcher*, des *Marat*, et des autres. Je dis :

Voilà enfin l'*ultimatum* de mes explications ! je dois les rendre convaincantes.

Deux de mes bons amis, sentant tout mon danger, voulurent au moins m'accompagner. Moi, je dis à mon domestique : Prends mon portefeuille noir dessous ta redingote, reste dans l'antichambre ; et s'il m'arrivait un malheur, sans dire que tu es à moi, fuis vite avec le porte-feuille. *C'est mon honneur, et ma vengeance, que tu portes là sous ton bras !*

Nous arrivons : tout le conseil s'assemble. A la fin, on me fait entrer. J'avance en saluant, sans rien dire à personne, et me mets près de M. *Lebrun*. Voyant qu'on ne me parlait pas, j'explique en peu de mots le grand objet qui m'amenait. M. *Danton* était assis de l'autre côté de la table : il commence la discussion ; mais, comme je suis presque sourd, je me lève et demande pardon si je passe auprès du ministre (parce que j'entends mal de loin), en fesant, selon mon usage, un petit cornet de ma main. M. *Clavière* fait un mouvement. Je regarde, et je vois que le rire de *Tisiphone* gâtait ce visage céleste. Il trouvait très-plaisant que j'entendisse mal. Il entraîna tout l'auditoire ; on rit : j'avais juré que je me contiendrais.....

Nous commençâmes la discussion : elle roula sur *le cautionnement*. M. *Danton* me dit : Je veux plaider la chose *comme procureur*. — Moi, la gagner *comme avocat*, lui dis-je. M. *Clavière* prit la parole, et dit : — *Ce cautionnement n'était pas dans l'acte de M. de Graves : donc cet acte n'est pas le même.* — S'il avait dû être semblable, répondis-je à M. *Clavière*, pourquoi l'eût-on recommencé ? Les circonstances étaient changées : je demandais sans nul détour que l'on me rendît mes fusils (*puisqu'on m'avait prouvé qu'on ne s'en souciait pas*), ou que l'on se soumît à des conditions raisonnables. *Les trois comités réunis avec les deux ministres*, ont choisi le dernier parti. Ce sont ces conditions qui forment le second traité : *donc il dut être différent.* M. *Clavière* ne dit plus rien.

M. *Danton* me demanda si, *donnant le cautionnement*, le gouvernement serait sûr d'avoir à la fin les fusils ? — Oui, lui dis-je avec force, si l'on ne gâte pas dix fois l'affaire, comme on l'a fait jusqu'à présent !

M. *Danton* me dit encore : Quand nous aurons donné le cautionnement, si les Hollandais s'obstinaient à ne pas rendre les fusils, qui nous rendra *l'argent du cautionnement ?* — Personne, lui répondis-je : parce que ce n'est point de l'argent qu'on doit donner de votre part, mais seulement un engagement de payer certaine valeur, si vous n'envoyez pas *à l'époque déterminée l'acquit à caution déchargé*, tel que le traité le comporte. Qu'en second lieu, si les états de Hollande retenaient les fusils chez eux, comme il n'y aurait point d'exportation, le cautionnement tomberait de lui-même : nulle équivoque là-dessus. D'ailleurs, M. *de Maulde* et moi ne remettrons cet acte, qu'en nous délivrant l'ordre d'embarquer nos fusils. — Mais puisque cela est si simple, reprit encore monsieur *Danton*, pourquoi ne le donnez-vous pas ? — Par la raison, lui dis-je, que c'est à vous que je livre les armes ; et qu'après les avoir distribuées dans nos possessions d'outre-mer, si l'on ne me rapportait pas *l'acquit à caution déchargé*, par négligence *ou bien par malveillance*; n'ayant aucun moyen pour vous y obliger, je payerais la valeur de ce cautionnement, et l'on se moquerait de moi. Celui qui seul a intérêt aux armes, qui en fait l'usage qu'il lui plaît, et qui seul a la faculté de faire décharger à ses îles *l'acquit de ce cautionnement*, est celui-là aussi qui doit seul le donner : son intérêt alors le sollicite d'être exact sur la *décharge de l'acquit*.

Je vis très-bien que ce ministre ne savait rien de ce qui se passait ; je le lui dis : on se fâcha. Je répondis : Messieurs, si c'est un compte à rendre de ma conduite en cette affaire, que vous exigez tous de moi, ah! je ne demande pas mieux! mon portefeuille est ici pour cela; nous la reprendrons *ab ovo*, et non partiellement, comme vous faites. M. *Clavière* se mit encore à rire : à mon tour, je me fâchai. Il se leva, et dit en s'en allant : *Je chargerai quelqu'un de suivre le tout en Hollande, et de nous en rendre bon compte.* Et moi je répondis : c'est me faire honneur et plaisir. Il sortit et M. *Roland.*

M. *Lebrun* soutint encore qu'un autre que M. *la Hogue* était plus propre à terminer l'affaire des fusils en Hollande, à cause de la publicité. — Ah! volontiers, Messieurs, si c'est en votre nom, pour recevoir les armes avec M. *de Maulde. Mais, pour les livrer ?* Non, Messieurs : autre que lui ne le fera. Rappelez-vous ma grande lettre du 19 août dernier, où la question est traitée très-à-fond. *Peut-on exiger qu'un vendeur vous fasse livrer par un autre, que par l'agent de ses affaires ?* Il stipule mes intérêts; veillez sur les vôtres, Messieurs! je veillerai, moi, sur la malveillance! Chacun de nous aura fait ce qu'il doit. — M. *Lebrun* me répondit : Nous en raisonnerons demain : ces Messieurs vous ont entendu.

— *Entendu,* Monsieur, répliquai-je ? Oui, sur la moindre des questions : mais, je le jure devant vous, ils ne savent rien de l'affaire : ce n'est pas ainsi qu'on s'instruit. Jamais vous ne m'avez permis d'entrer avec détail au fond de la question ! Il faudra donc que je l'explique *à l'assemblée nationale*. J'y trouverai plus de faveur, car il ne me faut que justice. Nous sortîmes tous du conseil.

Je prie M. *Danton*, de même que M. *Roland*, qui ne sont pour rien dans l'affaire : je prie aussi M. *Grouvelle*, le secrétaire du conseil, de vouloir attester que notre séance fut telle. D'ailleurs, ma lettre du lendemain, écrite à M. *Lebrun*, va vous certifier, citoyens, tous les détails de la soirée. Je me mets à vos pieds, pour obtenir de vous que vous la discutiez avec la plus grande attention. J'y retravaillerais dix ans, que je ne pourrais mieux y poser la question. De si terribles choses ont suivi cette lettre, qu'on ne peut trop la bien connaître.

Monsieur,

« La séance du conseil d'hier au soir, où je fus appelé, me semblait destinée à déterminer les moyens de donner la plus prompte exécution au traité du 18 juillet, *sur les armes retenues en Hollande*. Vous n'en avez touché que le point le moins capital (*le cautionnement*), et rien ne s'est fini, parce que la question n'a pas été posée de façon à faire avancer l'affaire, comme j'eus l'honneur de l'observer.

» Au lieu d'agiter uniquement la question des moyens

d'exécuter cet acte, on a passé le temps à examiner si l'on devait ou non en admettre une des clauses, *celle du cautionnement*. En sorte que je subissais une espèce d'interrogatoire sur les motifs qui avaient fait changer un traité précédent en celui-ci, ce dont il me semblait qu'on ne devait pas s'occuper, à moins qu'il ne s'agît d'éclairer ma conduite, et de porter un jugement. Alors ce n'était point partiellement, Monsieur, que l'on devait m'interroger, mais bien sur la totalité, *comme je l'ai offert*, et j'avais là toutes les pièces qui fondent ma justification, et font éclater mon civisme.

» Mais s'il ne s'agit réellement que des moyens *d'exécuter les clauses d'un traité de commerce, fait librement entre les parties contractantes*, tous les autres rapports, Monsieur, sont étrangers à cette discussion. Les seuls qui nous rapprochent et qui intéressent la chose, sont ceux de *vendeur* et d'*acheteur*.

» Comme *acheteur*, si le département de la Guerre se croyait en droit *d'écarter une seule des clauses de l'acte*; comme *vendeur*, je ne pourrais *être tenu d'en faire exécuter aucune*. Car ce traité *nous lie également*. Donc, pour notre sûreté commune, et raisonner commercialement, nous devons nous borner à nous soumettre aux lois que l'acte nous impose, et rien de plus.

» Donc ce n'est pas, Monsieur, parce qu'il est plus ou moins avantageux à *l'acheteur de donner le cautionnement* qu'il le doit, mais *parce que l'acte l'y oblige*. Lorsqu'il s'agira de prouver le très-grand intérêt qui le fit adopter *par les ministres et par les comités*, je le ferai victorieusement ; mais cela touche la partie civique de l'affaire, et non son aspect commercial, *qui est l'exécution de l'acte*. Je remplirai, Messieurs, loyalement mes obligations : ne tiraillez point sur les vôtres, et je vous promets bien que notre affaire marchera enfin.

» Quel cœur français peut être foid sur un objet si important? Ce n'est pas le mien, je le jure ! Mes preuves ne sont que trop bien faites !

» Mais, pendant que nous discutions, il se passait dans l'antichambre la scène la plus scandaleuse sur moi. En sortant du conseil, M. *Roland* y a dit à quelqu'un *tout haut*, en répondant à une demande : *Je suis là occupé d'une affaire qui nous tient depuis avant-hier, et qui ne finira point avant la fin de la guerre : celle des fusils de M. Beaumarchais.* A peine, hélas ! fut-il sorti, après avoir donné, sans dessein, cette nouvelle publicité à une affaire si délicate ...... qu'il se forma, *comme au Palais-Royal*, un cri de proscription sur moi : j'y fus traité comme un malveillant à punir. L'un d'eux disait : *Je pars demain pour la Hollande, et je la ferai bien finir.* Un autre. — *Il ne veut pas que ces fusils-là entrent, depuis cinq mois lui seul les retient en Hollande.* Et toutes les horreurs ont suivi. Deux de mes amis qui m'attendaient, agitèrent entre eux s'ils ne devaient point entrer, vous prier de me faire sortir par une autre issue que celle-là.

» Sur-le-champ, j'ai écrit au président *de la commission des armes*, pour le prier de vouloir bien nommer des commissaires, négociants, gens de loi, pour éplucher sévèrement ma conduite, *offrant ma tête pour ôtage*, et prononcer enfin, *qui mérite le blâme ou l'éloge dans l'affaire de ces fusils;* car je puis être déchiré par des bacchantes, comme *Orphée*, avant que les armes arrivent, *et elles n'arriveraient jamais !*

» Terminons donc, Monsieur, je vous en supplie, la partie commerciale de l'acte, pendant que j'en justifierai, *devant un comité sévère*, l'esprit, pour la troisième fois, depuis qu'il a été conçu; je ne puis plus soutenir l'état où cette affaire me met.

» Monsieur, Votre, etc., etc. »

Signé Caron Beaumarchais.

Ce 13 septembre 1792.

J'écrivis, le soir même, *au comité des armes,* je sentais à l'éclat qui s'était fait sur moi, à l'hôtel de la Guerre, pendant que j'étais au conseil, que mon danger était très-imminent : j'avais le poignard sur la gorge. Mon Mémoire fut remis le lendemain matin 14 septembre.

BEAUMARCHAIS à la Commission des Armes.

Monsieur le président,

« Le nom du comité auquel vous présidez m'annonce que *mon affaire des fusils de Hollande* est spécialement de son ressort. Depuis cinq mois, à peine puis-je me faire écouter de quelqu'un pour mettre à fin l'affaire la plus intéressante au salut de notre patrie. De ce que ces armes n'arrivent point, les ignorants du fait, *surtout mes ennemis*, concluent *que c'est moi seul qui les arrête :* tandis que j'ai la preuve en main, que peut-être moi seul j'ai fait mon devoir de patriote actif et de grand citoyen dans cette interminable affaire.

» Pendant que les nouveaux ministres sont occupés, Monsieur, de sa partie commerciale, et ne peuvent donner leur temps à l'examen sévère de ma conduite, dont ils ne voient que des points, sans être à même d'en parcourir, d'en juger la série entière, j'ai l'honneur de vous prévenir qu'il importe également au salut public et au mien, *que ma conduite soit épluchée* par des commissaires éclairés, des *négociants*, des *gens de lois*, à moins qu'il ne vous convienne, Monsieur, et au comité, de m'entendre; ce qui marcherait plus au but qui est l'*arrivée des fusils*.

» Je demande une attestation de civisme et de pureté qui assure mon existence, et j'offre ma tête en ôtage, si je ne prouve pas que je l'ai méritée par les plus grands efforts qui puissent honorer un Français.

» Si vous me refusez, Monsieur, *je puis être égorgé, comme j'ai déjà manqué de l'être trois fois pour cette affaire*. Ma mort n'est bonne à rien, ma vie peut être encore utile, puisque, sans elle, vous n'obtiendrez jamais les soixante mille armes que l'on nous retient en Hollande. »

» Je suis avec un grand respect,

» Monsieur,   Votre, etc. »

Signé Caron Beaumarchais.

Paris, ce 13 septembre 1792.

Voilà ce que, dans son rapport, mon dénonciateur appelle *écrire bassement sur l'affaire*. Citoyens, j'avais cru que la rigueur contre soi-même était *fierté*, et point *bassesse!* Mais on l'avait tellement égaré, que je ne veux plus me fâcher d'aucune chose qu'il ait dite.

La commission des armes, me répondit cathégoriquement le 14, sur ma demande, et sans perdre un seul jour. — *Ha! ha!* me dis-je, *ces Messieurs procèdent autrement que le*

Pouvoir exécutif! Ils ont la bonté de répondre ; enfin l'on sait comment on marche. Voici la lettre que j'en reçus :

Paris, le 14 septembre 1792, l'an 4e de
la liberté et le 1er de l'égalité.

« La commission des armes, qui a reçu votre lettre du 13 courant, désirerait, Monsieur, pouvoir vous entendre ce soir sur votre affaire des fusils de Hollande ; mais il convient préliminairement que vous présentiez une pétition à l'assemblée nationale, qui la renverra à celui de ses comités qu'elle jugera convenable, et probablement ce sera à la commission des armes : alors, Monsieur, vous pouvez compter qu'elle conférera d'autant plus volontiers avec vous sur l'opération dont vous l'entretenez, qu'elle espère trouver dans le résultat des éclaircissements, et que vous pourrez lui donner l'occasion de rendre un nouvel hommage à votre patriotisme,

» Les membres de la commission des armes. »

Signé MAIGNETE, Bo, *etc.*

J'envoyai sur-le-champ la pétition suivante à l'assemblée nationale.

MONSIEUR LE PRÉSIDENT,

« Une affaire immense entamée pour offrir à la France un grand secours d'armes étrangères, *en souffrance depuis long-temps*, exige en ce moment une discussion *aussi sévère que discrete. La publicité lui nuirait.* Le pétitionnaire vous supplie, M. le président, de vouloir bien renvoyer cette discussion au comité, aussi juste qu'éclairé, nommé la commission des armes.

» Il vous prie d'agréer l'hommage de son profond respect.

Signé CARON BEAUMARCHAIS.

Ce 14 septembre 1792.

RENVOI, N° 38.

Renvoyé à la commission des armes et au comité militaire réunis, pour en faire l'examen et le rapport incessamment.

Signé, LOUVET.

Ce renvoi à la commission, lequel ne se fit point attendre, me combla de plaisir. Je le reçus le 15, et le 15 j'écrivis aux comités militaire et des armes réunis.

Ce 15 septembre 1792.

MESSIEURS,

« L'assemblée nationale m'ayant fait la faveur de renvoyer ma pétition à votre équitable examen, j'attends vos ordres pour me rendre où il vous plaira me mander. Si j'osais former quelque vœu, ce serait, ô mes juges, *que votre assemblée fût nombreuse, et que le ministre des affaires étrangères daignât s'y rendre aussi* COMME CONTRADICTEUR.

« Agréez les respects du vieux inutile. »

Signé BEAUMARCHAIS.

Deux heures après, la commission des armes me fit la réponse suivante :

Paris, le 15 septembre 1792, l'an 4ᵉ de la liberté, et le 1ᵉʳ de l'égalité.

« La commission des armes me charge de vous prévenir, Monsieur, que, d'après le renvoi qui lui est fait de votre pétition, PAR DÉCRET DE L'ASSEMBLÉE NATIONALE, elle entendra avec plaisir, ce soir à huit heures, les objections que vous vous proposez de lui soumettre sur l'affaire des fusils que vous avez négociée en Hollande.

» Le secrétaire-commis de la commission des armes, »

Signé TEUGÈRE.

Voilà, me dis-je en la lisant, comme on fait marcher les affaires, et non à la façon de messieurs nos ministres, qui, pour chaque incident, vous font perdre quinze jours, et courir trente lieues, sans jamais finir sur rien !

Je me rendis, le soir, *avec mon portefeuille*, aux deux comités réunis. Mais le ministre n'y vint pas, *pour être mon contradicteur*, comme je l'avais *instamment demandé*.

Mon seul exorde fut prononcé. Du reste, je ne fis que lire tout ce que j'ai mis sous vos yeux. Je lus, parlai pendant trois heures. Le lendemain, pendant une heure et demie. *Lecointre*, vous seul y manquiez (j'en excepte M. *Lebrun*); vous étiez alors aux frontières ; et je vous regrettai beaucoup.

Quoi qu'il en soit, moi retiré, ces Messieurs composèrent l'attestation très-honorable que je vais insérer ici, après qu'ils eurent reçu le compte rendu par deux de leurs membres, qu'ils députèrent au ministre *Lebrun*, lesquels exigèrent ses promesses *de me remettre, le lendemain au soir*, tout ce qu'il me fallait pour aller délivrer les armes.

Je m'y étais rendu de mon côté. Les commissaires dirent au ministre « que les deux comi-
» tés, chargés par un décret de l'assemblée na-
» tionale d'examiner très-sévèrement ma con-
» duite dans cette affaire, *l'avaient trouvée ir-
» réprochable et sur la forme et sur le fond;*
» qu'en conséquence ils étaient chargés par les
» deux comités, *au nom de l'assemblée*, de lui
» dire que leur mission était d'obtenir sa parole
» de me mettre au plus tôt en état de partir, puis-
» que je consentais à faire le sacrifice d'un tel
» déplacement, *à mon âge*, et malade. »

J'expliquai au ministre que ce qu'il me fallait, était *un ordre à M. de Maulde* d'exécuter le traité du 18 juillet, dans la partie qui le concerne ; *la remise du cautionnement*, sans lequel tout le reste était bien inutile ; *un passe-port pour moi ; un pour M. la Hogue ; et les fonds que la guerre pourrait me remettre*, sans gêner le département.

M. *Lebrun* promit a ces Messieurs, *qu'au plus tard, pour demain au soir, j'aurais* ce qu'il faut *pour partir*. (Ne perdez pas de vue, lecteur, cette promesse. Vous allez voir comment on l'accomplit.) C'était le 16 septembre. Je fus le soir aux comités ; mais ce ne fut que le 19 que le secrétaire me remit l'attestation signée, que l'on va lire :

« Les membres composant le comité militaire, et la commission des armes, *attestent* que, sur le renvoi qui leur a été fait *par l'assemblée nationale* le 14 du courant de la pétition du sieur *Caron Beaumarchais*, relative à un achat de soixante mille fusils fait par lui en Hollande au mois de mars dernier, il en résulte que ledit sieur *Beaumarchais*, qui nous a exhibé toute sa correspondance, *a montré, sous les divers ministres qui se sont succédés, le plus grand zèle et le plus grand désir de procurer à la nation les armes retenues en Hollande*, par les entraves dues à la négligence ou à la mauvaise volonté du pouvoir exécutif régnant sous Louis XVI ; et que, d'après les conférences qu'il a eues avec le ministère actuel, *en présence de deux commissaires pris dans le sein des deux comités réunis, le sieur Beaumarchais est dégagé de tout embarras, et mis dans la position heureuse* de fournir à la nation les soixante mille fusils.

» Sur quoi les soussignés *déclarent* que ledit sieur *Beaumarchais doit être protégé* dans l'entreprise du voyage qu'il se propose de faire pour ledit objet des armes, comme étant dirigé par le seul motif *de servir la chose publique*, *et méritant à cet égard* la reconnaissance de la nation.

» Fait auxdits comités réunis, l'an 4e de la liberté, le premier de l'égalité, 19 septembre 1792. »

Suivent toutes les signatures, Garran, l'Orivier, L. Carnot, etc., etc.

Craignant encore que la mémoire de M. *Lebrun le ministre* ne trahît sa bonne volonté, le lendemain, 17 septembre, je lui adressai, pour rappeler ses souvenirs, une lettre qui ne fait que rappeler ce qui a été dit plus haut ; car j'avais soin de constater par écrit le détail des conversations, afin qu'on ne pût les nier, quand le temps d'éclairer la nation arriverait.

Le soir, je fus frapper *aux Affaires étrangères* pour recevoir de M. *Lebrun ce qu'il me fallait pour partir,* selon ses paroles données. Le suisse me dit que j'étais invité de monter au bureau où l'on donne les passe-ports. Un *Monsieur*, alors très-poli, mais qui a bien changé depuis, me dit que, faute de mon signalement et de celui de M. *la Hogue*, nos passe-ports n'étaient pas faits. Je donnai les deux signalements. Le *Monsieur poli* me promit qu'ils seraient prêts le lendemain. Je voulus passer chez le ministre pour recevoir *sa lettre à M. de Maulde, le cautionnement, et mes fonds ;* on me dit *qu'il était sorti.*

Le lendemain 17 j'y retournai : le chef du bureau des passe-ports me dit encore très-poliment que, les nôtres devant être signés par tous les ministres ensemble, il fallait qu'il y eût conseil, mais que cela ne tarderait pas. Après l'avoir bien remercié, je voulus parler au ministre; *par malheur, il était sorti !*

Le lendemain 18, j'y fus de si bonne heure, qu'il n'y avait point d'affaire pour laquelle il pût être absent. Enfin il me reçut, et me dit qu'il ne pouvait pas régler seul les objets qui me regardaient ; *qu'on s'en entretiendrait le soir dans le conseil.* Je demandai la permission d'y être : il eut la bonté de me dire *que cela pourrait y gêner la liberté des opinions.* Il voulut bien m'entretenir sur les sûretés que je donnerais pour les avances qu'on devait me faire, *jusqu'à la livraison des armes à M. de Maulde.* Je lui remis un acte, par lequel j'engageais tous mes biens, comme le traité m'y obligeait.

Il me dit que M. *Clavière* voulait qu'on envoyât quelqu'un pour examiner ma conduite en Hollande. — Je sais, lui dis-je, Monsieur, *quel est ce quelqu'un-là ;* c'est moi qui scruterai la sienne ; car je n'y ferai rien qu'appuyé de bons actes. Pendant que je les lirai d'un œil, je ferai bien le guet de l'autre.

Il me remit au lendemain 19, pour *le cautionnement, les fonds, et la lettre à M. de Maulde.* En rentrant chez moi, j'écrivis à M. *Lebrun* pour lui rappeler ses promesses, tant je craignais ses distractions, lui demandant ses soins et ses bontés.

J'appris, le 19 soir, par quelqu'un de fort sûr, que le conseil avait décidé *qu'on ne me donnerait pas un sou, pas même sur mes 250 mille livres.* Qu'eût-il servi de me mettre en colère ? Je le voyais : c'était un parti pris. L'homme qu'on envoyait en Hollande était M. *Constantini.* Je savais qu'il venait de passer un traité avec tous nos ministres pour leur livrer 60 *mille fusils* qu'il allait chercher en Hollande, *je savais que c'étaient les miens*, que profitant des embarras où le ministère me mettait, il me devait renouveler ses offres faites par son ami *Larcher*, en liberté chez moi ; puis, *au secret à l'Abbaye.* Je savais qu'il devait me montrer son marché, conclu avec tous nos ministres ; que me prouvant par là *que mon mal était sans remède,* je lui céderais mes fusils, à 7 *florins* 8 *sous*, pour les revendre 12 *à la nation*, sous le bon plaisir des ministres, lesquels ne me donnant pas une obole, me *refusant le cautionnement*, me sachant bien discrédité par mes six journées de prison, et la malveillance connue, espéraient bien que je ne trouverais rien dans les bourses dont je disposais, et serais trop heureux d'accepter les offres de *Constantini.* Et je savais bien que, par contre, on l'avait surchargé de 600 mille francs en avances, *sur mes* 60 *mille fusils* à livrer au gouvernement, sous la caution, me dit-on, *d'un abbé!* Je savais que leur noble agent, *Constantini* et *compagnie*, allaient avoir *la fourniture exclusive de toutes les marchandises, armes et munitions qu'on devoit tirer de Hollande.* Je savais, je savais..... Que ne savais-je pas ?

Je fus le lendemain, avant neuf heures, chez le ministre. *Par malheur il était sorti !* Résolu de me contenir, je lui écrivis chez son suisse, qui me dit de sa part *de revenir à une heure.*

Ce jeudi 20 septembre 1792, à neuf heures
du matin, chez votre suisse.

Monsieur,

« Je ne viens point vous importuner plus long-temps, mais seulement prendre congé de vous. Je reviendrai à une heure, comme vous me l'ordonnez, prendre vos lettres pour *M. de Maulde,* si vous croyez devoir m'en remettre.

» *Ce que j'appris hier au soir* me confirme que je ne dois rien attendre de ce ministère, *excepté vous, Monsieur;* et que je ne puis trop me hâter de partir, si je veux servir mon pays. Je fais un emprunt onéreux pour les objets de mon voyage. *Je le constate juridiquement; et quand je reviendrai de Hollande, je ferai tout ce qui convient à un bon Français outragé !*

» Recevez l'assurance du respect de

Signé Beaumarchais.

Je retournai vers une heure chez M. *Lebrun.* Il me reçut d'un air..... qui semblait annoncer du chagrin de tout celui qu'on me donnait..... à peu près l'air..... du premier jour que je le vis. Cela me rendit attentif, car c'était un grand changement.

Prenez vos passe-ports, me dit-il, et partez. Allez trouver *Monsieur de Maulde de ma part, et faites ensemble pour le mieux de la chose.* — Et sur quel fondement, Monsieur, voulez-vous qu'il m'en croye, *pour exécuter les devoirs que le traité du 18 juillet lui impose,* si vous, *ministre, qui le mettez en œuvre,* ne joignez pas une adhésion entière à ce traité, passé par vos prédécesseurs, en lui donnant *l'ordre ministériel de l'exécuter en tout point ?* Je n'en ai nul besoin pour moi ; mais lui ne marche que *sur votre ordre* !

— *Il faut bien qu'il le fasse*, me dit vivement le ministre ; *car ma lettre le lui enjoint : c'est le titre lui-même que je lui adresse par vous. Je vais le certifier, en l'insérant dans mon paquet.*

Il écrivit en ma présence, *au bas de l'acte du* 18 *juillet,* ces mots : *Pour copie conforme à l'original. Paris, ce 20 septembre* 1792.

Le ministre des affaires étrangères.

Signé LEBRUN.

Il rouvrit son paquet *à M. de Maulde,* pour

ajouter un *post-scriptum* relatif *à la reconnaissance, à l'adhésion, et à l'envoi qu'il lui fesait du traité du 18 juillet.*

Et le cautionnement, lui dis-je, ne me le remettez-vous pas ? C'est là le préalable à tout; et je ne puis partir, si je ne l'emporte avec moi.

— *Il vaut mieux pour vous et pour moi* (me dit-il sans me regarder) *que je l'envoye à M. de Maulde ; puisque l'affaire étant à nous, c'est pour nous qu'il doit le donner ! Soyez sûr qu'il le recevra avant votre arrivée à la Haye.*

Quant aux fonds que l'on vous refuse, ajouta-t-il obligeamment, *vous avez raison de vous plaindre.* Mais si vous avez, pour finir, besoin de 200 mille francs, ou même de 100 mille écus, *je donnerai l'ordre à M. de Maulde de vous les compter sur vos demandes.* Il a 700 mille francs à moi, et je les prends sur ma responsabilité.

Vous me ferez même plaisir, si vous voulez, vous, négociant, *sur les notes que je vous remettrai, vous informer du prix des qualités des toiles, et d'autres objets importants, sur lesquels je serai fort aise d'avoir les avis d'un homme sage. Laissez-moi l'acte et le paquet, et revenez demain matin ; je vous les remettrai avec toutes mes notes.* — C'est sur la foi, Monsieur, de vos paroles, que je pars, lui dis-je, en le fixant beaucoup. — *Vous pouvez y compter*, dit-il, en détournant les yeux.

J'y retournai le lendemain, 21 septembre : on m'annonça : le domestique revint, et me remit une simple lettre, à l'adresse de M. *de Maulde*. — Le ministre ne peut vous voir. Il vous fait dire, Monsieur, de monter au bureau, prendre vos passe-ports, et de partir pour la Hollande. Étonné de la réception : — Mon cher, lui dis-je, demandez-lui si le traité d'hier est dans la lettre qu'il m'envoie, *et s'il a oublié ses notes ?* Il entra, et revint, me disant que M. *Lebrun n'avait pas autre chose à me dire*; que le traité était inséré dans la lettre, et que je partisse au plus tôt.

Bravo! me dis-je; *aussi vais-je partir!* après autant de jours perdus, sans aucun secours de personne, sans savoir si j'emporte *et l'acte certifié*, *et l'ordre de l'exécuter*, ou quelque lettre insignifiante, comme toutes celles qu'ils écrivent ! Je pris tristement mes passe-ports, et fus trouver une personne qui devait me faire prêter l'argent qui m'était nécessaire ; car je ne comptais plus sur celui de M. *Lebrun*.

L'homme me dit : *Monsieur, votre emprunt est manqué : l'on vous regarde comme un homme* PROSCRIT, *que le gouvernement veut perdre ; et les bourses vous sont fermées.*

Je revins chez moi, où je pris le peu d'or que tout homme sage met en réserve pour les cas imprévus. Les écus que je destinais pour le trésor national, *quand on m'aurait remis mes fonds*, je les portai chez un banquier, pour avoir un crédit de pareille somme sur la Hollande; et je partis *avec trente mille francs*, au lieu des fortes sommes qui m'étaient nécessaires, *et qu'ils m'ont si traîtreusement gardées !* Je partis donc, mais non sans avoir fait une *protestation* contre toutes les horreurs que j'avais éprouvées de nos ministres, et que je voulais déposer cachetée, *chez mon notaire*, pour être ouverte *en temps et lieu*, en cas de mort, ou de malheur. Mais la crainte qu'un acte de dépôt de ce paquet cacheté ne leur donnât, avant le temps, l'éveil sur ma *protestation*, qui ne devait paraître que dans le cas où le ministre *Lebrun* manquerait à toutes ses paroles, m'a fait changer d'avis. Je l'ai laissée, cachetée, sur la table de mon secrétaire fermé, où elle sera trouvée quand on lèvera les scellés qui ont été mis chez moi lors du *décret d'accusation*. Je demande qu'elle soit ouverte, et lue en présence des commissaires qui feront l'inventaire de mes papiers, afin qu'elle devienne authentique.

En attendant, je la transcris ici, sur copie

que j'en ai gardée. A Londres, ce 8 février 1793 (1).

~~~~~~~~~~

Ma protestation contre les ministres, déposée cachetée, chez M. Dufouleur, *notaire, rue Montmartre* (2).

Ne sachant plus ce que le sort me garde, ni si je réussirai à vaincre les obstacles que des méchants, des traîtres accumulent chaque jour contre l'arrivée en France des fusils dont la nation a tant besoin, et que les Hollandais nous retiennent à *Tervère :*

Je déclare que les manœuvres qui partirent d'abord de l'intérieur *des bureaux de la guerre d'alors* sont devenues depuis *celles des ministres actuels.*

Je déclare que ces ministres ont fait ce qu'ils ont pu (et n'ont que trop réussi) pour arrêter M. *de la Hogue* en France, et l'empêcher d'aller en Hollande exécuter la mission que les ministres précédents, et trois comités réunis, lui avaient donnée, conjointement avec moi, d'aller *m'exproprier* des fusils à *Tervère*, et les livrer

---

(1) La publicité de cette cinquième époque de mon Mémoire, envoyée d'Angleterre, en février, ayant été retardée jusqu'à ce jour, 21 mars, par la difficulté d'avoir des imprimeurs, et mes scellés ayant été levés, sans examen ni description de mes papiers, j'ai retrouvé dans mon bureau l'original de ma protestation, dont je ferai l'usage qui y est indiqué.

(2) On voit à l'autre page pourquoi elle ne l'a pas été.

pour la nation à M. *de Maulde*, notre ministre à *la Haye*, et maréchal de camp instruit, selon le vœu du huitième article du traité du 18 juillet 1792.

Je déclare que ces ministres ont supposé un ordre de l'assemblée nationale, *lequel n'a jamais existé*; que, sur cet ordre supposé, ils ont retenu en France M. *la Hogue*, mon agent.

Je déclare que le ministre *Lebrun* répondant le 16 septembre aux députés des comités *militaire et des armes*, que l'assemblée lui envoyait pour le presser de me remettre *le cautionnement obligé*, et les *fonds nécessaires à la libération des fusils*, leur a solennellement promis que, sous vingt-quatre heures, il me remettrait *tout ce qu'il fallait* pour aller libérer et livrer à la nation ces armes à *Tervère*, et me donnerait *le cautionnement promis*, et *les fonds stipulés dans l'acte du 18 juillet*; que, d'accord ensuite avec les autres ministres, il m'a déclaré que le conseil exécutif *me refusait argent et cautionnement*; me promettant, pour m'engager à partir, que lui, *Lebrun*, y suppléerait des fonds de son département.

» Je déclare qu'en vertu de ces menées et de ces refus, je pars sans aucuns moyens pécuniaires, et presque sans espoir de m'en procurer chez l'étranger: mon arrestation à Paris, et mon emprisonnement *à l'Abbaye*, ayant altéré mon crédit, tant en ce pays-ci qu'ailleurs.

» Je déclare que je proteste de tout mon pouvoir contre la trahison du ministère actuel, que je le rends responsable *envers la nation* de tout le mal qu'elle peut entraîner, et qu'en ceci je ne fais qu'exécuter ce dont je les ai sévèrement prévenus dans ma lettre, en forme de Mémoire, remise à M. *Lebrun* le 19 août, cette année, où je lui dis sans ménagement ces mots : « Après vous avoir

» expliqué ce qu'un nouveau ministre peut ne pas devi-
» ner ; si le ministère va en avant en contre-carrant ces
» données, *je suis forcé de déclarer*, Monsieur, *qu'ici
» ma responsabilité finit, que j'en dépose le fardeau* SUR
» LE POUVOIR EXÉCUTIF *que j'ai l'honneur d'en prévenir.*

» ...... J'ai été dix fois accusé : *n'est-il pas temps que
» je me justifie ?*..... Les ministres ne doivent rien or-
» donner sans être d'accord avec moi, ou bien RÉPONDRE
» SEULS *de tout l'événement* A LA PATRIE, DONT LES IN-
» TÉRÊTS SONT BLESSÉS. »

Je déclare en outre que j'entends me pourvoir en justice contre ledit ministère, dans la personne de M. *Lebrun*, pour tous les dommages que leur odieuse conduite peut faire souffrir à mes affaires ou à ma personne. *En foi de quoi, j'ai déposé cette protestation chez* M. Dufouleur, notaire, sous mon cachet, pour être ouverte, et pour que tout usage en soit fait en temps et lieu, si le cas y échoit.

Paris, ce 21 septembre 1792.

Signé CARON BEAUMARCHAIS.

La sixième et *dernière époque* de mes travaux, de mes souffrances, contenant mon voyage en Hollande et mon passage à *Londres*, où j'écris ce très-long mémoire, sous le double lien d'un décret d'accusation en France, et d'un emprisonnement pour dette en Angleterre, à l'occasion de ces fusils (le tout grâce aux bontés de notre sage ministère); cette sixième *époque*, dis-je, sera expédiée pour *Paris* dans quatre jours; et sitôt que j'aurai l'avis qu'elle est donnée à l'impression, ma justification ne pouvant plus être étouffée; tous mes sacrifices sont faits pour mon acquittement à Londres : j'en pars, et vais me mettre en prison *à Paris*. Si j'y suis égorgé, Convention Nationale ! faites justice à mon enfant; qu'au moins elle glane, après moi, où elle devait moissonner !

SIXIÈME ET DERNIÈRE ÉPOQUE.

Législateurs, et vous, ô citoyens, que l'amour seul de la justice rend assez courageux pour suivre pied à pied ces horribles détails, votre indignation généreuse s'est mêlée à la mienne, en voyant l'astuce perfide avec laquelle le ministère a su m'éloigner *de Paris*, où ma présence embarrassait le plan qu'on formait de me perdre.

Encore un moment, citoyens, vous l'allez voir poser le masque; mais permettez auparavant que je vous mette au fait de mes démarches en Hollande auprès de notre ambassadeur.

Je m'en allais, perplexe et désolé; *désolé* de

penser que tout cela n'était qu'un piége; qu'on me laissait partir *sans cautionnement et sans fonds*, pour que je ne pusse rien faire. *Perplexe*, hélas! sur un seul point, qui était de bien deviner pour l'intérêt de quel ministre se fesaient toutes ces manœuvres!

Je connaissais déjà les agents dont on se servait. La conduite des chefs était tout aussi claire, mais ils semblaient agir en masse! Étaient-ils tous dans le secret, ou l'un d'eux trompait-il les autres?

En cheminant, je me disais : il est prouvé pour moi qu'on veut me mettre au point de quitter la partie, en cédant les soixante mille armes à ceux qui doivent ensuite, *de concert avec eux*, les revendre à la France au prix qu'ils le voudront, et sans dire à personne que c'est ma cargaison. Mais *Lebrun!* mais *Lebrun!* en est-il, où n'en est-il pas? Sa conduite est inexplicable.

J'avais fait une observation : c'est que dans tout ceci on ne m'avait jamais renvoyé à M. *Servan*. Dans la séance du conseil, la seule où je l'eusse aperçu, il n'avait pas ouvert la bouche. MM. *Lebrun*, *Clavière*, étaient seuls à la brèche..... Mais les variations du ministre *Lebrun!* cet air bonhomme avec lequel il avait hâté mon départ, si opposé à sa conduite de la veille et du lendemain!... Allons, me dis-je, patientons!...... l'avenir m'apprendra le reste.

Arrivé le 30 à *Portsmouth*, j'étais le 2 octobre à *Londres*. Je n'y restai que vingt-quatre heures. Mes amis et correspondants, MM. *Lecointe* frères, à qui je dis mes embarras, me donnèrent un crédit de *dix mille livres sterlings*, me disant : Il faut en finir au plus tôt, *ne perdez pas une minute!*

Enchanté de leur procédé, je m'embarquai pour la Hollande, où, après le passage le plus pénible qu'on eût fait depuis quarante ans, après six jours de traversée, j'arrivai malade à mourir. Je remis le paquet *du ministre à M. de Maulde.*

Il le reçut avec beaucoup de grâce, en me disant : *Cet ordre est positif; je m'y conformerai avec exactitude*, mais vous allez trouver ce pays bien semé d'entraves.

Je lui demandai *s'il avait reçu le cautionnement par M. Lebrun ?* — Non, pas encore. — Monsieur, lui dis-je, achevant le détail de ce que j'avais éprouvé, le ministre m'a dit *qu'il vous donnerait l'ordre de me compter 2 ou 300 mille francs, s'ils m'étaient nécessaires, sur tous les fonds que vous avez à lui.* — Je n'en ai point, dit-il, ils sont employés au-delà. Sans doute il m'en fera passer.

Je le priai de me faire donner copie de ce que les divers ministres lui avaient écrit sur cette affaire des fusils. Il me le promit, *et l'a fait*, car c'est un homme de probité.

En attendant que je m'en serve, voici la lettre de M. *Lebrun*, renfermant *le traité du 18 juillet certifié*.

A M. DE MAULDE.

Paris, ce 20 septembre 1792.

« M. *Beaumarchais*, Monsieur, qui vous remettra ma lettre, se détermine à aller en Hollande pour mettre fin à l'affaire des fusils arrêtés à Tervère. Comme vous êtes parfaitement instruit de tous les incidents qui ont jusqu'ici retardé l'envoi de ces armes A LEUR VRAIE DESTINATION, je vous prie de vous entendre avec M. *Beaumarchais*, POUR NOUS LES PROCURER LE PLUS PROMPTEMENT POSSIBLE. Je désire que cet envoi se fasse avec autant de sûreté QUE D'ÉCONOMIE. Je compte beaucoup sur votre zèle et vos soins pour bien remplir ces deux objets; et je suis persuadé d'avance QUE M. BEAUMARCHAIS VOUDRA BIEN VOUS Y AIDER DANS L'OCCASION. »

Le Ministre des affaires étrangères, LEBRUN.

P. S. Vous trouverez ci-joint, Monsieur, une copie collationnée du marché fait entre M. *Lajard*, ci-devant Ministre de la Guerre, et M. *Beaumarchais*.

La franchise de cette lettre me ramenait à croire que M. *Lebrun* pouvait bien n'avoir que servi d'instrument à la haine, ou bien à la cupidité des autres.

On ne pouvait pas faire *des actes d'adoption et de propriété plus nets*. Il n'y a pas un mot, disais-je, qui nous présente un autre sens.

(*Comme vous êtes instruit*, dit-il, *de ce qui a retardé l'envoi de ces armes* A LEUR VRAIE DESTINATION, *je vous prie de vous entendre avec* M. Beaumarchais, POUR NOUS LES PROCURER LE PLUS PROMPTEMENT POSSIBLE.) Quel autre qu'un propriétaire emploierait ces expressions ? (*Je désire que cet envoi se fasse avec autant* DE SURETÉ QUE D'ÉCONOMIE.) S'il ne regardait pas les armes comme à eux, que lui importerait *l'économie ?* Mais c'est que le traité les charge de tous les frais. (*Je compte beaucoup sur votre zèle et vos soins*, POUR BIEN REMPLIR CES DEUX OBJETS.) Après des phrases si pressantes, c'est insulter M. *Lebrun*, que de douter de sa bonne foi ! (*et je suis persuadé d'avance que* M. Beaumarchais VOUDRA BIEN VOUS Y AIDER DANS L'OCCASION.)

Voilà tout mon rôle changé ! Au lieu d'être aidé dans ma chose, *c'est moi qu'on prie d'aider l'ambassadeur* DANS LA CHOSE DU GOUVERNEMENT? Certes, dis-je, je le ferai ; soyez-en sûr, monsieur *Lebrun* ; j'y mettrai ma chaleur et mon patriotisme, comme si les armes étaient encore à moi.

Cela est très-clair maintenant : tant que M. *Lebrun* agissait en nom collectif, j'étais bien maltraité par lui. Quand il parle en son nom, il est *équitable*, *obligeant*. J'y veux mettre tous mes moyens pour déjouer la malveillance des autres.

Le ministre a certifié l'acte ; il ordonne qu'on l'exécute. Il me prie même d'y aider ; il promet tous les fonds de son département ; il va envoyer le cautionnement promis. Pardon, pardon, M. *Lebrun !* peut-être que M. *Clavière* était enfermé avec vous le jour que vous avez refusé de me voir ! Tout cela est bien tortueux ! mais, hélas ! c'est la politique, et c'est ainsi que tout marche aujourd'hui. N'y pouvant rien changer, soumettons-nous, et voyons arriver M. *Constantini*, le mignon et l'élu *de nos ministres patriotes !*

Je fus trouver M. *de Maulde*, et lui dis : En attendant, Monsieur, *que le cautionnement arrive*, je m'en vais exiger, par acte notarié, du vendeur hollandais, qu'il me fasse *une expropriation légale*, et une livraison pareille, à *Tervère* même. Mais comme j'ai affaire à des gens cauteleux à Paris, je veux qu'il soit bien constaté *que, pour la première fois que je verrai ces armes* (encaissées, enmagasinées, deux mois avant qu'on me les proposât), *vous les voyiez en même temps que moi.*

Vous recevrez ma livraison le même jour que je prendrai celle du vendeur hollandais, afin qu'on ne puisse jamais soupçonner que j'en aye changé, ou détourné une seule, pour le service des ennemis ; car c'est là le grand argument avec lequel ils rendent, *à Paris*, le peuple furieux contre moi ! Je veux que *l'armurier brabançon* qui les a bien huilées, encaissées, enmagasinées, *à Tervère*, il y a un an, vienne les y reconnaître devant vous, sur l'état qu'il en fit alors, et que l'on m'a remis depuis, *certifié par le vendeur, en 922 caisses, et 27 tonneaux ou barils.*

M. *de Maulde* me répondit : — Vous pouvez, si vous le voulez, vous épargner tous ces embarras-là : un sieur *Constantini*, qui m'apporte une lettre du ministre *Lebrun*, le recommandant à mes soins, m'a prié de vous proposer de lui céder la cargaison entière *à 7 florins, 8 sous la pièce, payée en or, et sur-le-champ.* Ce n'est qu'un florin de moins que le prix du gouvernement : *Et vous le regagnerez bien par tous les soins que vous vous épargnez !* Cet homme paraît fort avant dans la confiance des ministres. Il en a obtenu *le privilége exclusif de fournir au gouvernement tout ce qu'on tire de Hollande.* Et les difficultés qu'on peut vous faire en France, il paraît bien qu'on ne les lui fera pas, du moins si j'en crois ses paroles.

J'ouvris mon cœur à M. *de Maulde* (un des hommes les plus francs, les plus instruits, les plus honnêtes que j'aye rencontrés de ma vie). Je lui confiai mes vifs regrets sur l'imprudence que j'avais eue de sortir de la nullité *dans laquelle je m'enfermais pour ne faire ombrage à personne,* en cédant à beaucoup d'instances pour rendre à mon pays un service aussi dangereux !

Je lui rendis tout ce qu'on vient de lire, et les dangers que j'ai courus à l'approche du 2 septembre, lorsque j'eus refusé les offres, et bien dédaigné les menaces de ce M. *Constantini.*

Voilà, dis-je, pourquoi l'on m'a dénié tout concours, tout secours, et toute justice, *à ce pouvoir exécutif.* Ils ont voulu me mettre à la merci de leur *Constantini*, sans appui, et sans nuls moyens : mais M. *Lebrun* m'en tirera ; il me l'a bien promis, et nous aurons servi la France malgré eux ; c'est toute ma consolation !

Mais je vous supplie de me dire sous quelle forme *Constantini* vous a prié de me faire ses offres, afin de bien juger des choses que je connais, par celles que vous aurez la bonté de m'apprendre.

— Oh ! mais, dit-il, la forme est peu de chose, quand le fond est bien avéré. Il m'a dit fort légèrement, après m'avoir beaucoup vanté son crédit auprès des ministres : *Engagez donc ce Beaumarchais à me céder sa cargaison à un florin de moins que l'achat du gouvernement ? S'il marchande avec moi, il s'en trouvera mal ! S'il y consent, il touchera son argent sur-le-champ,* chez la veuve Lombaert *d'Anvers, chez qui j'ai déposé mes fonds.*

Et sur ce que je lui ai dit que si vous cédiez les fusils, je n'étais plus tenu d'en recevoir l'expropriation à *Tervère* : — *Je n'en ai pas besoin,* dit il, *et je prends tout sur ma responsabilité. J'ai du crédit auprès de Lebrun. Je ne crains pas qu'il me refuse quelque chose.* Il m'a même ajouté d'un air un peu protectoral : *Vous recevez chez vous ce Beaumarchais ! Mais je vous avertis que cela peut vous nuire auprès de notre gouvernement. Pensez-y un peu, je vous prie ?* (Vous le voyez, lecteur, si cet homme *était fort avant dans la confiance des ministres !*)

— Et il faut, au surplus, qu'il soit assez sûr de son fait, a continué M. *de Maulde ;* car, ayant acheté un parti de *quatre mille fusils,* dont M. *Lebrun* m'écrit qu'il a déjà livré *six mille.....* — M. de *Saint-Padou*, officier d'artillerie (envoyé par M. *Servan* pour visiter les armes que ces grands fournisseurs enlèvent de ce pays), ayant voulu visiter *ces quatre mille,* à leur départ, *Constantini* m'a dit légèrement : *Je ne veux point de sa visite ; je n'ai besoin de lui ni de personne pour les faire accepter là-bas ; je me charge de tout. J'ai du crédit. J'ai dit à Saint-Padou qu'il pouvait s'en retourner.*

— Quand j'ai rendu ces mots à M. *Saint-Padou,* me dit M. *de Maulde,* il m'a prié de solliciter son rappel près du ministre de la Guerre, puisqu'il est inutile ici, ces Messieurs prétendant se passer de contradicteurs ; *ce que j'ai fait.*

— Eh bien ! Monsieur, lui répondis-je : dites à M. *Constantini* que je rejette avec mépris ses offres, comme je les ai rejetées sous le poignard, *à l'Abbaye*, et qu'il n'aura pas mes fusils. Il y a long-temps que cette affaire n'est plus commerciale pour moi ! Certes, mon pays les aura, mais il les tiendra de moi seul, au premier prix que je les ai vendus, et *pas un florin au-delà*. Nul brigandage ne se fera dessus.

Je tourmentais M. *de Maulde* pour se transporter à *Tervère*, et j'invoque son témoignage sur l'empressement que j'y mis. Il me répondait : Attendons *que le cautionnement soit arrivé*, suivant votre propre principe, qu'il faut tout mener à la fois. J'en viens d'écrire à M. *Lebrun*, lui disant que nous l'attendons.

Depuis le 20 septembre jusques au 16 d'octobre, point de nouvelles du ministre ! Ma confiance s'ébranlait. J'écris moi-même, le 16, à M. *Lebrun*. Ma lettre rappelle ses promesses et tout ce que vous avez lu. Après lui avoir annoncé les embûches qu'on me tendait, j'y mis ce petit *P. S.*

« A la première nouvelle de nos succès (de ceux *de Dumouriez*) *notre cent vingt-cinq millions* a monté de quinze pour cent. Le change est à trente-six et demi. Il faut être en pays étranger pour se faire une vraie idée du plaisir excessif qu'une bonne nouvelle de France nous cause. La joie y va jusqu'à l'exaltation. Elle se compose de notre plaisir, et du chagrin qu'il cause aux autres. »

J'attends jusqu'au 6 de novembre. N'ayant point encore de nouvelles, j'adresse à M. *Lebrun* une seconde lettre, plus forte et plus circonstanciée, mais toujours sur le même objet. Je vais l'insérer dans le texte, uniquement pour contraster avec toutes celles qui vont suivre.

La Haye, ce 6 novembre 1792.

CITOYEN MINISTRE,

« Si ma lettre du 16 octobre vous a été remise par mon premier commis, vous y avez vu qu'aussitôt mon arrivée ici, je me suis mis en devoir d'acquitter toutes mes paroles sur l'épineuse affaire des soixante mille fusils. Aujourd'hui, j'ai l'honneur de vous annoncer, Monsieur, que j'ai forcé mon vendeur, très-*autrichien*, *quoique hollandais*, ou bien *parce qu'il est hollandais*, à me livrer *légalement* cette semaine, au plus tard la prochaine, la cargaison entière des armes, *payées depuis si long-temps*, et je le rends garant des obstacles que la politique hollandaise a mis à leur enlèvement, voulant ne reconnaître (à mon titre de négociant) *que l'homme qui m'a vendu*, et non leurs hautes puissances à qui, lui dis-je, je n'ai rien à demander, mais bien lui-même, qui est tenu *de me livrer pour exporter*, *non autrement*. Il me répond avec un embarras plaisant, que ma logique est aussi juste que pressante; et qu'en me livrant effectivement, comme il s'y prépare, il va faire les plus grands efforts pour m'aider à obtenir promptement l'extradition *à laquelle l'état actuel de nos affaires politiques ne nuira pas*, dit-il; et moi je réponds : *Je l'espère.*

» Soyez certain, Monsieur, que je ne compromettrai point M. *de Maulde*, qui n'a déjà que trop de désagrémens *à la Haye* (ce dont je me propose de vous parler dans un instant). Mon intention est de n'employer que ma force de négociant, de citoyen d'un pays libre. Le ministre n'y paraîtra que pour appuyer mes demandes comme en étant chargé par le gouvernement de France. Mais j'ai l'honneur de vous prévenir, Monsieur, que je reste à mon tour sans réponse, quand mon vendeur me dit que je n'ai nulle action civile contre lui, jusqu'à ce que j'aye rempli la condition rigoureuse *du cautionnement de cinquante mille florins d'Allemagne*, auquel il m'a soumis, *l'étant lui-même envers l'empereur*. Et M. *de Maulde* sent si bien la force de cet argument, qu'il n'appuierait aucuns de mes efforts, si ce préalable important n'était pas rempli de ma part, à cause de la réponse et nette et rigoureuse que leurs hautes puissances feraient au nom de mon vendeur, comme ce vendeur me l'a faite.

» Je suppose, Monsieur, que vous l'avez expédié à M. *de Maulde* ou à moi, *ce cautionnement tant différé*, mais sans lequel il est inutile de rien entamer d'énergique; car, pour que je puisse mettre un autre en son tort, je ne dois pas commencer par y être moi-même. Nous sommes d'accord du principe, M. *de Maulde* et moi; et vous, sans doute aussi, Monsieur? Nous attendons cette pièce importante, *que vous m'avez assuré, à mon départ de France, ne plus souffrir aucun retard*, sans quoi je n'aurais pas cru devoir partir.

» Je reviens à M. *de Maulde*, en vous priant de m'excuser, si je sors un moment des bornes individuelles de mon affaire de commerce, pour vous parler de politique ! Mais, Monsieur, je suis citoyen avant tout, et rien de ce qui intéresse la France ne saurait m'être indifférent. Je ne désire pourtant pas que M. *de Maulde* ait jamais connaissance des réflexions que je vous offre : je craindrais qu'il n'imaginât que je suis ici son espion, ou que j'y fais de la politique à ses dépens, sans nulle mission de personne.

» Si jamais quelque chose eût pu me dégoûter de ce métier de *politique*, c'est le supplice réel auquel le ministre de France est condamné dans ce pays, l'éternelle cruciation qu'il y souffre, mais fièrement et sans se plaindre ! De tous les genres de dégoûts, on l'en abreuve à la journée ! Il lui faut vertu plus qu'humaine, un patriotisme robuste, pour ne pas prendre à chaque instant des bottes de sept lieues et s'enfuir ! Je vois qu'il se console de cette affligeante existence, en travaillant comme un forçat, fesant sa besogne lui-même ; et elle n'est pas petite la besogne, obligé de la faire, *sans un caractère avoué*, avec le train le plus chétif qu'envoyé d'aucune puissance ait jamais eu dans ce pays, où tout le nord vient aboutir, et qui est, selon moi, le centre de la diplomatie intéressante de l'Europe, pays où toutes les intrigues des diverses coalitions viennent se nouer et se dénouer. Les autres ambassadeurs brillent, corrompent, dépensent, et se montrent : lui seul réduit au plus chétif état, qu'il annoblit pourtant par un maintien républicain, deviendrait la risée de tous, si, avec beaucoup de talent, sa fierté ne le soutenait. D'honneur ! il me fait compassion, et j'ai peine à me persuader que nos affaires n'en souffrent pas !

» Avant-hier, trois ou quatre riches négociants *d'Amsterdam* me disaient qu'il allait avoir d'autres couleuvres à dévorer, s'il était vrai, comme on l'écrivait de *Berlin*, que......... (*ici je racontais le fait, étranger à l'affaire des fusils*).

» Ne sachant comment entamer un point si délicat avec M. *de Maulde*, je me suis proposé de vous en écrire avant tout. Cela peut attirer des maux incalculables. Cet avis finit la mission que je me suis donnée moi-même. Vous êtes sage et mesuré, Monsieur ; vous ne me compromettrez point avec notre ex-ambassadeur......

» Je reviens à moi maintenant. Mes lettres *de Paris* m'apprennent qu'enfin l'indigne *opposition* que des brigandaux avaient mise sur toutes les sommes que j'aurais à toucher au département de la Guerre, venait *d'être déclarée par les tribunaux de Paris, et sans motif et vexatoire, les fripons condamnés en tous dommages en ma faveur.* C'est cette sale intrigue ; c'est cette indigne *opposition* dirigée par d'autres brigands, qui seule m'empêcha de toucher en juillet les deux cent mille florins que j'ai reconnu, dans mon acte, m'avoir été payés par le ministre, et dont la retenue a fait un si grand mal à mon affaire des armes et à toutes mes autres affaires. J'ai ordonné chez moi qu'on vous signifiât, Monsieur, cette main-levée, en votre qualité *de ministre par interim du département de la Guerre*, car je ne puis rester dans la détresse où l'on m'a mis, et qui m'a forcé en partant de faire porter chez mon banquier, pour avoir de quoi vivre ici, le peu d'argent que je conservais, en cas d'un malheur très-pressant.

» *La belle équipée qu'on a faite de m'envoyer à Paris, en prison, au secret, pour éclaircir l'affaire des fusils, et* celle de la publier ensuite dans des journaux bien scandaleux, ont fait retirer de Hollande les lettres de crédit que mes banquiers m'avaient données, me regardant comme un homme égorgé, ou tout au moins forcé de fuir. Mon crédit s'y trouve altéré, et j'avoue que, sur les détails de ce que j'ai souffert en France, beaucoup de gens dans ce pays me prennent pour un émigré, ce qui n'y rétablit point mon crédit. Tout ce que je dis n'y fait rien. Jamais acte patriotique n'a causé tant de mal à aucun citoyen français!

» Quand les détails en seront publiés, on ne comprendra pas plus *que les comités qui m'ont donné tant d'attestations honorables ne l'ont fait*, comment j'ai pu subir cette persécution constante.

» L'opposition étant levée, je vous supplie, Monsieur, de me mettre en état d'achever honorablement l'ouvrage que j'ai commencé. Quand vous ne m'enverriez d'abord que cinquante mille florins *par M. de Maulde, comme vous me l'avez dit en partant*, je me tiendrais fier en Hollande : n'y ayant plus besoin des secours de personne, on y verra si je suis citoyen.

« Si vous jugez à propos, Monsieur, de remettre votre réponse à mon premier commis qui vous rend cette lettre, elle me parviendra plus sûrement que par toute autre voie connue.

» Agréez le respect d'un citoyen qui vous honore, et qui ne prodigue point ses éloges. »

Signé Beaumarchais.

« P. S. J'ai eu l'honneur de vous mander dans ma dernière, que beaucoup d'indiscrets Français venaient ici mettre le feu dans les affaires qui regardent la France, *voulant tout haut des fusils à tout prix*. Ce qui, en nous discréditant, fait monter jusqu'à des prix fous tout ce qu'on demande pour la France. Qui croirait que de pareils gens sont accrédités par l'État ! et qu'une de ces compagnies errantes, sur la caution de...... dispose de cinq cent mille livres, pour soixante mille fusils aussi, dont vous n'obtiendrez pas un seul, *ce qui est bien sûr aujourd'hui que je sais que ce sont les miens* ; et quant à vos cinq cent mille francs, vous les retrouverez où et quand il plaira au Dieu qu'on nomme *Hasard*, etc., etc. »

Le 9 novembre, ne voyant rien venir, je lui envoie ce peu de mots pour ne point trop l'impatienter.

A M. LEBRUN.

La Haye, ce 9 novembre 1792.

Monsieur,

Lorsque la France a d'aussi grands succès, c'est un terrible exil que d'avoir affaire en Hollande.

» Je le serai pourtant exilé de la France *jusqu'au jour où une lettre cathégorique de vous m'apprendra* si le cautionnement nous arrive, ou s'il ne me reste plus qu'à partir, *pour aller justifier ma conduite patriotique dans mon pays.*

» Recevez les respects d'un citoyen.

» *Signé* Beaumarchais.

» Le trésor et les archives *de Bruxelles* sont arrivés à *Rotterdam* ; les nouvelles de l'armée de *Clairfayt* mettent ici tout le monde au désespoir, excepté moi. »

Je commençais à perdre patience, accusant

tous les embarras ou la lenteur de ce ministre ; et, le courrier suivant, je lui récrivis de nouveau. Il n'était pas possible, après avoir plaidé ma cause au conseil, *comme il me l'avait assuré ;* après m'avoir enjoint de partir au plus vite ; après avoir *reconnu, certifié l'acte du* 18 *juillet ;* après avoir donné l'ordre à M. *de Maulde* de l'exécuter avec zèle et promptitude, *en me priant de l'y aider ;* après m'avoir solennellement promis *que le cautionnement éternel serait avant moi à la Haye ;* après m'avoir offert, *sans que je le lui demandasse,* 2 ou 300 *mille francs sur son département*, me priant même de lui envoyer mes avis *sur la manière d'acheter les toiles et autres marchandises sèches de Hollande*, je ne pouvais, sans l'insulter, lui montrer aucun doute sur sa bonne volonté. Prenant patience, en enrageant, j'allais me rappeler encore à sa mémoire, lorsque l'on me remit une grande lettre contresignée *Lebrun.*

Ah ! me dis-je, avec un soupir, qui sait attendre voit souvent la fin de ses tribulations. J'ouvris cette lettre et j'y lus :

Paris, le 9 novembre 1792, l'an 1er de la République.

J'ai reçu, citoyen, la lettre que vous m'avez écrite de la Haye (1), et je n'ai différé d'y répondre que parce que

---

(1) Je lui en avais écrit quatre. J'insère dans le texte sa lettre et ma réponse, parce qu'enfin c'est là ce qui éclaircit tout.

je me suis procuré de nouveaux renseignements sur la cargaison des fusils arrêtés par ordre de l'amirauté à Tervère. Sans entrer dans aucun détail sur la spéculation que vous avez faite, ni sur son objet, je vais vous instruire tout simplement de ce qui m'est revenu sur la qualité de ces armes. Elles ont d'abord servi aux corps francs à l'époque de la dernière révolution tentée par les patriotes hollandais, ensuite vendues aux Belges qui en ont aussi fait usage dans le temps de leur révolution ; elles ont enfin été achetées par des négociants hollandais de qui vous les tenez.

Je conviens qu'un cautionnement de cinquante mille florins, demandé pour lever l'embargo mis sur de vieux fusils, vous dégagerait sans doute d'un embarras bien grand, de savoir où les placer. Je conviens que le traité passé entre vous et l'ex-ministre Lajard est fort avantageux ; mais soyez de bonne foi, citoyen, et convenez à votre tour que nous serions bien dupes d'approuver un pareil traité, et d'y donner notre adhésion. Nos vues et nos principes ne s'accordent point avec ceux de nos prédécesseurs. Ils ont eu l'air de vouloir ce qu'ils ne voulaient pas ; et nous, *bons patriotes*, bons citoyens, désirant sincèrement faire le bien et le voulant, nous remplissons les devoirs de notre place avec autant de loyauté, de probité, que de franchise (1).

Depuis quelque temps je ne me mêle plus d'achats d'armes. Ces opérations mercantiles ne s'accordent guère avec le genre de travail et de connaissance qu'exige mon département. Dans un moment pressant où il fallait

---

(1) *Lebrun* bon patriote ! aimant la liberté ! Il a donc bien changé depuis 1788.

de toute nécessité des fusils, on s'est jeté avidement sur tout ce que l'on a trouvé. Actuellement que les mêmes besoins n'existent plus, le ministre de la Guerre s'attache principalement à la bonté des fusils et au prix modéré. Ce n'est donc plus mon affaire, et j'ai cessé de m'en occuper. Retournez-vous du côté du citoyen Pache, et adressez-lui vos réclamations, c'est à lui à prononcer et à vous dire si elles sont justes et fondées.

» Quant à moi, je ne suis plus en mesure ni en position de rien faire et décider sur un objet, comme vous savez, hors du ressort de mon département.

» Le Ministre des Affaires étrangères, LEBRUN.

» *P. S.* J'ai envoyé copie de votre lettre au ministre de la guerre ; je recevrai incessamment sa réponse, dont je vous ferai parvenir la copie. »

Ah ! grand Dieu ! m'écriai-je après ma lecture achevée ; vit-on jamais rien de semblable ! et c'était pour finir ainsi, que l'on m'envoyait en Hollande : ô destable perfidie !

Dans le premier mouvement de mon indignation j'avais lutté, *par ma colère*, contre l'ironie du ministre. J'opposais à l'hypocrisie de son fatal patriotisme, *ses basses requêtes, et ses perfides lettres à l'Empereur Joseph*, contre la *liberté Brabançonne* en 1787 *et* 1788, et je mettais le *Gazetier à jour*. Mes amis n'ayant pas souffert que ce premier élan trop amer m'échappât, je pris le pénible parti de raisonner avec qui m'insultait. Quand mes sens furent appaisés, je lui écrivis ce qui suit.

Ah! je prie mes lecteurs d'en dévorer l'ennui. C'est le secret de cette comédie terrible!

La Haye, ce 16 novembre 1792.

CITOYEN MINISTRE,

« En réponse à l'unique lettre *que j'aye jamais reçue de vous*, en date du 9 novembre, je vous préviens que les difficultés qui clouaient à *Tervère* les fusils de Hollande, sont levées, grâce à *Dumouriez*, à l'instant où l'intrigue *de la burocratie française* en fait renaître de nouvelles pour les y river si elle peut.

» Vous êtes un homme trop honnête pour avoir lu, en la signant, la perfide ironie que l'on m'envoie en votre nom.

» Vous auriez réfléchi qu'il ne s'agit ici *d'aucun embarras de ma part de vendre ces armes à personne*, puisque, depuis huit mois, mon premier traité *les attache à la France*; que, depuis quatre mois, le second traité vous démontre que *deux Ministres et trois Comités réunis ont refusé de les en détacher;* lorsque, las des repoussoirs *de nos Ministres patriotes*, je demandai *très-net qu'on me permît* D'EN DISPOSER, pouvant le faire alors avec grand avantage, s'il était vrai que la France *n'en voulût plus!*

« Vous auriez réfléchi que ne pouvant être à la fois *propriétaire et dépouillé par l'acte du 18 juillet*, je n'ai plus d'autre soin que de livrer ces armes; que, dans la position contraire, j'en serais maintenant d'autant moins empêtré, que *votre élu Constantini* m'en a fait offrir de nouveau par M. *de Maulde* les *sept florins huit sols* que ses grands associés *me proposèrent à l'*ABBAYE , *avec promesse de m'en tirer si j'accédais à ce marché.*

» Vous auriez réfléchi encore, vous qui connaissez tant l'affaire *comme commis , comme ministre ,* que , loin d'avoir jamais donné ces armes à personne *pour neuves ,* je n'ai cessé de dire et d'écrire à vous et à tous vos collègues, *qu'elles venaient des Brabançons. Ce cautionnement exigé par l'empereur ,* du Hollandais *que je dois en couvrir ,* n'est-il donc pas la preuve matérielle d'un fait *qui vous battit les oreilles cent fois ?* Vos commis vous respectent peu , de vous faire dire *dans cette lettre , que vous apprenez à l'instant* ce que vous savez bien *que vous savez depuis six mois !* (Je vous nommerai celui que vous devez gronder.)

» Vous auriez réfléchi en outre, que si ces armes eussent *été neuves ,* je n'aurais pu vous les laisser au prix de *huit florins banco , ou de quatorze schelings en or , ou de 17 francs en écus , ou de 30 livres en assignats* (c'est tout un); quand vous aviez la bonhomie (*que vous avez encore , Messieurs*) d'acheter *pour trente schelings en or , à Londres , qui font 36 livres en écus, et plus de 60 liv. en assignats ,* des fusils neufs très-médiocres ! Lorsque , dans la même ville, vous avez depuis acheté *de 20 jusqu'à 25 livres schelings en or , ou 30 livres en écus , ou plus de 50 en assignats ,* de vieux fusils qui, presque tous, avaient servi de leste dans des vaisseaux allant aux Indes, dont on était forcé , *pour parvenir à vous les vendre ,* de détremper *toutes les platines* pour pouvoir dévorer la rouille, n'y retrempant *que la batterie.*

» Vous les recevez néanmoins *sans vous plaindre ni du haut prix ni de la basse qualité ,* parce que ce sont , nous dit-on, *vos affiliés* qui les fournissent. (Oui, mais *per partachir*, comme dit le *Raguzin*) ! ce qui est un peu loin du prix modéré de mes armes ; vendues *à huit florins ou 14 schelings en or, ou 17 francs écus de France, ou 30 livres en assignats !* Mes armes, dans lesquelles il se trouve une forte partie *de neuves*, que vous n'auriez pas aujourd'hui pour *six couronnes à Liége, ou 36 livres en écus, ou 60 livres en assignats !* Mes armes que je soumettais *au triage*, les ayant achetées *en bloc !*

» Vous auriez enfin réfléchi *qu'un cautionnement commercial*, de cinquante mille florins, *n'est point un déboursé de cette somme* ; et que tout se réduit, en rapportant *l'acquit à caution déchargé*, à une commission de banque, qui ne va pas *à deux mille francs*, comme je vous l'ai dit vingt fois, tant chez vous *qu'au conseil des ministres :* mais l'ignorance et la malignité marchent de pair autour de vous, Monsieur ; c'est le malheur des mauvais choix !

» Et notez, *ministre trompé !* que ceux qui vous écrivent, ou qui vous donnent *ces belles notions sur mes armes*, ne les ont jamais, *jamais vues :* car elles sont encaissées depuis près d'une année.

» Notez que ces donneurs d'avis ont fait près de moi l'impossible pour me les arracher *en bloc*, tant *à Paris*, que depuis, *à la Haye, à un florin de moins que vous ne les payez*.

» Notez que *je vous l'écrivis le 19 août à Paris* ; que mon refus de les céder *me fit emprisonner*, trois jours après, *à l'Abbaye*, où, sous vos bons auspices, ils vinrent renouveler leurs offres, où je manquai enfin d'être égorgé, ce que la SOCIÉTÉ voulait.

» Notez encore, *ô ministre trompé !* que *ces acheteurs* EXCLUSIFS (PRIVILÉGIÉS par vous) *de toutes fournitures hollandaises*, *et que vous gorgez d'assignats* (comme l'on fait pour ses amis), ne peuvent pas m'offrir *sept florins huit sols, sans les frais, au premier mot qui leur échappe*, s'ils ne sont pas certains de les vendre dix, onze ou douze *florins*, à la nation, par l'entremise bénévole de nos ministres patriotes ! surtout s'ils donnent, *comme ils disent, vingt-cinq pour cent, de toutes leurs fournitures au protecteur du privilége*, sans tous les intérêts qu'on réserve aux amis (*per partachir*, bien entendu) !

» Votre secrétaire vous fait dire, dans la lettre que je commente, que, *depuis quelque temps, vous ne vous mêlez plus d'achat d'armes*. Ah ! plût au ciel, pour la nation, que vous ne vous en fussiez jamais mêlé ! Mais tâtez-vous sérieusement, j'ai peur qu'on ne vous trompe encore, témoin *l'élu Constantini qui en achète par vos ordres*.

» Il vous fait dire aussi que vos prédécesseurs, en traitant avec moi, *feignaient tous de vouloir ce qu'ils ne voulaient pas*. (C'est sans doute *servir la patrie*, que vous entendez par ces mots.) Mais il oublie que vos prédécesseurs, *Lajard, Chambonas et de Graves*, eurent la modestie, *que vous n'avez pas eue*, de consulter *les comités de l'assemblée nationale; qu'aucun d'eux n'a rien fait, sans leur avis au préalable*, d'où il résulte, selon vous, quoiqu'on n'ose pas vous le faire dire, *que tous ces comités étaient leurs complices et les miens*; tandis que vous, *Ministre, soi-disant patriote, m'avez tout refusé* pour le service de la patrie, quand je partis pour la Hollande, *malgré l'avis des comités, quoiqu'ils l'exigeassent de vous, au nom de l'assemblée, et que vous le leur promissiez !*

» Ministre ! il est bien clair que vous n'êtes en ceci ni

mon complice ni le leur. Personne ne vous en accuse. Si vous aviez besoin d'un joli témoin sur ce fait, l'ami *Constantini* pourrait très-bien vous en servir.

» Je finis. — Si, au lieu d'apprendre ces choses, ou de vos commis, ou de moi, par hasard, *ministre trompé*, vous en étiez instruit d'avance, je me verrais réduit à supputer que vous aviez bien envie de ces armes, pourvu que *l'élu* les fournît et *non moi;* que comme il est certain *qu'il ne les obtiendra jamais*, cette brutalité gauloise, bien annoncée par lui à ses amis, peut avoir fait changer les anciennes mesures en de nouvelles plus sévères, *qu'on ne m'annonce encore que vaguement !* Alors je serais bien tenté de vous écrire, en finissant ma lettre avec respect, que je suis en grande surprise de votre conduite impolitique.

» CITOYEN MINISTRE *trompé*.......... *dans vos vues.*

» Votre, etc. »

Signé CARON BEAUMARCHAIS.

« *A Dieu ne plaise que je le pense !* Mais
» puisque vous avez, dites-vous, communiqué
» la lettre au nouveau ministre *Pache*, commu-
» niquez-lui la réponse : *c'est un commencement*
» *d'instruction* dont il vous saura très-bon gré. »

Quand ma lettre fut à la poste, je me sentis bien soulagé : ma foi ! pour celle-ci, elle partit à son adresse, craignant pour mon chef de bureaux qu'on ne lui fît un mauvais tour, si je l'en rendais le porteur. Attendons, dis-je, maintenant *les avis que l'on me promet.* Voyons surtout ce que dira notre nouveau ministre *Pache.*

Je m'en allai à *Rotterdam* faire dresser les actes que je voulais avoir du négociant *Osy*, premier vendeur. Il parut étonné de ce genre de précautions. Je l'assurai que ma position l'exigeait. Cela le rendit tâtonneur. Je m'apercevais bien qu'il servait son pays ; mais qu'avais-je à lui dire, moi qui servais le mien ?

Enfin, nous terminâmes tout, moyennant les quatre actes notariés que l'on peut voir. Le premier, par lequel *il me reconnaît légalement propriétaire des fusils*, moyennant toutes les sommes à lui payées par moi, dont la quittance finale est de la modique somme de *mille vingt-six florins deux sous huit deniers* pour solde ;

Le second, par lequel *je m'engage de ne point faire sortir les armes de Tervère, sans lui avoir fourni le cautionnement de cinquante mille florins d'Allemagne* ;

Le troisième, par lequel je m'engage *à lui rembourser tous les frais de magasinage et autres*, qui ne sont pas compris dans le payement des armes, et doivent en être arbitrés ;

Le quatrième enfin, par lequel je promets *de ne le point poursuivre personnellement pour les obstacles politiques* QUE LL. HH. PP. ONT MIS A L'EXTRADITION DE MES ARMES.

Plus une lettre à *James Turing fils, de Tervère*, avec ordre *de me livrer tous les fusils qu'il a reçus*, mais d'empêcher l'embarquement, jusqu'à *remise, par moi, du cautionnement engagé!* Plus une lettre à son *armurier de Bruxelles*, pour qu'il se transporte à *Tervère*, à ma réquisition, y reconnaître *que les fusils n'ont été vus ni touchés par personne*, depuis qu'il les a encaissés, au mois de février dernier, et que tout est conforme à l'état qu'il en a donné.

L'on voit que je suis bien en règle. Mais dans ceci, je ne vois pas que personne y fasse mention ni des prétentions d'un *Provins que Lecointre m'a opposées*, ni des arrêts que ce *Provins* a mis auprès du négociant *Osy*, pour qu'il ne livrât point ces armes à *Pierre-Augustin Beaumarchais*, qui est moi.

Dans tout ceci, je ne vois pas non plus qu'il soit question *d'aucuns débats sur ma propriété des armes*, par aucun autre propriétaire, *qui les ait arrêtées à Tervère*, comme *le ministre Lebrun* a dit expressément *au dénonciateur Lecointre*, qu'il venait d'en faire à l'instant la très-heureuse découverte.

M. *Lebrun!* M. *Lecointre!* ces quatre actes sont imprimés. Les originaux, je les ai. Lisez-les bien, chacun dans votre esprit. *Lebrun* suit la marche des taupes : on a rendu *Lecointre* injuriant pour moi : deux genres d'escrime où je ne suis pas fort. Voyons si la raison et la modération sont des armes d'assez bonne trempe pour faire plier celles-là !

Un mot d'explication est nécessaire ici pour lever toute obscurité sur la conduite des Hollandais.

Loin que ces États puissent dire (comme le prétend M. *Lebrun*) *qu'ils n'ont jamais empêché ces armes de sortir; qu'il y a eu seulement des oppositions de personnes se disant propriétaires, etc.*, la vérité, prouvée par pièces juridiques (ma requête du 12 juin, et la réponse des États-Généraux, du 26 juin 1792), la vérité, dis-je, est que le seul réclamant qui se fût opposé au départ de ces armes, était un sieur *Buohl*, ministre, agent de l'Empereur; qui prétendait que son auguste maître avait encore des droits sur ces fusils, quoique M. *Osy* (de qui seul je les tiens) les lui eût bien *payés comptant*, quoique ce même *Osy*, avant de les faire enlever des citadelles de *Malines* et *Namur*, ou d'*Anvers*, pour satisfaire aux lois de son traité, eût fait fournir à l'Empereur, par MM. *Valkiers*, *Gamaraches* de *Bruxelles*, un cautionnement de 50,000 *florins*, lequel est libellé dans l'acte; duquel cautionnement, *qui éteint tous droits de l'Empereur*, je me suis fait donner, comme on l'a vu, cette attestation notariée, par le même banquier *Osy*, ainsi que quittance finale de mes payements faits à lui, par-devant le même notaire, pour repondre à M. *Buohl*, et plus encore à MM. *Clavière* et *Lebrun*, qui feignaient d'élever des doutes, non seulement sur ma propriété, mais sur l'existence même des armes, dans le port de *Tervère*.

La note de M. *Buohl*, remise aux États de Hollande, au nom du roi de Hongrie, devient tellement importante, pour reconnaître à tout jamais la vérité, le vrai motif de l'embargo des Hollandais sur nos fusils, et la véracité du ministre *Lebrun*, que je vais l'insérer ici :

» Note *de M. le baron de* Buohl, *chargé des affaires de la cour de Vienne, remise le 5 juin 1792, à* LL. HH. PP.; *et le 8, par M. le greffier* Fagel, *à M. de* Maulde, *ministre plénipotentiaire de France à la Haye, qui en a remis copie à M. de la Hogue le 9; lequel a répondu le 12, et auquel* LL. HH. PP. *ont répondu le 26 juin.* »

« Le soussigné, chargé d'affaires de S. M. le roi apostolique de Hongrie et de Bohême, a l'honneur de s'adresser à M. le greffier *Fagel*, le priant de vouloir bien *porter à la connaissance* de LL. HH. PP. que les armes qui se trouvent actuellement au port de *Tervère* en Zélande, sont celles qui ont été vendues par le département de l'artillerie du roi aux Pays-Bas, à la maison *Jean Osy et fils de Rotterdam*, sous la condition expresse que lesdites armes seraient transportées aux Indes, et qu'il en consterait au gouvernement. Cette condition, bien loin d'avoir été remplie, *ne pourrait que trop facilement être éludée*, au préjudice du service de S. M. *par l'effet d'un contrat de rétrocession fait en faveur de divers acquéreurs.*

» *Le droit manifeste qui en résulte* pour le roi apostolique, *de réclamer sa propriété* (1) par le non accomplissement de la condition mentionnée, a motivé les ordres très-précis, en vertu desquels le soussigné est chargé de demander l'interposition et l'autorité de LL. HH. PP., *afin que leur exportation ne puisse s'obtenir*, SOUS AUCUN PRÉTEXTE QUELCONQUE. »

(Entendez-vous ces mots, mon dénonciateur: *Sous aucun prétexte quelconque?* Tout vous paraît-il expliqué?)

« Les états-généraux se prêteront sans doute avec d'autant plus d'empressement à cette mesure de justice, qu'ils ne sauraient manquer d'apprécier *dans leur sagesse* les raisons combinées qui ont porté le gouvernement général à s'attacher à la condition exprimée, *dont les circonstances*

---

(1) Il est joli *le droit*, quand il n'y a nulle époque fixée dans lesdits actes, et qu'*Osy* a fourni une caution de *cinquante mille florins*, et quand les tribunaux *de l'empereur même* ont fait adjuger ces armes au sieur *Lahaye*, sur la rétrocession d'*Osy!* Il est vrai que c'était avant qu'ils sussent que *Lahaye* me les céderait pour la France. Les manœuvres n'ont commencé, contre l'extradition des armes, que lorsqu'ils ont été instruits *par la loyauté de nos bureaux de la Guerre d'alors, que j'étais l'acheteur des fusils, et qu'ils étaient pour nos soldats.* Voilà ce que *Lebrun* n'a jamais ignoré. Ainsi, *le droit de l'empereur était aussi fondé, que l'ignorance de Lebrun, sur ce fait, était vraie!*

survenues depuis justifient trop l'objet POUR S'EN DÉ-
SISTER. »

(Entendez-vous encore ceux-ci, *Lecointre ?* Sentez-vous maintenant jusqu'à quel point vous fûtes abusé par le publiciste *Lebrun ?*)

« Fait à la Haye, le 5 juin 1792. »

Signé le baron de BUOHL SCHAVENSTEIN.

Or ce M. *Buohl*, au nom de l'Empereur, avait porté sur ces fusils les prétentions que vous venez de lire, et dont le ministre *Lebrun*, qui feint toujours de l'ignorer, a la preuve depuis six mois : dans cette même note de M. *Buohl*, du 5 juin 1792 ; dans notre requête du 12, présentée par M. *de Maulde* aux États-Généraux, en réponse à M. *Buohl*, avec une note pressante de notre ambassadeur : enfin dans la réponse de LL. HH. PP. du 26 même mois ; toutes lesquelles pièces *ont été remises à Lebrun, étant premier commis,* par M. Chambonas ; et depuis par moi-même, *en sa qualité de ministre.*

Et les complaisants Hollandais (grâce à leur molle politique) trouvaient les prétentions du sieur *Buohl* si justes, *qu'ils en arrêtaient nos fusils !* comme si la Hollande, où ces armes sont par *transit,* et dont *j'ai payé tous les droits,* devait, à ce *Buohl,* la complaisance *de vexer un Français,* pour plaire à sa gracieuse majesté, *très-impériale sans doute*, mais *nullement propriétaire!*

Vous avez vu comment LL. HH. PP., en répondant à notre requête du 10 juin *où nous demandions l'extradition des armes à grands cris*, disaient, dans leur réponse du 26, que les propriétaires (*qui sont* MOI) *avaient eux-mêmes renoncé à l'exportation de ces armes*. Puis, quand ces *vrais propriétaires* leur soutenaient avec respect qu'ils n'avaient dit nulle part *cette lourde bêtise* verbalement ni par écrit, *nos seigneurs* ne disaient plus rien, fumaient grâcieusement leurs pipes, *et gardaient encore mes fusils.*

Bien est-il vrai qu'ils ajoutèrent, dans leur réponse du 26 juin (*ce qui est plus intéressant*), que ces négocians (*toujours* MOI) étaient les maîtres de disposer, *d'après leur bon plaisir*, des neuf cent vingt-deux caisses, vingt-sept barils (*tonneaux*) de fusils et de baïonnettes, *dans* L'INTÉRIEUR *de la republique* : attendu que *l'importation de ces armes est permise* SANS RESTRICTION, moyennant *le payement des droits*, QUI ONT ÉTÉ ACQUITTÉS. (Acquittés *par moi*, M. Lecointre! acquittés *par moi*, M. Lebrun!) Ne perdons pas le fil du raisonnement des Hollandais : il est parfait.

Ils me donnent le droit de vendre mes armes

dans *l'intérieur*, *parce que j'ai payé les droits :* mais quels droits leur ai-je payés? *ceux de transit.* Admirez la justesse! parce que j'ai payé les droits qu'on nomme de passage, *celui d'entrée et de sortie*, ils gardent mes fusils sous clef! (Dieu bénisse les politiques, avec leurs fatals raisonnements!) Et c'est de cette nourriture qu'on alimente ma raison depuis neuf tristes mois, tant en Hollande qu'à Paris! *Hollandais! Buohl* et *Lebrun!* vous êtes tous de la même force!

Notez encore que ces États, *amis de l'empereur* François, me donnaient une permission (*que je ne leur demandais point*) de vendre ces fusils *en Europe, à nos ennemis qui les recherchaient à tout prix* (si c'est mon bon plaisir, disent-ils!), malgré que *l'empereur, leur ami*, eût exigé d'un Hollandais, que ces armes iraient à *Saint-Domingue*, sous peine *de* 50,000 *florins*, et malgré que LL. HH. PP., *à l'appui de cette sûreté*, eussent exigé de nous, en avril, *trois fois la valeur de ces armes.* Jeu puéril! tout était oublié. *Soldats français!* tout était bon, pourvu que vous ne les eussiez jamais! Et nos perfides ministres, en abusant *Lecointre*, et fesant publier *la chose*, viennent de faire gagner la partie à vos ennemis, par votre décret de novembre.

Hélas! nos seigneurs de Hollande nous trai-

taient comme gens qui ne méritaient pas qu'on se donnât la peine d'avoir raison en leur parlant! Moquerie outrageuse, que *Lebrun* connaissait! Et c'était votre ambassadeur, *ô Français!* qu'on bafouait ainsi! Car il appuya ma requête, *d'un très-fort mémoire de sa main, au nom de la nation française.* Mais pourquoi m'en étonnerais-je, lorsqu'il était bien plus baffoué par le ministre *de Paris*, que par le bureau de *la Haye!*

En demandant pardon à cet ambassadeur maltraité, vexé, rappelé; quoiqu'il soit bien dans la diplomatie un des hommes les plus forts que j'aye jamais rencontrés, un travailleur infatigable, à qui je donnerais très-hautement ma voix pour en faire *un ministre des affaires étrangères*, si on les choisissait sur leur capacité; hélas! j'en dis tout le bien que j'en sais, pour qu'il daigne me pardonner la contrariété que je me vois forcé de lui faire éprouver.

Pour revenir à mon affaire, je somme donc M. *de Maulde* de déclarer, sans nul détour, si tout ce que j'ai dit tenir de lui sur le *Constantini* est faux?

Je le somme de présenter la lettre qu'il a reçue à ce sujet de la veuve *Lombaert*, *d'Anvers*, sur la cession de mes fusils.

Et comme *le Constantini* est *vantar*, avec son parler un peu niais, je somme aussi M. *de*

Maulde de déclarer à la nation si ce que cet homme a dit en d'autres lieux; savoir : *qu'il donne un intérêt de 25 pour 100, sur tous ses achats de Hollande, à certain protecteur de son privilége exclusif, et lui en a remis* SA SOUMISSION; il ne le lui aurait pas dit aussi, dans ses vanteries accoutumées?

Je le somme encore de nous dire s'il ne lui a pas fait *quelque offre semblable, à lui-même,* pour fermer les yeux sur le tout, même y aider dans l'occasion?

Ce qui m'engage à peser sur ces faits, c'est le rappel, si brusque et sans motif, de cet ambassadeur, au moment où c'était un crime d'enlever de *la Haye* un homme aussi instruit des intérêts du nord, aussi aimé des Hollandais, très-estimé de leur gouvernement, quoiqu'on lui fît des avanies *par haine de notre nation;* au moment, dis-je, où tous les cabinets venaient se mêler, et se peindre *au cabinet statoudhérien;* comme tout l'horizon se peint sur la rétine de notre œil, grande comme un œuf de serin!

Et si, contraire au *trium-rapinat*, l'honneur de M. *de Maulde* l'a obligé de rejeter leur offre, je ne m'étonnerai plus de son brutal rappel, quoiqu'il fût l'homme le plus propre à nous bien servir en Hollande!

Des regards aussi vigilants auraient pu gêner

bien des choses! Eh! qu'est le bien de la patrie, près de M. *Constantini?* Il a bien mieux valu y envoyer *Thainville*, qui, tout aussi *vantar* que l'autre, leur disait noblement *au Hâvre*, en racontant *qu'il allait relever de Maulde : Je m'en vais à la Haye balayer toute la boutique!*

Cette diplomatie peut sembler un peu bien étrange à ceux qui savent combien il faut de vrai talent, de grâces, de ruse et de souplesse, pour faire supporter ces missions inquisitoriales!

Tels sont les gens qui mènent nos affaires, en fesant du Gouvernement un réceptacle de vengeance, un cloaque d'intrigues, un tissu de sottises, une ferme de cupidité!

Après avoir fini avec *Osy de Rotterdam*, et sans aucun égard aux menées de *Lebrun*, mais attendant ce qu'il me ferait dire par son nouveau collègue, *Pache*, j'écrivis à M. *de Maulde* une lettre officielle, le 21 novembre, ayant rapport à la réception de mes armes qu'il était obligé de faire, en qualité *de maréchal-de-camp*. J'y joins la lettre de ce ministre, en réponse à la mienne du 22.

Cette réponse de M. *de Maulde* exacte et fort honnête, comme tout ce qu'il écrit, est remarquable par trois points :

1° Par la conviction où il est que tous ces

revendeurs protégés, de marchandises hollandaises, Constantini et compagnie, ne me pardonneront pas de les avoir privés d'agioter sur mes fusils. *Je crois*, dit-il, *que, pour parer encore à quelque diablerie, car tous ces factieux d'agioteurs ne vous les économiseront pas*, etc.

2° Elle est remarquable, par sa très-franche volonté d'exécuter, sur ces fusils, les devoirs que lui imposait le traité du 18 juillet, d'après les ordres de *Lebrun, qu'il ne croyait point illusoires.*

3° *Par la fatigue qu'il avait des vexations sans nombre, que mon affaire n'avait cessé de lui faire éprouver depuis huit mois qu'il la traitait et la suivait auprès des États de Hollande.* (Voyez sa lettre.)

Il y en avait donc réellement *de longues et fatigantes vexations de la part des États de Hollande, sur cette affaire*, que l'ambassadeur vigilant ne perdait pas de vue depuis huit mois, dont il avait lassé les ministres de France, et dont *Lebrun*, qui se donne l'air aujourd'hui de s'instruire des faits par un nouvel agent, avait eu les oreilles battues, et les deux yeux frappés cent fois, comme premier commis, ensuite comme ministre, par vingt dépêches de M. *de Maulde* et par mes vives réclamations.

M. *de Maulde* m'envoyait, avec sa réponse,

25.

une lettre réquisitoriale *au commandant français à Bruxelles.* La voici :

La Haye, ce 22 novembre 1792, l'an 1ᵉʳ
de la République française.

CITOYEN,

« La présence de M. *Tomson* de Bruxelles étant absolument nécessaire dans ce pays pour terminer un achat d'armes fait par le citoyen *Beaumarchais* pour le gouvernement de notre république, je vous prie, citoyen général, de faire obtenir à M. *Tomson* le passe-port nécessaire pour ce voyage. Servir la patrie, voilà notre devoir et notre plaisir. L'aimer uniquement, voilà le culte digne de nous, vrais Français républicains. »

Signé EMM. DE MAULDE DE HOSDAN.

Le 24 novembre, je demandai à ce ministre plénipotentiaire de France, mais officiellement, copie des lettres que les différents ministres lui avaient écrites sur l'affaire des fusils. Il répondit *qu'il n'était pas d'usage qu'on donnât, en diplomatie, copie des lettres qui pouvaient parler d'autres choses, mais seulement de bons extraits.* Il voulut bien me les envoyer.

On peut remarquer cette phrase dans ma lettre : *Je ne vous parle plus de ce fatal cautionnement,* etc., *qui n'arrive jamais,* etc., *parce que la malveillance..... qui l'arrête ne vient nullement de votre part, et que vous en avez écrit plusieurs fois au ministre, comme je l'ai fait moi-même, etc.*

On peut remarquer *celle-ci* dans la réponse de M. de Maulde : *Il faut donc être en mesure de prêter ce cautionnement, ou nous ne tenons rien. Vous ne doutez pas* QUE JE NE RETRACE SOUVENT *cette observation* AU MINISTRE, *à qui je présume que le citoyen Beaumarchais écrit chaque courrier.*

Hélas oui, je lui écrivais. M. *de Maulde* lui écrivait. *Constantini* sans doute aussi lui écrivait. L'usage qu'il a fait des trois correspondances est l'exécrable et dernier acte de ce drame ministériel ; mais comme c'est la fin de tout, avant de vous le présenter, je dois vous mettre sous les yeux ma lettre pressante du 30, et la réponse de M. *de Maulde* sur la livraison de mes armes. Elles sont trop importantes pour ne les pas insérer dans le texte. Voici ma lettre.

La Haye, ce 30 novembre 1792,
l'an 1er de la République.

Citoyen ministre plénipotentiaire de France,

« J'ai l'honneur de vous prévenir que l'armurier de *Bruxelles*, que mon vendeur hollandais et moi avons été d'accord de faire venir à *Tervère*, pour y reconnaître en ma présence, et dans la vôtre, la quantité des armes en caisses qui y sont détenues depuis plus de sept mois, est enfin arrivé à *la Haye*, sur l'expédition du passe-port que le général français, qui commande à *Bruxelles*, lui a donné, d'après la demande que vous lui en avez faite vous-même.

» Je vous ai prévenu dans le temps, citoyen ministre, et ministre citoyen, que si nous préférions cet armurier brabançon à tout autre, c'est parce que, depuis le commencement de l'affaire, cet homme a été chargé d'abord de faire passer les armes des citadelles de *Malines* et de *Namur* en Zélande, ensuite de réparer la partie des fusils qui en avait le plus besoin ; qu'il a huilé et encaissé ces armes, et qu'il en a remis alors l'état certifié à mon vendeur, lequel me l'a remis depuis, en le certifiant lui-même.

» *La malveillance ministérielle, qui jusqu'à ce jour a retenu en France le cautionnement exigible tant demandé et tant de fois promis*, ayant servi de prétexte à la malveillance hollandaise, pour empêcher l'embarquement et l'extradition de ces armes, vous savez aussi bien que moi que le moment de résipiscence hollandaise, que nous devons aux grands succès de *Dumouriez*, est à peu près déjà passé, d'après le décret de la convention nationale, sur l'ouverture de la Meuse et l'Escaut. J'ai donc l'honneur de vous requérir, et même de *vous sommer* (pardonnez la rigueur du terme, à la rigueur des circonstances) ; j'ai l'honneur, dis-je, de vous requérir *et sommer* de vous transporter avec moi *à Tervère* pour y recevoir, *en votre qualité de maréchal-de-camp*, mon expropriation légale et la livraison réelle de ces armes payées depuis si long-temps par moi, au même instant où elle me sera faite à moi-même, au terme du traité passé le 18 juillet dernier entre le ministre de la Guerre, *Lajard*, et des affaires étrangères, *Chambonas*, d'après l'avis très-motivé *des trois comités, diplomatique, militaire et des douze réunis*, traité dont la teneur expressément reconnue par le ministre *Lebrun*, en date du 20 septembre, qui vous l'a envoyé par moi, vous y oblige, ainsi que l'ordre exprès que ce ministre vous a donné, pour la partie qui vous concerne dans ce traité, par sa lettre du 20 septembre que je vous ai remise à mon arrivée à *la Haye*.

» Pardonnez si je vous préviens, citoyen ministre plénipotentiaire, qu'à votre refus de le faire *à ma réquisition*; si une guerre, qui paraît malheureusement trop prochaine, entre la France et la Hollande, aidée de l'Angleterre, privait la patrie de ces armes qui lui appartiennent, soit par quelque pillage, ou l'usurpation que les Hollandais en feraient, *je me verrais forcé dès-à-présent d'en reverser* TOUTE LA RESPONSABILITÉ *sur vous, comme je l'ai déjà fait à Paris sur le ministère de France, pour le refus de fait qui existe de sa part, d'envoyer en Hollande le cautionnement exigé par le traité du 18 juillet, et d'en exécuter les conditions*, VOUS RENDANT GARANT, ENVERS LA NATION, *de toute la perte qui résulterait pour elle de votre refus de partir.*

» *J'ai dit et j'ai écrit au ministre Lebrun*, POUR ÊTRE MIS SOUS LES YEUX DU CONSEIL EXÉCUTIF PROVISOIRE, que je ne ferais pas une démarche en Hollande sans lui donner toute la rigueur des formes, *connaissant bien les motifs des oppositions, et mon intention étant de dénoncer à la nation toutes les lâches intrigues* dont nos ministres sont malheureusement investis et enveloppés, pour empêcher ces armes d'entrer en France.

» Agréez, citoyen ministre plénipotentiaire de France, les salutations respectueuses du vieux citoyen. »

Signé BEAUMARCHAIS.

J'étais malade ; ma lettre lui fut envoyée par un de mes amis, auquel il répondit.

La Haye, ce 30 novembre 1792.

Citoyen,

« Je ne puis que transmettre au citoyen *Caron Beaumarchais l'ordre impératif* du ministre de la Guerre. Il ne m'appartient pas de le commenter. Notre ministère nous astreint aux notifications qui nous sont imposées. Je les fais officiellement, c'est remplir mes obligations. *Je sais, comme particulier, ce que l'honneur et la justice me prescrivent*, et je n'aurai jamais besoin à cet égard de consulter personne. Mais, *comme garçon ministre*, subordonné dès-lors, je ne puis qu'obéir. Vous sentez qu'il ne m'est plus possible de me rendre *à Tervère*. Il est vraisemblable que les causes *d'un ordre qui m'étonne* seront bientôt manifestées ; peut-être même en serez-vous plus tôt instruit que moi, *car les nouvelles m'arrivent bien lentement.*

» Votre concitoyen,

Le ministre plénipotentiaire de France,

Emm. de Maulde de Hosdan. »

Sa lettre contenait la copie officielle d'une autre lettre du ministre *Pache*, très-importante à lire, pour juger du désordre et de la profonde ignorance où vivaient tous les malveillants qui ont fourni les matériaux de ma dénonciation ; lettre que *Lebrun* envoyait, *toute ouverte*, au citoyen *Maulde*, avec un mot de lui (ce qui la rend plus digne de remarque), à *Maulde* qu'il nommait encore *ministre plénipotentiaire à la Haye*, quoiqu'il y eût un mois que Thainville *qui le balayait*, était parti en poste, *avec son balai, de Paris.*

O désordre ! ô contradiction ! Je jure que tout marche ainsi dans ce fatal département.

Lettre du Ministre LEBRUN.

Paris, le 20 novembre 1792,
l'an 1er de la République.

« Le ministre des affaires étrangères envoie la lettre ci-jointe au citoyen *Maulde*, que vient de lui remettre le citoyen ministre de la Guerre. »

Lettre du Ministre PACHE. (*Artillerie.*)

« Je vous prie, Citoyen, de mettre le plus de célérité qu'il vous sera possible à m'informer si, en conséquence de l'invitation qui a pu vous être faite à la fin d'avril ou au commencement de mai dernier, vous avez, conjointement avec le maréchal-de-camp *la Hogue*, fait vérifier et constater l'état et la quantité des fusils et autres armes à feu déposés au port de Tervère au compte *de Caron Beaumarchais*, et si vous avez fait ficeler et cacheter les caisses qui les contiennent, afin qu'elles restassent dans leur intégrité.

» Si vous avez eu mission, Citoyen, pour faire cette opération, et que vous l'ayiez remplie, je vous prie de ne pas différer un instant à m'en faire part, et de surseoir, en attendant, à toute vérification ultérieure à cet égard.

» Si, au contraire, vous n'avez eu ni mission à ce

sujet ni opération à faire, il convient que, sous quelque prétexte que ce soit, vous n'en commenciez aucune, jusqu'à ce que, d'après les renseignements que je vous prie de me donner à cet égard, je vous fasse connaître le parti à prendre ultérieurement. »

Signé le ministre de la Guerre, Pache.

« *Au-dessous est écrit :*

« Pour copie demandée par le citoyen Beaumarchais, le premier décembre au matin. »

Signé Leroy d'Herval, *secrétaire*.

Réellement, on ne sait par où prendre ce chef-d'œuvre ministériel pour en faire le commentaire. Certes, ce n'est point là l'ouvrage de M. *Pache*. Un ministre sensé n'écrit point de telles sottises sur une affaire qu'il ignore, et quand il se doute, surtout, qu'il pourra être relevé. Mais le hasard, joint à mes réflexions, m'a fait trouver encore le mot de cette absurde énigme.

La lettre est d'un commis, fabricateur des fausses instructions qui ont trompé le citoyen *Lecointre*.

Avant de parler de cet homme, commençons d'abord par commenter sa lettre, signée *Pache*.

(*La lettre.*)

Je vous prie (dit le ministre mal instruit à l'ambassadeur bien instruit) *de m'informer si,* *en conséquence de l'invitation qui a pu vous être faite à la fin d'*AVRIL*, ou au commencement de* MAI *dernier, etc ....*

— Que parle M. *Pache des mois d'avril et de mai ?* Est-il possible qu'il ignore que les ordres donnés par le *ministre Brun* au citoyen *ministre Maulde* sont du 20 septembre dernier ? lesquels ordres portant, de recevoir mon expropriation à *Tervère*, aux termes de *l'article 8 du traité du 18 juillet*, ne peuvent avoir aucun rapport à ce qui existait avant *en fin d'avril*, temps auquel cette livraison devait, par moi, se faire au *Hâvre*, et sur laquelle M. *de Maulde* n'avait eu ni invitation ni aucun ordre de personne ; *car il n'était pas en Hollande.*

(*La lettre.*)

Si, en conséquence de l'invitation d'avril..... vous avez, conjointement AVEC LE MARÉCHAL-DE-CAMP LA HOGUE...

— Grand-merci, M *Pache* : pour mon ami *la Hogue*, le voilà, grâce à vos commis, *maréchal-de-camp, en avril*, lui qui n'y a jamais songé ; et vous lui faites ce ridicule honneur, sur ce que, *le 18 juillet*, un traité fait par deux ministres, sur l'avis de trois comités, enjoint au citoyen *de Maulde*, en qualité de *maréchal-de-camp*, de recevoir la livraison des armes de mon ami, M. *de la Hogue*, *nullement maréchal-de-camp*, mais chargé de faire, *pour moi*, la livraison à cet ambassadeur, *en vertu du traité passé le 18 de juillet.*

Si de pareilles lettres sortaient d'un des cabinets ennemis, que de rires nous en ferions! comme nos gazetiers de *Liége* s'en extasieraient de plaisir! Je vois ici le *commis rédacteur* se pavanant de sa sagacité. Il me rappelle un chasseur gentilhomme, qui, voulant se donner un air savant sur la mythologie, avait nommé son chien *Thisbé*, et sa chienne *Pirame*, *et s'en pavanait devant nous.* Je vous dirai dans un moment quel est ce sage commis-là.

(*La lettre.*)

Si vous avez, conjointement avec le maréchal-de-camp la Hogue, fait vérifier..... et fait ficeler et cacheter les caisses, (*et toujours en avril*). — Suivant l'ordre donné, comme je l'ai dit plus haut, le 20 septembre suivant, remis le 12 octobre au citoyen *Maulde*, par moi, missionnaire de M. *Lebrun.*

(*La lettre.*)

Et si vous l'avez faite, CETTE VÉRIFICATION, *je vous prie de surseoir à toute vérification ultérieure*. — Surseoir à la vérification d'une vérification faite et consommée ! Tout cela est d'une justesse, et je dirais, d'un sens exquis.

(*La lettre.*)

Si, au contraire, vous n'avez eu ni mission à ce sujet ni opération à faire, il convient que vous n'en commenciez aucune.

A quel titre M. *de Maulde* en commencerait-il, s'il n'en a eu la mission de personne ? lui, ministre de France, qui ne fait rien sans ordre, et de plus *maréchal-de-camp ;* titre que je lui restitue : il y a trop long-temps que l'on en pare *mon ami*, qui n'y a jamais prétendu.

Restituons aussi l'honneur d'avoir fait cette lettre, à qui il appartient, car M. *Pache* l'a seulement signée. M *Lebrun*, qui sait le fond des choses, la lit et nous l'envoie ouverte, sans se soucier le moins du monde qu'elle ait le sens commun, ou non ; et nous disions en la lisant : La tête a-t-elle tourné à tous les chefs et à tous les commis ?

Je me mets à vos pieds, ô citoyens législateurs, pour obtenir votre indulgence sur le ridicule détail où je me vois forcé d'entrer ! Mais il est si fort inhérent *à cette dénonciation* qui vous a fait lancer *un décret contre moi*, que je les crois de même main !

Et vous, *mon dénonciateur !* Pardonnez-moi,

ou plutôt sachez-moi bon gré de prouver à *la Convention*, que ces imposteurs matériaux ne sont nullement votre ouvrage; que vous avez été trompé, vilainement trompé par ceux qui ne m'ont éloigné de France que pour m'assassiner avec impunité. Voici le fait :

J'avais chargé spécialement le chef de mes bureaux, mon fondé de pouvoir, de tourmenter M. *Lebrun* pour m'obtenir une réponse *à quatre lettres successives*. Il m'écrit qu'il n'a pu parvenir à rien tirer de ce ministre, ni sur ses réponses en retard, ni sur le cautionnement promis; qu'il lui a constamment trouvé tout l'embarras que je lui avais vu ! Ce fut au point que, pour se tirer de mon homme, sans laisser échapper le noir projet qu'il méditait, il renvoya le pressant questionneur à un *sieur du Breton*, des bureaux de la guerre; lequel, après l'avoir poliment renvoyé dans des bureaux trop peu instruits, finit par l'adresser à un *sieur H****....... Mais laissons raconter à mon fondé de pouvoir, qui l'a subie, la ridicule scène qu'il eut avec cet *H****. C'est sa lettre que je copie.

« Ce *M. du Breton*, dit-il, a fini par m'adresser à M *H****, dans les premiers bureaux duquel j'ai trouvé une foule de gens qu'il a fallu laisser expédier avant que mon tour arrivât. Enfin, j'ai pénétré jusqu'à son cabinet.

» Un peu surpris de l'air égaré de cet homme, pour

m'assurer si c'était lui, j'ai débuté, lui demandant si j'avais l'honneur de parler à M. H***, qui, l'œil hagard, le teint enflammé, le poing fermé, m'a dit d'une voix de tonnerre, et avec l'expression de la fureur : *Tu n'as point l'honneur, je ne suis point Monsieur ; je m'appelle H***.*

» Interdit d'une telle réception, j'étais prêt à m'enfuir ; mais considérant que le personnage n'était point imposant, et voulant remplir ma mission, je lui ai répondu avec sang froid : « Pardon, citoyen, si j'ai mal débuté avec toi ; mais considère que les gens du commencement du siècle ne s'habituent pas, en une seconde, au grotesque langage de sa fin ? Au surplus, c'est donc ta manie de te faire tutoyer ! Pourrais-je te parler seul ! je suis renvoyé à toi par un ministre qui se nomme *Lebrun*, pour savoir où en est l'affaire *du cautionnement tant promis à M. Beaumarchais*, sur lequel on lui a donné tant de paroles, qui toutes ont été sans fruit ? Voilà ma question : tu peux répondre. — *A qui parlai-je ? — A Gudin* (*), fondé de pouvoir de l'homme que j'ai nommé, et qui te demande une parole positive.

» *L'affaire dont tu me parles*, me répond H***, *est une affaire sur laquelle je suis occupé à jeter un coup d'œil sévère. Beaumarchais a trompé Lajard, qui, comme un sot, s'est mis à la place de Beaumarchais*, PAR UN MARCHÉ QUE JE PRÉTENDS DÉTRUIRE (1) ; *je vais le faire imprimer avec le premier pour que le public puisse juger lui-même et l'affaire et l'homme. —* Vous le pouvez, Monsieur, lui dis-je, et je ne doute pas que, sur votre

---

(*) Frère de l'homme de lettres.
(1) Ici le bout d'oreille du délateur se montre.

réponse, que je vais lui faire passer, il ne prévienne vos intentions hostiles, et n'instruise ce public, que vous interpellez, *des torts des ministres à son égard, et de la manière utile* dont il a cherché à servir la nation, à laquelle la publicité que vous voulez donner à cette affaire, arrache cinquante-trois mille armes dont elle a le plus grand besoin. — Nous n'avons point besoin d'armes, répond *H**** en courroux ; nous en avons plus qu'il ne nous en faut : *qu'il fasse des siennes ce que bon lui semblera.* — C'est là votre réponse ? — *Je n'en ai point d'autre à te faire !*

» J'aurais bien reparti que vous n'aviez trompé *personne*, ni traité avec *Lajard* seul ; que c'était *avec trois comités réunis, de l'assemblée législative, et deux ministres, que vous aviez traité :* mais j'ai pensé que s'il avait l'audace d'imprimer, il fallait vous laisser la gloire de la victorieuse réponse que vous avez à faire, en produisant l'avis des comités, et les éloges *qu'ils ont donnés à votre civisme connu.*

» Tel est, Monsieur, le résultat de mes démarches auprès de *M. Lebrun.* Il est visible que cette fin d'affaire est un piége affreux qu'on vous tend : il est prouvé qu'on voit avec plaisir que vous y avez compromis une partie importante de votre fortune. Il ne s'agit plus pour vous de solliciter ni faveur ni justice. Ce n'est plus cela qu'il faut obtenir, c'est vengeance ! *c'est adresse à la convention*, et la punition des coupables.

» J'ai l'honneur de vous répéter *que l'on ne veut point de vos armes : ils veulent votre ruine entière ; vous compromettre, si on le peut, aux yeux de toute la nation, pour vous perdre avec plus d'audace !*

» Je viens d'écrire à *H****, que je n'ai pas bien compris ce qu'il m'a dit ; que, pour ne pas hasarder près de vous une lettre insignifiante sur une affaire aussi importante, il convient qu'il me trace de sa main ce que j'ai mal entendu.

» Voici ma lettre à H***, absolument dans son beau style :

« Je t'avais demandé un entretien particulier, et ton cabinet se remplissait à mesure que je te parlais. Je ne t'ai pas bien entendu ; écris-moi ta réponse, parce que je dois la transmettre à mon commettant. Voici ma question : *Donnera-t-on le cautionnement tant de fois promis et non obtenu ?* Tu vois que j'ai profité de ta leçon ; que la la politesse est bannie de notre société ! *Sois vrai*, c'est tout ce que je te demande. Adieu, H*** : j'attends ta réponse. Avec un homme de ton caractère on ne doit point attendre. »

Signé Gudin, républicain tout aussi fier que toi.

Il nous revient une réponse de ce burlesque homme d'État, nommé, dit-on, *le Lièvre*, qui, *allemagnisant* son nom pour qu'il fût moins commun, et presque aussi original que lui, s'est fait appeler H***; comme qui dirait *aimant le lièvre*. Mais, avant de la présenter, rappelons-nous sa réponse verbale, si sage et si digne de lui. *Nous n'avons aucun besoin d'armes*, nous en avons plus qu'il ne nous en faut, *et qu'il fasse des siennes tout ce que bon lui semblera.*

Quoi ! monsieur, c'est sérieusement que vous nous dites ces folies ? quand il s'en faut de plus de 200,000 fusils, que nous n'en possédions le nombre nécessaire? Votre ministre *Pache*, bien mieux instruit que vous, surtout plus véridique, répond, en ce mois de janvier, *au conseil général de la commune de Paris*, d'un autre ton que son chef de bureau.

« J'ai reçu la lettre que vous m'avez écrite, par laquelle vous demandez le remplacement des armes que les citoyens de Paris ont données. Malgré l'envie que j'ai d'armer promptement les citoyens de Paris, il m'est impossible d'effectuer, QUANT A PRÉSENT, le remplacement d'armes que vous demandez : LA RÉPUBLIQUE SE TROUVE DANS UNE TELLE PÉNURIE D'ARMES, que je puis à peine suffire à l'armement des bataillons de volontaires qui demandent à voler à l'ennemi..... »

Signé PACHE.

Certes, il y a quelqu'un qui ment, entre le maître et le commis. Ce n'est point le ministre ; et j'en trouve la preuve dans la réponse du commis, à *Gudin*, mon chef de bureau.

« Détruisons l'obscurité !

» La question que tu poses : *Donnera-t-on le cautionnement tant de fois promis et non obtenu ?* n'est point du tout celle à laquelle je puisse et je doive répondre.

» Il faut, avant tout, que j'aye une réponse décisive à cette question : *A-t-on rempli les engagements du premier et du deuxième marché?* Rien ne le dit dans la correspondance et dans les pièces qui sont dans les bureaux. »

Mes lecteurs doivent être instruits que le sage H*** (garçon de fourneau d'un chimiste, avant d'être premier commis), au lieu de souligner les phrases qui le sont dans cette copie, les a écrites en encre noire, le reste de l'épître étant à l'encre rouge. Les savants ont beau faire, ils ne sauraient se déguiser ! *Gudin* lui réplique à l'instant :

« Tu réponds à ma question par une autre : cela n'est plus répondre. Et cependant tu dis : *Détruisons l'obscurité !* Ce que je demande est le mot de l'affaire ? Sans cette satisfaction, elle est perdue. *Est-ce à ceux qui mettent les entraves à demander si les engagements sont remplis ?* Si ce que tu as de la correspondance est insuffisant pour t'éclairer, *on ne t'a pas tout remis*.

» L'homme dont je stipule les intérêts, *n'en a rien perdu ni égaré*. Elle lui a déjà servi à lui sauver la vie, à lui mériter les certificats du civisme le plus pur. J'aime à me persuader qu'elle lui servira encore dans cette occasion.

» Tout homme qui voudra l'examiner sans prévention, n'y verra que gloire pour lui !

» Au surplus, si tu cherches la vérité, dis-moi sans nul détour *en quoi consistent les engagements du premier marché, ainsi que ceux du second, dont tu aurais à reprocher l'inexécution ?* »

Le Huron n'a plus répondu ; mais il a fait la belle lettre signée *Pache*, à *M. de Maulde*, sur le *maréchal-de-camp la Hogue* et sur moi ;

où l'on voit le gâchis que j'ai analysé, et que j'ai appelé *chef-d'œuvre d'ignorance.* J'en demande pardon à *Pache.* Qui l'obligeait à signer cette lettre d'un inseusé ? Et c'est ce M. H✶✶✶ qu'on charge des dépouillements d'une affaire aussi capitale, qui n'a pas la moitié des pièces, qui ne sait ce qu'il lit, pas plus que ce qu'il trace ; lequel, bien ignorant des faits, mais n'en voulant pas moins détruire (*ainsi qu'on le voit s'en vanter*) un traité dont il ne sait rien, pas même les clauses qu'il contient, a fait tout le travail *de mon accusation*, travail dont l'ineptie m'avait tant étonné, avant d'être averti qu'il était du *Lièvre.*

O dieu ! que la défense est épineuse et longue, sur l'attaque la plus absurde, quand on ne veut rien oublier ! Hâtons-nous, finissons. Le défaut d'intérêt tue la curiosité.

Je reprends mon triste narré.

Le premier décembre, on m'apporte la gazette *de la Haye*, et j'y lis l'article qui suit :

Paris, le 23 décembre 1792.

« Hier, cent vingt mandats d'arrêt étaient déjà décrétés. Aussi était-on hier occupé à poser le scellé sur tout, dans la maison de *Beaumarchais*, qui est membre et appartient A LA CLIQUE DES CONSPIRATEURS, et a écrit diverses lettres à *Louis XVI.* »

Ensuite elle donnait un compte rendu sur l'affaire des fusils, fait de main de maître......Gonin. Cet extrait de gazette, traduit par un notaire juré de Londres, et légalisé par M. *Chauvelin*, ministre plénipotentiaire de France, vous sera remis.

En lisant, je souriais et je disais : c'est avec ces fausses nouvelles que les gazetiers étrangers désaltèrent la soif qu'on a partout des événements de *Paris*, lorsque divers avis d'amis très-bienveillants m'arrivent et me préviennent *que si je veux apprendre le comble des horreurs à mon sujet, je n'ai pas un instant à perdre pour les aller chercher à Londres, mes amis n'ayant pas osé me les envoyer à la Haye*, etc.

Je cours chez M. *de Maulde* le prévenir que je pars à l'instant, mais que je reviendrai sous peu. J'étais invité à souper, j'attends dans son salon. Sur la remise d'un paquet, il venait de passer chez *le grand pensionnaire*. Je partis, et le lendemain je lui écrivis ce qui suit :

Du Paquebot qui me passe à Londres, ce 2 décembre 1792, l'an 1er de la République française.

CITOYEN MINISTRE PLÉNIPOTENTIAIRE,

« Une nouvelle fort étrange que je trouvai hier dans la gazette hollandaise à mon sujet, m'avait déterminé à partir pour *Amsterdam* ; mais la confirmation de cette nouvelle qui m'a été apportée de deux endroits différents, avec avis d'une de ces deux parts, *que si je voulais avoir les plus grands détails sur l'infamie qu'on veut me faire en France, auprès de la* CONVENTION NATIONALE, *je les trouverais en Angleterre*, m'a, sur-le-champ, déterminé à partir pour *Londres*, au lieu d'aller à *Amsterdam*. Je voulais avoir l'honneur de vous faire part de cette résolution; mais on m'a dit que vous étiez chez M. *le grand pensionnaire.* On m'accuse d'avoir écrit plusieurs lettres à *Louis XVI. C'est une scélératesse qu'on me fait pour parvenir à une friponnerie.* Je n'ai de ma vie eu l'occasion d'écrire à ce prince, sinon la première année de son règne, il y a plus de dix-huit ans. Sitôt que j'aurais vu *à Londres* de quoi il est question au fond, je pars à l'instant pour *Paris*, car il est temps que la *convention nationale* soit instruite de tout, ou je reviendrai *à la Haye* terminer avec vous l'interminable affaire des fusils *de Tervère.*

» Recevez, ministre citoyen, les assurances les plus sincères de la gratitude du vieux citoyen persécuté. »

Signé BEAUMARCHAIS.

Arrivé par miracle *à Londres*; après avoir manqué périr, comme le bâtiment qui nous suivit de près, et qui portait des émigrés français, la première phrase que j'y lus, en ouvrant mon paquet, fut celle-ci :

« *Si vous lisez ceci en Angleterre, rendez grâce à genoux, car un Dieu vous a préservé !* » Suivaient les détails bien exacts des manœuvres de nos ministres; et ce sur quoi l'on m'invitait surtout à rendre grâce au ciel, était que *si l'on m'eût arrêté en Hollande*, où l'on avait dépêché un courrier extraordinaire, pour m'amener pieds et poings liés, *on comptait bien que je n'arriverais pas vivant à Paris* ; car ce qu'on y craignait le plus, c'était ma justification, *dont j'avais trop*, dit-on, *menacé les ministres !*

» J'écrivis sur-le-champ au citoyen *de Maulde* la lettre suivante : je supplie qu'on la lise avec quelque attention, à cause de la réponse qui me fut faite, non par lui, mais par un de mes amis de la Haye. »

A M. DE MAULDE.

Londres, ce 7 décembre 1792,
l'an 1er de la République française.

CITOYEN MINISTRE PLÉNIPOTENTIAIRE,

« Les instructions que mes derniers avis me disaient de venir chercher promptement à *Londres*, parce qu'on n'avait pas cru bien sûr de me les envoyer *à la Haye*, étaient très-importantes. Elles me détaillent fort au long le plan de mes ennemis contre moi. On m'assure même qu'aussitôt qu'ils auront obtenu le fruit de leur trame odieuse, ils doivent vous envoyer l'ordre *de me faire arrêter en Hollande.*

» Ce serait une chose piquante *si ce ministre étrange des affaires étrangères* allait vous expédier un courrier pour cela ! *lui qui ne vous en a jamais envoyé un seul pendant tout le temps de votre ambassade ! lui qui a laissé relâcher, et n'a rien fait pour l'empêcher, les fabricateurs d'assignats ;* si, pour servir de cupides intérêts, il allait se montrer, pour la première fois, vigilant au point de vous charger, *par un exprès*, de la plus ridicule commission auprès des états-généraux, en me donnant la préfé rence d'une inquisition si atroce, quand la Hollande est pleine d'ennemis déclarés qu'on y laisse tranquilles, et à qui elle accorde une très-paisible retraite; il serait tout aussi étrange que *cette haute puissance*, soumise aux fantaisies de toutes les autres, crût qu'elle doit obtempérer à la honteuse demande de *Lebrun !*

» Mais, pardon de mon bavardage, mon voyage d'Angleterre vous dégagera de tout embarras à cet égard, si par hasard on vous le donne. Je n'ai besoin ni d'exempts ni d'archers pour me rendre en cette capitale infortunée, où tous les genres de désordre *attendent que la convention s'occupe enfin de nous donner des lois*. On l'en empêche autant qu'on peut : et moi, je lui demande, *par une pétition* très-forte, de garantir *ma tête* du poignard de mes assassins; puis je pars sur-le-champ pour la soumettre au fer des lois, auquel seul je la dois, si j'ai les torts qu'on me reproche.

» Recevez les salutations respectueuses du citoyen le plus persécuté. »

Signé Caron Beaumarchais.

Certain alors, à n'en pouvoir douter, de l'horrible farce jouée, je rendis grâce au ciel de m'avoir encore préservé.

Mais ne sachant plus où écrire à ma famille errante et désolée, je mis dans les journaux anglais *la lettre à ma famille*, qu'on a tant critiquée et qu'on peut relire à présent. (*Voyez les lettres*.) Les Français, si prompts à juger, ne la regarderont plus comme une évasion de ma part. On cessera de trouver indécent que j'y aye versé le mépris, sur *cette misérable affaire des fusils*, (ainsi que je la nomme), et que je me sois cru seulement décrété *sur le dénoncé, aussi faux que terrible, d'une correspondance coupable,* dit-on, *avec* Louis XVI.

Sans cette explication que je donnais moi-même à *l'empressement d'un courrier envoyé jour et nuit par* Lebrun, *pour me garrotter en Hollande, et m'amener en France* avec scandale, de brigade en gendarmerie, jusqu'à la catastrophe horrible, qui m'eût enterré je ne sais où ! quel homme aurait pu croire à l'aveugle rage des ministres? Eh bien! c'était là leur projet! *On me le mandait de Paris.*

Le ministre *Lebrun* qui sait mieux que personne combien les gazetiers sont bavards, craignant avec raison qu'ils n'eussent divulgué le fait de mon arrestation, se hâta d'envoyer son courrier *à la Haye* pour jouir de la volupté d'être le premier à me l'apprendre. Mais, heureusement pour les hommes, l'art de deviner les méchants fait autant de progrès que leur art de se déguiser!

Je veillais pendant qu'il veillait, et mes amis veillaient autour de lui, sans qu'il pût s'en douter, malgré ses hauts talents pour nuire.

Voyant que j'avais la vie sauve, tout prétexte a semblé si bon, pour m'écraser dans ma fortune, qu'au jour *où ma lettre à ma femme* parut dans les journaux anglais, changeant et de thèse et de plan, sur cela seul que je datais *de Londres*, on a crié partout : *Émigré! Émigré!* Comme si un homme libre, ou auquel on le fait accroire sorti de France avec un passe-port tel que celui que l'on peut lire en note; sorti *chargé d'une mission*

---

(1) LIBERTÉ, ÉGALITÉ.

AU NOM DE LA NATION.

A tous officiers civils et militaires, chargés de maintenir l'ordre public dans les 83 départements, et de faire respecter le nom Français chez l'étanger, laissez passer librement *Pierre-Augustin-Caron Beaumarchais*, âgé de soixante ans, figure pleine, yeux et sourcils bruns, nez bien fait, cheveux châtains rares, bouche grande, menton ordinaire, double taille de cinq pieds cinq pouces, *allant à la Haye en Hollande*, avec son domestique, *chargé d'une mission du gouvernement.*

A Paris, le 18 septembre 1792, l'an 4e de la liberté, 1er de l'égalité.

Le conseil exécutif provisoire,

Signé Lebrun, Danton, J. Servan, Clavière.

Par le conseil exécutif provisoire,

Signé Grouvelle, *secrétaire.*

Vu à la municipalité du Hâvre, le 26 septembre 1792, *l'an premier de la république française.*

Signé Rialle, *maire.*

du gouvernement de la France (car c'est là le style du mien), quoiqu'au fait, il n'en ait aucune, devenait émigré, parce qu'il passe pour affaires, *de la Haye*, pays étranger, *à Londres*, pays étranger.

Vous venez, citoyens, de la voir dans tous ses détails, cette superbe mission que le ministre *Brun*, usant de mes lumières, de mes talents, de mon expérience, m'avait donnée chez l'étranger. Vous savez maintenant que cette mission était celle d'y aller attendre *qu'on profitât de mon absence* pour élever un orage *à Paris* contre moi, dont la présence avait déjoué pendant six mois tous leurs projets ; moi, qu'ils nommaient, dans leur fureur, *un vrai volcan d'activité !*

Et le grand *balayeur Thainville*, nouvel envoyé *à la Haye*, où il fait d'excellent ouvrage, qui avait *balayé* (pour me servir de sa noble expression) *toute la boutique de Maulde*, de cela seul, que je ne m'étais pas aussi laissé *balayer* de son fait, dans un passe-port qu'il donnait à mon pauvre valet malade, m'appelait, de grâce, *fugitif émigré !* Mais fugitif, de quoi ? fugitif *de Thainville ?* Le beau motif pour sortir de *la Haye !* Émigré, d'où ? de la Hollande ? mais ce pays, Monsieur, n'appartenait pas à la France. Émigrer (dans notre acception), n'est-ce pas s'échapper *de l'intérieur à l'extérieur*, en coupable ou en fugitif, et non passer très-librement de *l'extérieur à l'extérieur?*

Et sur ce cri fatal, *émigré! émigré!* voilà qu'on met chez moi, scellé, double scellé, double gardien, triple gardien; et qu'avec un raffinement de cruauté de cannibale, *un homme préposé au maintien du bon ordre* choisit exprès l'horrible nuit pour venir, avec des soldats, croiser des scellés déjà mis, et faire expirer de terreur la femme et la fille de celui qu'on n'a pas pu assassiner, et qu'il insultait lâchement, comme tous les hommes vils le font, quand ils se croient les plus forts. Qu'importe si j'ai tort, ou non, sur l'atroce affaire des fusils ? N'est-il pas clair que je suis *émigré*, puisque, sur des avis pressants, je suis allé de la Hollande à *Londres*, y recueillir des instructions sur la seule, l'unique affaire qui m'eût fait quitter notre France, avec un passe-port et une prétendue mission, signés du ministre *Lebrun*, et *griffés* par tous ses collègues?

Voilà, dans tout pays, comment agit l'aveugle haine, et surtout comme elle raisonne. Mais je distingue ma patrie, de tous ces artisans de meurtres. J'étais si sûr de leurs motifs, que j'écrivis à ce sujet au ministre de la justice, le 28 décembre, ce qui suit :

De la prison du Ban du Roi, à Londres, le 28
décembre 1792, l'an 1ᵉʳ de la République.

Partie le 28, à onze heures du soir.

CITOYEN MINISTRE DE LA JUSTICE DE FRANCE,

« J'apprends, dans cette solitude, par des nouvelles de *Paris*, du 20 décembre, que, mettant en oubli toute autre attaque contre moi, que ma lettre imprimée dans les journaux étrangers du 9 décembre, on en conclut, en France, que je suis émigré : qu'en conséquence, et sans s'occuper davantage de la très-ridicule affaire des fusils de Hollande, où j'ai cent fois raison, on va, dit-on, vendre mes biens comme ceux d'un pauvre émigré, soit que j'aye tort ou raison, sur l'exécrable calomnie qui a fondé *mon décret d'accusation*.

» Je vous déclare donc, ministre citoyen, comme au chef de notre justice, que, loin d'être émigé, ni de vouloir le devenir, je suis bien plus pressé de me justifier hautement devant *la convention nationale*, qu'aucun de mes ennemis n'est curieux de m'y voir ; et que, sans l'affreuse traversée que j'ai faite en ce temps déplorable, où j'ai manqué de périr, et qui m'a enlevé mes forces et ma santé ; surtout, que sans un accident, suite de toutes les injustices que j'éprouve dans mon pays, je me rendrais à l'instant à sa barre.

» Mais un de mes correspondants de Londres, qui, dans cette affaire des fusils, après tout déni de justice de votre pouvoir exécutif, lequel m'a mis au dépourvu, m'avait aidé de dix mille louis d'or, apprenant aujourd'hui que mes biens sont saisis en France, sous prétexte d'émigration, et que j'y voulais retourner pour prouver le contraire, m'a demandé caution pour cette somme ; et, sur l'impossibilité de la lui donner sur-le-champ, m'a fait mettre en arrestation dans la prison du Ban du Roi, où je languis du besoin de partir, en attendant que des amis, à qui j'écris, me rendent le service de me cautionner pour les dix mille louis que je dois; ce que j'espère obtenir pour réponse.

» Je vous préviens, ministre de justice, que, pendant que mon corps est privé de toutes ses forces, mon esprit soutenu par une juste indignation en a conservé assez pour dresser *une pétition à la convention nationale*, dans laquelle je la prie, pour unique faveur, de me garantir du coup de poignard qu'on me destine (et j'ai trop de fois raison pour qu'on ne me le destine point); de m'en garantir, dis-je, par une sauve-garde, qui me permette d'aller me justifier hautement devant elle. Je m'engage, dans cette pétition, de consommer ma ruine, en donnant à la France mon immense cargaison d'armes, sans aucun payement de sa part, si je ne prouve pas, au gré de ma patrie, de tous les honnêtes gens, qu'il n'y a pas un seul mot dans toutes ces dénonciations, qui ne soit une absurde fausseté, une fausseté absurdissime ! J'y engage non seulement mes armes, mais toute ma fortune et ma vie; *et la convention nationale* aurait *ma pétition* depuis plus de huit jours, si les ouvrages français s'imprimaient aussi vîte à *Londres* qu'à *Paris*.

» Ne pouvant me traîner, je me serais fait porter à sa suite, eussé-je dû mourir, arrivant à *Paris*; mais je suis en prison jusqu'aux réponses d'outre-mer : d'ailleurs j'avais pensé que, dans l'horrible fermentation qu'ils ont excitée contre moi, pendant mon absence de France, uniquement pour que je n'y pusse arriver, je devais me faire précéder au moins par un commencement de justification ; car j'ai la conviction en main qu'on a voulu me faire assassiner pour m'empêcher de faire avec éclat une justification pleine et satisfaisante. Les écailles tomberont des yeux sitôt qu'on m'aura entendu, et je courrai me faire entendre sitôt que mes amis m'auront envoyé une caution.

» Cette affaire des fusils est si atrocement absurde, que je n'eusse jamais cru à *un décret d'accusation* sur elle, si la gazette de la cour de *la Haye*, du 1ᵉʳ décembre, n'eût articulé très-positivement ces mots, après la dénonciation des fusils :

» *On a été occupé, hier, 22 novembre, à mettre les scellés partout dans la maison de* Beaumarchais, *qui figure aussi parmi les grands conjurés, et a écrit plusieurs lettres à Louis XVI.*

» Je ne mets que la traduction, mais j'écris à *la Haye* pour qu'on m'envoie une demi-douzaine d'exemplaires de cette gazette du premier décembre, à *Paris;* c'est la seule accusation qui m'ait uniquement occupé. L'autre est aussi trop maladroite, et je ne tarderai pas à le prouver d'une façon qui ne laissera rien à désirer.

» A l'instant où je fais partir cette lettre, ministre citoyen, j'envoie chercher mon médecin pour savoir dans quel temps il croit que je puisse soutenir la voiture de terre et de mer. Ma caution arrivée, je pars sur-le-champ pour *Paris;* car ce n'est pas la frayeur de la mort qui peut m'empêcher de partir, c'est la crainte au contraire de mourir sans être justifié, et par conséquent sans vengeance d'une aussi longue série d'atrocités, qui me fera braver tous les dangers.

» Je déposerai au greffe de Londres la copie certifiée de cette lettre, si je suis assez heureux pour qu'on me permette d'en partir, afin qu'il soit au moins prouvé que je n'étais émigré ni peureux, que j'ai prévu tout ce qui m'attendait, et que si un poignard m'atteint avant que le jugement de la *convention nationale* soit porté, d'après mes défenses imprimées, il puisse être certain que mes ennemis n'ont pu souffrir que je me justifiasse de mon vivant à la honte absolue de mes accusateurs. *Mais je voue à l'indignation publique mes suivants et mes héritiers, si, ayant mes papiers en main, ils ne le font pas après moi.*

» Ministre de la justice, je vous déclare aussi qu'il importe beaucoup à la nation que je me justifie ; car mon voyage de Hollande est très-intéressant pour elle; et si, en m'attendant, l'on vend mes biens, sous prétexte d'émigration, avant que je me justifie, je préviens l'assemblée qu'elle aura la triste justice de les faire racheter sitôt qu'elle m'aura entendu, comme ceux d'un très-bon citoyen, vendus sur des mensonges horribles.

» Je suis avec respect,

Citoyen ministre de la justice de France,

» Le plus confiant des citoyens, en votre équité,

Signé Beaumarchais.

La seule lettre raisonnable, que j'aye reçue des hommes en place, de mon pays, dans cette abominable affaire, est la réponse de ce ministre. Elle m'a donné le courage d'écrire promptement mes defenses, et de les envoyer. Puis, après avoir fait les plus grands sacrifices pour m'acquitter en Angleterre, j'accourais me mettre en prison, aux risques que l'on court dans les prisons de France, lorsque *la convention* a daigné lever mon décret, en suspendre l'effet pendant 60 jours, pour me donner le temps de venir me défendre. Mais je n'en abuserai point; il ne me faut pas 60 heures. Actions de grâces soient rendues au ministre de la justice! Actions de grâces soient rendues *à la convention nationale*, qui a senti qu'un citoyen ne doit jamais être jugé sans avoir été entendu.

Voici la lettre du citoyen *Garat*, bon ministre de la justice, et je l'imprime exprès pour consoler les gens que l'injustice opprime, et fermer, par un acte pur, le cercle odieux des vexations que j'éprouve depuis dix mois, pour avoir servi mon pays, contre le vœu de tous ceux qui le pillent.

Paris, ce 3 janvier 1793, l'an 2ᵉ de la République.

« J'ai reçu, citoyen, votre lettre du 28 décembre 1792, datée de la prison du Ban du Roi *à Londres*. Je ne puis qu'applaudir à l'empressement que vous me témoignez de venir vous justifier devant la *convention nationale*. Et je pense qu'aussitôt que vous serez libre, et que votre santé vous le permettra, rien ne doit retarder une démarche si naturelle à un accusé, sûr de son innocence. L'exécution de ce projet, si digne d'une âme forte, et qui n'a rien à se reprocher, ne doit pas même être retardée par des craintes que des ennemis de votre tranquillité, ou des esprits trop prompts à s'alarmer, peuvent seuls vous avoir suggérées. Non, citoyen, quoi qu'en disent les détracteurs de la révolution du 10 août, les événements désastreux qui l'ont suivie, et que pleurent tous les vrais amis de la liberté, ne se renouvelleront pas.

» Vous demandez une sauvegarde à la *convention nationale*, pour pouvoir avec sûreté lui présenter votre justification : j'ignore quelle sera sa réponse, et je ne dois pas la prévenir ; mais lorsque l'accusation même portée contre vous, vous remet entre les mains de la justice, elle vous place spécialement sous la sauvegarde des lois. Le décret qui me charge de leur exécution, m'offre les moyens de vous rassurer contre toutes les terreurs qu'on s'est plu à vous inspirer. Marquez-moi dans quel port vous comptez vous rendre, et à peu près l'époque de votre débarquement. Aussitôt je donnerai des ordres pour que la gendarmerie nationale vous fournisse une escorte suffisante pour calmer vos inquiétudes, et assurer votre translation à Paris. Et même, sans avoir besoin de ces ordres, vous pouvez vous-même réclamer cette escorte de l'officier qui commande la gendarmerie dans le port où vous descendrez.

» Votre arrivée ici suffira pour empêcher que l'on ne puisse vous confondre avec les émigrés ; et les citoyens qui ont cru devoir vous mettre *en état d'accusation*, entendront eux-mêmes avec plaisir votre justification, et seront flattés de voir qu'un homme employé par la république n'a pas mérité un instant de perdre sa confiance (1). »

Le Ministre de la justice, signé Garat.

---

(1) Ce qui suit a été composé depuis mon retour à Paris.

Il me reste à fixer l'attention des bons citoyens, dont l'exaltation de parti n'a pas égaré les lumières, *sur le décret d'accusation que l'on a lancé contre moi :* je vais l'examiner avec la même sévérité que j'ai mise à scruter mes œuvres, et celles de mes accusateurs ; puis résumer ce long mémoire, me reposer sur mes travaux ; enfin, attendre avec confiance le prononcé de la convention.

DÉCRET D'ACCUSATION.

Extrait *du procès-verbal de la* Convention nationale, *du 28 novembre 1792, l'an 1er de la République française.*

La *convention nationale*, après avoir entendu son comité de la Guerre, considérant que le traité du 18 juillet dernier est le fruit de la *collusion et de la fraude ;* que ce traité, en anéantissant celui du 3 avril précédent, a enlevé au gouvernement français toutes les sûretés qui pourraient répondre de l'achat et de l'arrivée de ses armes : qu'il se manifeste bien clairement, par ce traité, l'intention de ne point procurer d'armes, mais seulement de se servir de ce prétexte pour faire des bénéfices *considérables et illicites*, avec la certitude que ces armes ne parviendront pas ; que les stipulations ruineuses qui constituent la totalité de l'acte du 18 juillet dernier, doivent être réprimées avec sévérité.

SIXIÈME

ARTICLE PREMIER.

Le marché passé, le 3 avril dernier, à *Beaumarchais*, par *Pierre Graves*, ex-ministre de la Guerre, et la transaction faite, le 18 juillet suivant, entre *Beaumarchais*, *Lajard et Chambonas*, sont annullés; en conséquence, les sommes avancées par le gouvernement à *Beaumarchais*, en exécution desdits traités, seront par lui restituées.

ARTICLE II.

Attendu *la fraude et la connivence criminelle* qui règnent, tant dans le marché du 3 avril que dans la transaction du 18 juillet dernier, entre *Beaumarchais*, *Lajard et Chambonas*; *Pierre-Augustin Caron*, dit *Beaumarchais*, sera mis en état d'accusation.

ARTICLE III.

Pierre-Auguste Lajard, ex-ministre de la Guerre, et *Scipion Chambonas*, ex-ministre des Affaires étrangères, sont et demeurent, avec *Beaumarchais*, solidairement responsables, ET PAR CORPS, *des dilapidations résultantes desdits traités*; et ils seront tenus de répondre sur ces articles, ainsi que ceux pour lesquels ils ont été décrétés d'accusation : en conséquence le pouvoir exécutif est et demeure chargé d'en faire le renvoi par-devant les tribunaux.

Certifié conforme à l'original.

Observation de l'accusé.

Certes, *la convention*, partant d'un rapport, travaillé sur des notions si frauduleuses, et les prenant toutes pour vraies, ne pouvait juger autrement ; sinon qu'elle aurait pu me mander à sa barre, et m'entendre dans mes défenses ; surtout, ne pouvant ignorer que les comités *militaire et des armes*, après m'avoir sévèrement écouté sur la même affaire, en septembre, *par l'ordre exprès de l'assemblée*, m'avaient donné, TOUT D'UNE VOIX, une attestation de civisme la plus honorable possible, finissant par ces mots : *Que j'avais mérité la* RECONNAISSANCE DE LA NATION.

Et si *la convention* eût daigné me mander, j'aurais pressé l'accusateur ; le débat eût tout éclairci ; l'on eût jugé l'homme et la chose ; tous nos fusils seraient en France ; nos ennemis ne riraient pas de nous des tromperies que l'on vous fait, de la façon dont on vous mène ! On n'eût point ruiné le crédit d'une bonne maison de commerce, et mis au désespoir une famille entière, dont nulle justice aujourd'hui ne peut réparer le malheur ! Voilà ce qui fût arrivé.

Discutons le décret, dicté au citoyen *Lecointre* : c'est ainsi qu'on éclaire la religion de ses juges.

Le Décret. (Préambule.)

La convention, considérant que le traité du 18 juillet est le fruit de la collusion et de la fraude.....

L'Accusé.

La collusion, *de quoi ?* Et la fraude, *de qui ?* Des trois comités réunis, *diplomatique, militaire et des douze*, dont j'ai cité l'avis entier dans *la troisième époque de ce compte rendu, lequel avis* seul a guidé deux timides ministres qui n'osaient rien prendre sur eux ; traité dont pas une clause ne s'écarte *de cet avis*, sinon *à mon désavantage*, puisque les comités prescrivent *qu'on me donne toutes sûretés pour la rentrée de mes deniers*, et même exigent *que les armes me soient payées sans nul délai*, si les ennemis les enlèvent *dans une guerre contre notre commerce !* Or ces sûretés convenues étaient bien *le dépôt de la somme chez mon notaire.* Le traité fait, ma sûreté a été retranchée de l'acte, *par une collusion* bien prouvée contre moi (*c'est ici que ce mot s'applique*), sous prétexte *de pénurie au département de la guerre.* (Lisez la fin de ma troisième époque).

Le Décret. (Préambule.)

Que ce traité, en anéantissant celui du 3 avril précédent, a enlevé au gouvernement français toutes les sûretés qui pourraient répondre de l'achat et de l'arrivée des armes. . . . .

L'Accusé.

Il y a ici une profonde ignorance des faits; ce fut le contraire qui arriva; car le premier traité ne m'inposait qu'un dédit de 50 mille francs, *si*, *par obstacles* DE MON FAIT, partie des armes n'arrivait pas au temps prescrit par le traité. Et toute ma seconde époque est employée à bien prouver (*par pièces que les ministres ont dû remettre au dénonciateur*) que le ministère d'alors, et *Clavière* et *Servan*, excepté *Dumouriez*, ont toujours refusé le plus léger concours, pour faire lever l'embargo mis par les états de Hollande sur l'extradition des fusils, me laissant dédaigneusement maître absolu de disposer des armes ! Et ma troisième époque entière prouve, *jusqu'à satiété*, que, loin que le second traité ait enlevé à la nation les sûretés qui pouvaient répondre *que les armes seraient achetées et arriveraient dans ses ports*,

Il fût, *au contraire*, *prouvé aux trois comités réunis*, qu'elles étaient, depuis plus de trois mois, achetées et payées par moi, *pour la France exclusivement.*

Il fût prouvé aux comités, que j'aurais eu, comme négociant, un avantage énorme à rompre le traité d'avril, pour vendre ces armes ailleurs; que, loin de le vouloir, en bon citoyen que je suis, je donnais, au contraire, tous les moyens *de le consolider*, sans augmenter le prix des armes, en accroissant les sûretés.

Il fût prouvé aux comités, qu'au lieu d'un seul dédit de 50 mille francs, que contenait l'acte du 3 avril, lequel dédit n'était plus d'aucun poids dans des marchés d'une telle importance, quand même on n'eût eu nul égard aux preuves accumulées *que les obstacles* N'ÉTAIENT POINT DE MON FAIT, les avantages immenses que je refusais en Hollande, et mes offres finales de consolider ces refus, en m'expropriant sur-le-champ (*ce sur quoi je fus pris au mot*), donnaient à notre gouvernement toutes les sûretés raisonnables, que l'honneur, le patriotisme et un grand désintéressement pouvaient offrir à la nation!

Cependant, aujourd'hui, je suis *dénoncé*, *outragé*, *décrété*, *discrédité*, *ruiné*, POSITIVEMENT POUR LE FAIT *qui me valut alors les plus honorables éloges de la part des trois comités.* Non, vous n'avez pas composé *ce rapport*, citoyen *Lecointre*, car vous êtes un honnête homme.

Le Décret. (Préambule.)

Qu'il se manifeste bien clairement par ce traité l'intention de ne point procurer d'armes, mais seulement de se servir de ce prétexte pour faire des bénéfices considérables et illicites, avec la certitude que ces armes ne nous parviendront pas, etc.

L'Accusé.

Certes, je l'aurais eue *la certitude entière que les fusils ne vous parviendraient pas*, si j'avais pu prévoir alors que les ministres d'aujourd'hui, funestes à la chose publique, rentreraient dans leurs places avant le traité consommé ! Mais, dans ce cas, *pour un million de plus*, je n'aurais pas signé le fatal traité de juillet !

Non, ils ne l'ont pas lu, ce traité qu'ils font accuser ! Comment feraient-ils dire *que le traité nous manifeste l'intention de ne point procurer d'armes*, lorsqu'il est clair que je m'y exproprie, offrant de livrer à l'instant les fusils achetés et payés, lorsque je n'y demande, *pour son net accomplissement*, *que le cautionnement* déjà donné par *Dumouriez*, refusé d'acquitter *pour la nation française*, par *Hoguer, Grand, nos banquiers d'Amsterdam* (tous les genres d'insulte, nous les avons reçus dans ce pays); *lequel fatal cautionnement constamment retenu depuis* par tous nos ministres actuels, a été *le fourbe moyen* dont ils se sont servi pour essayer de me ravir ces armes; par leur *Constantini*, par mon emprisonnement, par mon inutile voyage, afin de vous les vendre au prix qu'ils le voudraient !..... *Si je n'ai pas prouvé cela, rien n'est prouvé dans mon Mémoire !*

Et quant *aux bénéfices* que *Lecointre* appelle *illicites*, et qu'il m'accuse d'*avoir fait*, ma troisième époque n'a que trop bien prouvé : 1° *Que je n'en voulus point*, étant trop méprisables auprès de ceux que je vous sacrifiais. Je ne vendais point mon civisme ! 2° Que rien n'empêchait d'annuller même l'intérêt commercial, en me payant comptant, quand je m'expropriais, quand je ne cessais de le dire et le demander; au lieu de me remettre *à la fin de la guerre*, qui aurait pu durer dix ans et ruiner toutes mes affaires; et quand, *pour comble d'ineptie*, les rédacteurs du citoyen *Lecointre* m'attribuent tous ces bénéfices *dont je n'ai pas touché un sou*, que je méprise presque autant que leur inepte méchanceté.

ÉPOQUE.

Le Décret (Article premier).

Le marché passé le 3 avril dernier par Pierre Graves.... *et la transaction faite le 18 juillet suivant, entre* Beaumarchais, Lajard *et* Chambonas, *sont annullés, etc.*

L'Accusé.

Quoi! *tous les deux ?* Il résulte pourtant du préambule et du premier article *cette contradiction manifeste*, que vous annullez le traité du 18 juillet, parce qu'il ôte, dites-vous, *toutes les sûretés contenues dans le premier acte, que les armes seraient achetées et livrées !* Sûretés, apparemment, dont vous fesiez grand cas ! Mais le traité du 3 avril, qui vous donnait ces sûretés, *pourquoi donc le détruisez-vous?* Pourquoi vous le fait-on détruire ? Vous n'en savez rien, citoyen ! je m'en vais vous apprendre, moi, le secret qu'il vous ont caché. C'est qu'il leur reste un fol espoir de m'amener encore, à force d'embarras, à leur céder *ces armes à vil prix ;* car maintenant que je suis décrété (bien pis si je suis égorgé), ils ne donneront plus *sept florins huit sols* de mes armes. Mais, fussé-je réduit à les jeter dans l'océan, ils n'en auront pas une seule ! Sans doute, on va tâcher de vous faire nettoyer *cette batologie* dans votre second article, car on ne comprend rien à celui-ci.

Le Décret (Article deux).

Attendu la fraude et la connivence criminelle qui règnent, tant dans le marché du 3 avril que dans la transaction du 18 juillet dernier, P. A. C., *dit* Beaumarchais, *sera mis en état d'accusation.*

L'Accusé.

Donc, s'il n'y a ni fraude ni connivence, *il faut rapporter le décret!* Ici je n'ai qu'un mot à dire. *Dans cette connivence* entre trois ministres et moi (*triste fait qu'ils ont inventé ou que l'on vous a fait méchamment présumer, dont vous n'avez aucune preuve, et ne savez pas un seul mot*); pourquoi oubliez-vous les trois comités réunis, *diplomatique, militaire* et *des douze?* Ne vous ai-je pas déclaré, ne vous ai-je pas bien prouvé, par ma *troisième époque*, qu'ils furent *nos complices* dans l'acte du 18 juillet, et non seulement nos complices, *mais nos maîtres*, et plus criminels que nous tous, si quelqu'un de nous l'a été? Pourquoi donc les oubliez-vous? Avez-vous deux poids, deux mesures?

Pourquoi oubliez-vous, dans votre proscription sur le traité du 3 avril, *le comité militaire d'alors*? Vous avez eu la preuve qu'il fut complice de *Pierre Graves* (*si même vous n'en étiez pas*)*!* et cette preuve, la voici : Lorsque *Chabot* me dénonça avec autant de justice que de justesse, *comme ayant*, disait-il, 50 *mille fusils dans mes caves*, vous vous rappelez bien que *Lacroix* répondit : *Nous savons ce que sont ces armes, on nous en a communiqué le traité dans le temps, il y a trois mois qu'elles sont livrées au Gouvernement.* Et ce fut ce qui me sauva du pillage et du massacre !

Tout fut donc déféré alors à ce comité militaire ! Ce comité fut donc aussi complice et de la connivence *du ministre Graves* et de moi ? Et cependant *vous l'oubliez en dictant mon accusation !* cela n'est conséquent, ni exact, ni juste ! donc un autre a fait le décret ! vous êtes plus fort que cela, dans tout ce que j'ai vu de vous ! ou vous avez, *Lecointre*, deux poids et deux mesures !

Le Décret (Article trois).

Pierre-Auguste Lajard, et Scipion Chambonas, *sont et demeurent, avec* Beaumarchais, SOLIDAIREMENT *responsables*, ET PAR CORPS, *des* DILAPIDATIONS RÉSULTANTES *desdits traités, et ils seront tenus de répondre sur ces articles*, etc.

SIXIEME

L'Accusé.

J'ai déjà répondu pour eux, moi qu'on nomme partout l'avocat des absens! et je souhaite que vos ministres se tirent de la connivence, de la fraude *Constantinienne,* aussi bien que MM. de *Graves, Lajard* et *Chambonas,* se sont disculpés de la mienne; je l'apprendrai avec plaisir.

Or, sur ce point de *dilapidations commises,* que vous établissez, *Lecointre,* avec tant de sévérité, et sur lequel vous nous rendez *solidairement responsables* ET PAR CORPS, les deux ministres et moi ne demandons point de quartier, mais vous daignerez nous apprendre quelles sont *ces dilapidations?* Car, puisque vous les attestez *à la convention nationale,* vous devez au moins les connaître, et vous y êtes condamné!

1° Mais je vous ai prouvé que je n'ai jamais rien touché du département de la guerre, que 500 *mille francs d'assignats, en avril,* qui perdaient 42 pour 100, réduits en florins de Hollande, seule monnaie dont je pusse me servir, et qui ne rendirent pas 290 mille livres; pour la valeur desquels j'ai déposé, *même me suis exproprié de 745 mille livres* de contrats du Gouvernement, *et garantis, par vous, de la Nation à la Nation,* dont vous avez encore à moi LES 245

MILLE LIVRES EXCÉDANT *les* 5oo *mille livres reçues.* Jusqu'à présent je ne vois pas que vous soyez *dilapidé*, ayant plus de dix mille louis à moi, sur lesquels je n'ai rien à vous. Ce n'est donc point sur ce fait-là que vous m'avez fait décréter comme un *vil dilapidateur ?*

2° Je vous ai bien prouvé, par mes trois dernières *époques,* que de toutes les clauses qui liaient envers moi le département de la guerre, dans l'acte du 18 juillet..... AUCUNE N'A ÉTÉ EXÉCUTÉE ! Quelle *dilapidation* pourrait s'en être suivie de la part de qui n'a rien reçu ? Ce n'est donc point encore, mon dénonciateur, sur ce fait que vous m'accusez ?

3° Dans ce traité, pour m'engager à souffrir qu'on ne me payât *qu'à la fin de la guerre* (vraie proposition léonine), des fusils que j'avais bien payés comptant, que j'allais livrer à l'instant à M. *de Maulde,* qu'on avait choisi pour en faire la réception, l'on s'engage de me payer 100 *mille florins à compte de la dette.* On me tourmente, je résiste. *Vauchelle* insiste, les ministres me pressent, je me rends, on m'accable de compliments !........ ON N'A PAS PAYÉ UN FLORIN ! Qui de vous ou de moi, je vous prie, est *dilapidé* dans ce traitement de corsaire ? Ce n'est donc pas non plus ce fait-là qui me rend coupable ? Peut-être enfin le trouverons-nous !

4° Pour obtenir de moi que je renonce *au dépôt*, arrêté *par les comités* MES COMPLICES, de la somme entière des armes, *qui devait être fait* sur leur avis *chez mon notaire*, on m'offre dans ce même traité 200 *mille florins comptant, au lieu de* 100. On me presse, on me trouble, on me prend sur le temps, on l'exécute malgré moi *en fesant recommencer l'acte!*.... ON NE M'A RIEN PAYÉ DES 200 MILLE FLORINS. La *dilapidation* tombe-t-elle sur vous, ou sur moi qui perdis mes sûretés sans aucun dédommagement? Qu'en dites-vous, ô citoyen *Lecointre!* Ce n'est donc pas encore de ce fait-là que vous parlez dans votre attaque? Cependant je suis décrété! Avançons dans la caverne où je porte le flambeau.

5° Cet acte assure que l'on va me compter quatre mois échus d'un intérêt commercial que l'on substitue, *malgré moi*, à mon payement *que je demande!* On me fait un fort grand mérite de vaincre ici mes répugnances. Je me laisse aller, je consens.... JAMAIS ON N'EN A RIEN PAYÉ, quoique vous ayiez attesté dans votre dénonciation que j'ai reçu 65 mille livres pour l'objet de ces intérêts. Je cherche en vain la DILAPIDATION dont vous nous rendez responsables PAR CORPS, et pour laquelle, dites-vous, je dois être *à l'instant mis en état d'accusation. Je vois au contraire que c'est moi qui suis trompé, berné, dilapidé,* n'ayant rien reçu de personne. Peut-être entendez-vous parler d'un autre fait dans le *décret ?* Nous allons les parcourir tous.

6º Cet acte me promet le remboursement de mes frais depuis l'instant où la nation se reconnaît propriétaire..... JAMAIS JE N'EN AI EU UN SOL ! Sur cet objet, comme sur tous les autres, *la dilapidation est mince, et pourtant je suis décrété* pour vous avoir *dilapidé!* Mais sans doute à la fin quelqu'un nous apprendra *sur quelle dilapidation* on a fait porter le *décret* dont je demande le rapport ?

7º Cet acte oblige expressément *sur le vœu positif des trois comités réunis*, le département des affaires étrangères à me remettre sur-le-champ *un cautionnement nécessaire de* 50 *mille florins d'Empire*, et sans lequel je déclarais que le reste était inutile. On en convient, on s'y engage........ JAMAIS ON NE L'A EFFECTUÉ pour vous mieux ravir ces fusils ! Quand on aurait des yeux de lynx, je défie que l'on voie ici d'autre DILAPIDATION *qu'une insultante moquerie des ministres à mon égard, que j'ai soufferte trop long-temps, et dont ce décret est la fin.* Ce n'est donc point encore sur ce fait-là, Monsieur, que porte *mon accusation ?*

8º Vous avez vu, ô citoyens ! l'acharnement prouvé que le conseil exécutif actuel a mis *à retenir constamment ce cautionnement* pour m'empêcher de rien finir ! Vous avez vu que, par cette manœuvre, ils ont espéré me lasser, et que *leur homme* aurait mes armes. Mes fonds sont là depuis dix mois, mes revenus sont arrêtés, trois gardiens sont dans ma maison, tous les genres d'insulte m'ont été prodigués par l'exécuteur de ces ordres. Mes amis me croient perdu, tout cela fait mourir de honte, *et seul je suis* DILAPIDÉ ! Heureusement pour *le décret* que tout n'est pas examiné ! Il faudra pourtant à la fin que j'aye *dilapidé* la nation sur quelque chose, puisqu'on me condamne, ET PAR CORPS, à rapporter ce que j'ai pris ?

9° Cet acte oblige encore M. *la Hogue*, mon ami, qui *n'est point maréchal-de-camp*, malgré *Pache le ministre*, et malgré *son commis*, d'aller pour moi livrer à M. *de Maulde, lequel est maréchal-de-camp*, tous les fusils qui, par cet acte, appartiennent à la nation, *que j'ai payés pour elle*, ET QU'ELLE NE M'A POINT PAYÉS, quoiqu'on fût très-pressé de les avoir alors.

Vous avez vu avec quelle infernale astuce, *pendant ma quatrième époque*, ce ministère actuel a empêché *la Hogue* de partir *pour la Haye*, en supposant *un ordre de l'assemblée nationale*, LEQUEL N'A JAMAIS EXISTÉ !

Vous avez vu comment ce ministère, malgré mes cris et mes menaces, a forcé mon ami de demeurer en France, *de son autorité privée*, depuis le 24 juin, qu'il est sorti de la Hollande, jusqu'au 12 octobre, qu'il y est rentré avec moi (*quatre mois de perdu*), sans argent de la France *et sans cautionnement*, forcé de fondre pour partir, jusqu'à mes dernières ressources!

Vous avez vu comment ils profitent de mon absence pour me faire décréter d'accusation *sur des dilapidations inventées, dont il n'y a pas de vestiges, si ce n'est moi qui suis* DILAPIDÉ ; comment ils envoient un courrier pour qu'on m'amène garrotté, pour que je sois tué en route et ne puisse les accuser! Ce ne peut être enfin, sur tout ce mal que l'on m'a fait, que *Lecointre* me croit coupable. Disons ce qui est bien prouvé; *on l'a trompé indignement*, voilà le vrai mot de l'énigme.

10° Cet acte me donnait enfin, au nom des trois comités réunis, *de grands éloges sur mon civisme et sur mon désintéressement*. Deux autres comités, depuis émerveillés de ma patience, m'en ont décerné de plus grands, déclarant, signant tous, *que j'ai mérité dans ceci* LA RECONNAISSANCE DE LA NATION ; ils ont même exigé du ministre *Lebrun, qui a vu leur attestation, qu'il me mît en état de partir sur-le-champ pour faire arriver les fusils*. Ce ministre le leur promet, m'abuse..... *On ne m'abuse point* par son langage obscur, par ses fausses promesses; est six semaines sans m'écrire; enfin il joint à l'ironie de sa moqueuse lettre en Hollande, la lâche atrocité de me faire dénoncer en France; et, pour qu'il ne reste aucune trace des éloges qu'on m'a donnés, il fait transformer ces éloges en injures les plus grossières! *Ainsi l'on m'a* DILAPIDÉ, *même sur la partie morale de l'affaire*; et pourtant je suis décrété pendant que ce ministre est libre!

J'ai épuisé les incidents et toutes les clauses du traité. Daignez donc maintenant nous instruire, ô Lecointre, *de quelles dilapidations*, deux ministres et moi, nous devons *répondre* PAR CORPS? *pour quelles dilapidations* je suis accusé, décrété? pourquoi les scellés sont chez moi, mes possessions saisies, ma personne en danger, et ma famille au désespoir? Et si vous ne pouvez le faire, soyez assez juste, *et j'y compte* pour solliciter avec moi *le rapport de l'affreux décret!* Est-ce trop exiger de vous? Reconnaissez-vous, à ce trait, le vieillard que j'ai comparé au bon homme *la Mothe-Houdart?* Il pardonna une brutale insulte, et moi j'oublie une funeste erreur. Mais son jeune homme la répara........ *Vous la réparerez aussi.*

Le vrai résultat de ceci, *c'est que la nation a, depuis un an,* 750 *mille francs à moi,* AVEC LES INTÉRÊTS QU'ILS PORTENT. *Que je n'ai pas un sou à elle; que je n'ai jamais demandé, exigé ni* reçu de personne 500 *mille francs d'indemnité*, comme on a eu l'audace de vous le faire avancer *dans votre dénonciation; pas plus qu'une autre indemnité sur la perte des assignats*, comme on vous l'a fait dire aussi, pour mieux indigner contre moi, et *la Convention*, et le peuple, sur le nouvel égarement duquel on comptait bien pour me faire périr ! Et cependant, Monsieur, *pour ces dilapidations*, que nos ministres ont rêvées, *dont aucune n'a existé, si ce n'est celle que je souffre ;* pendant plus de trois mois, les scellés ont été chez moi; mon crédit est *dilapidé;* ma famille est dans les sanglots ; j'ai dû être égorgé cinq fois ; ma fortune est allée au diable, et j'étais prisonnier *à Londres*, parce qu'après avoir fait renoncer *la Convention* à mes fusils, et lui avoir fait dire *qu'elle ne voulait plus en entendre parler*, ce qui a, tristement pour nous, réjoui les ennemis de la France ; *les sages et conséquents ministres*, qui les arrêtaient en Hollande et vous en privaient SCIEMMENT, *tant que ces armes vous appartinrent*, ô CITOYENS LÉGISLATEURS, les y envoient militairement réclamer, *et qui pis est*, en votre nom, sitôt qu'elles ne sont plus à vous, *à l'instant même où l'on vous y fait renoncer.* Dans l'histoire du monde et des fatals ministres, on ne voit nul exemple d'un désordre de cette audace, d'une aussi grande dérision, d'un si moqueur abus de la puissance ministérielle! d'où mes créanciers effrayés, m'ont regardé comme perdu, comme sacrifié sans pudeur, et m'ont arrêté pour leur gage!

Je passe sous silence, ô citoyen *Lecointre*, la façon plus qu'étrange dont on vous a fait m'outrager; vous qu'on dit un homme très-humain, parce que personne n'ignore *qu'en plaidant, de fortes injures ne sont que de faibles raisons!*

Je laisse de côté *les dilapidations des acheteurs favoris de nos ministres, en Hollande*, qui n'ont pas un rapport direct à l'affaire de mes fusils, ainsi que ce qui tient *aux fabricateurs d'assignats*, que ces mêmes ministres ont laissé échapper des prisons d'*Amsterdam*, où M. *de Maulde* les tenait, et pour l'arrestation desquels j'avais prêté des fonds à cet ambassadeur qu'on y laissait manquer de tout, lesquels faussaires si dangereux n'ont pas cessé depuis d'exercer contre nous ce genre d'empoisonnement, le plus grand mal qu'on pût faire à la France; faute, par ces ministres, d'avoir jamais, à ce sujet, répondu aux dépêches de notre ambassadeur; faute de lui avoir jamais envoyé un courrier, ni sur cette affaire importante, ni sur aucune autre de celles dont sa correspondance est pleine; excepté néanmoins l'important courrier de *Lebrun*, qui eut ordre de crever tous les chevaux sur la route, pour

ÉPOQUE. 439

me faire arrêter *à la Haye*, moi qui les avais prévenus que j'allais partir pour *Paris*, et porter enfin la lumière *à la barre de la Convention*, sur leur ténébreuse conduite ! et je n'en dis pas plus ici, parce qu'il sera temps, quand on m'interrogera, de poser sur ces faits des choses plus avérées que toutes les horreurs dont ils m'ont accablé.

~~~~~~~~~~

JE résume ce long Mémoire, et vais serrer en peu de mots ma justification maintenant bien connue.

Ma première *époque* a prouvé *que, loin d'avoir acheté des armes pour les vendre à nos ennemis et tâcher d'en priver la France*, COMME J'EN ÉTAIS ACCUSÉ, j'ai soumis, au contraire, le vendeur aux plus fortes peines, si l'on en détournait une seule, pour quelque usage que ce fût ;

Que, *loin d'avoir voulu donner à ma patrie des armes de mauvaise qualité*, j'ai pris toutes les précautions pour qu'elles fussent de bon service, les ayant achetées *en bloc*, et les soumettant *au triage ;*

Que vous n'en avez jamais eu d'aucun pays *à si bas prix ;* que le traité fut fait par M. de *Graves*, de concert et d'après l'avis *du comité militaire d'alors*, et que j'ai déposé 745 *mille livres en* contrats *viagers*, *qui me rapportaient neuf pour cent d'intérêts*, QUE VOUS AVEZ GARDÉS AUSSI, contre 500 *mille francs d'assignats qui perdaient* 42 *pour cent*, *ne donnaient aucun intérêt*, *et ne m'ont pas rendu cent mille écus nets en florins.*

Ma seconde *époque* a prouvé que tous nos ennemis, instruits *par la perfidie des bureaux*, ont fait mettre *en Hollande* un insultant embargo sur ces armes ; que j'ai fait mille efforts auprès de nos ministres (*qui se disaient tous patriotes*), pour parvenir à le faire lever ; que mes efforts ont été vains !

Ma troisième *époque* a prouvé que, demandant enfin une solution quelconque *aux deux ministres et aux trois comités*, qui me permît de vendre mes fusils, *s'il était vrai que l'on n'en voulût plus*, les trois comités réunis ont rejeté bien loin *l'offre que je fesais de reprendre mes armes ;*

Qu'ils ont fixé eux-mêmes les clauses du marché qui les assurait à la France ; qu'ils m'ont su un gré infini du grand sacrifice d'argent que j'ai fait de si bonne grâce, pour que ces armes vous parvinssent ; me soumettant, contre mes intérêts, à tout ce qu'ils ont cru avantageux à la nation ;

Qu'à l'exécution du traité, *toutes les clauses en ont été éludées contre moi ;* que j'ai tout souffert sans me plaindre, parce qu'il s'agissait du service *de la nation*, à qui je dois le pas sur moi.

Ma quatrième *époque* n'a que trop bien prouvé qu'après avoir perdu cinq mois et usé huit à neuf ministres, sans obtenir aucune justice, *au grand dommage de mon pays*, j'ai vu que le mot de l'énigme était *que les nouveaux ministres voulaient que mes armes passassent* DANS LES MAINS DE LEURS AFFILIÉS *pour les revendre à la nation à bien plus haut prix que le mien*, et que, sur mon refus de les céder à *leurs Messieurs*, pour sept florins huit sous la pièce, ON *m'a fait mettre à l'Abbaye*, où l'on m'a renouvelé ces offres, avec promesse de m'en faire sortir, muni d'une belle attestation, si j'entendais à leurs propositions ; *à l'Abbaye*, où, sur mes refus obstinés, j'eusse été massacré dans la journée du 2 septembre, sans un secours, *étranger aux ministres*, qui m'arracha de cet affreux séjour, et me ravit à leurs projets de mort.

Ma cinquième *Epoque* a prouvé que *Lebrun* et *Clavière*, et autres, avaient fait arrêter en France M. *de la Hogue*, mon agent (chargé par le Traité d'aller livrer les fusils à M. *de Maulde*), pour que rien ne pût s'achever, *si je ne cédais pas les armes* à leur ami privilégié ; qu'irrité de ces viles intrigues, j'en ai porté mes plaintes à *l'assemblée nationale*, qui a fait ordonner au ministre *Lebrun* de me mettre en état de partir sous les vingt-quatre heures, avec tout ce que le Traité exigeait, pour nous faire arriver les armes;

Que ce ministre *l'a promis, et s'y est engagé;* qu'il m'a fait perdre encore huit jours, m'a fait partir sans me remettre *ni fonds ni cautionnement*, sous des promesses insidieuses, qui n'avaient d'autre but que de m'écarter de la France, pour amener la catastrophe, si je m'obstinais au refus des offres de leur acheteur, qu'ils envoyèrent en Hollande, me les faire renouveler encore, par l'organe de notre ambassadeur dont j'invoque le témoignage.

Ma sixième *Epoque* a prouvé qu'ayant prié M. *de Maulde* de leur montrer tout le mépris que j'avais pour leurs offres; certains qu'ils ne gagneraient rien ni sur moi ni sur mes fusils, ils m'ont fait accuser, décréter, *par Lecointre, à la Convention nationale;* ont dépêché le seul courrier qu'ils eussent envoyé en Hollande, depuis que M. *de Maulde* y était, pour m'y faire arrêter; espérant bien qu'avec les torts qu'ils m'avaient prêtés *à Paris*, *d'être en commerce avec Louis XVI*, je n'arriverais pas vivant, et que leur exécrable intrigue n'y serait jamais découverte; et qu'enfin, après moi, ils obtiendraient pour rien, de tous ceux qui me survivraient, mes fusils, pour vous les revendre à onze ou douze florins, comme ils ont fait ou voulu faire des détestables fusils de rempart de *Hambourg*, que M. *de Maulde* avait rejetés au prix de cinq florins, et que j'ai rejetés de même. Interrogez M. *de Maulde*.

Heureusement, un Dieu m'a préservé! j'ai pu me faire précéder par ces défenses que j'ai suivies. Mes sacrifices ont été faits pour obtenir la liberté de quitter ma prison *de Londres*, quoique, depuis un mois, je ne fusse plus *au banc du roi*. J'en suis parti à l'instant pour Paris, je m'y suis rendu à tous risques! ma justification étant mon précurseur, j'ai dit : je ne cours plus celui d'être déshonoré, je suis content. Si je péris par trahison, ce n'est qu'un accident de plus : la lâche intrigue est démasquée : *c'est encore un crime perdu.*

O citoyens législateurs, je tiens ma parole envers vous. Après cet historique lu, jugez-vous que je sois *un traître*, un *faux citoyen*, un *pillard?* Prenez mes armes *pour néant*, je vais vous en passer le don ruineux!

Trouvez-vous, au contraire, que j'aye bien établi la preuve de mes longs travaux, pour vous procurer ces fusils, *au prix d'un loyal négociant*, avec tous les efforts d'un très-bon citoyen? Trouvez-vous que les vrais coupables sont mes lâches accusateurs, comme je vous l'ai attesté? Faites-moi donc justice, et faites-moi-la prompte;

il y a un an que je souffre, et mène une vie déplorable !

Je vous demande, citoyens, le rapport du décret que l'on vous a surpris. Une troisième attestation de civisme et de pureté: vos comités m'ont donné les deux autres. Mon renvoi dans les tribunaux, pour les dommages et intérêts qui me sont dus par mes persécuteurs.

Je ne demande rien contre le citoyen *Lecointre*. Ah! je l'ai vu assez depuis mon arrivée en France, pour être bien certain que le fond imposteur, la forme virulente de ce rapport, ne furent jamais son ouvrage. En me voyant, il a bientôt senti qu'il ne faut point peindre les hommes, avant de les avoir connus ; que l'on s'expose à les défigurer, en se laissant conduire la main. J'ai vu sa profonde douleur, sur le désordre affreux qui règne, et sur les dilapidations que nos ministres ont laissé faire dans les fournitures des troupes, que l'hiver vient d'accumuler. J'ai lu le terrible rapport qu'il vient d'écrire et d'imprimer sur ces dévastations, capables de dévorer la république ; et je suis beaucoup moins surpris, qu'aigrissant son patriotisme et l'abusant par des horreurs qu'il n'a pas pu approfondir, on l'ait facilement porté à se rendre un crédule écho des mensonges ministériels, sur l'affaire de ces fusils. C'est son amour pour la patrie, qui égara son jugement. Il

ÉPOQUE. 445

a servi, sans le savoir, la vengeance des scélérats qui n'ont jamais pensé que, sauvé de leur piége, échappant au fer meurtrier, je viendrais courageusement leur arracher le masque *à votre barre!*

Je fus vexé sous notre ancien régime! les ministres me tourmentaient; mais les vexations de ceux-là n'étaient que des espiégleries, auprès des horreurs de ceux-ci!

Posons la plume enfin; j'ai besoin de repos, et le lecteur en a besoin aussi. Je l'ai tourmenté, fatigué..... ennuyé, c'est le pis de tout. Mais s'il réfléchit, à part lui, que le malheur d'un citoyen, que ce poignard qui m'assassine, est suspendu sur toutes les têtes, et le menace autant que moi, il me saura gré du courage que j'emploie à l'en garantir, lorsque j'en suis percé à jour!

O ma patrie en larmes! ô malheureux Français! que vous aura servi d'avoir renversé des bastilles, si des brigands viennent danser dessus, nous égorgent sur leurs débris? *Vrais amis de la liberté!* sachez que ses premiers bourreaux sont la licence et l'anarchie. Joignez-vous à mes cris, et demandons DES LOIS aux députés qui nous les doivent; qui n'ont été nommés par nous, *nos mandataires* qu'à ce prix! fesons la paix avec l'Europe. Le plus beau jour de notre gloire ne fut-il pas celui où nous la déclarâmes au monde? Affermissons notre intérieur. Constituons-nous enfin, sans débats, sans orages, et surtout, s'il se peut, sans crimes. Vos maximes s'établiront ; elles se propageront bien mieux que par la guerre, le meurtre et les dévastations, *si l'on vous voit heureux par elles.* L'êtes-vous ? Soyons vrais. N'est-ce pas du sang des Français, que notre terre est abreuvée ? Parlez ! Est-il un seul de nous qui n'ait des larmes à verser ? *La paix, des lois, une constitution !* Sans ces biens-là, point de patrie, et surtout point de liberté !

Français ! si nous ne prenons pas ce parti ferme dans l'instant j'ai soixante ans passés ; quelque expérience des hommes : en me tenant dans mes foyers, je vous ai bien prouvé que je n'avais plus d'ambition. Nul homme, sur ce Continent, n'a plus contribué que moi, à rendre libre l'Amérique : *jugez si j'adorais la liberté de notre France !* j'ai laissé parler tout le monde, et me tairai encore après ce peu de mots. Mais si vous hésitez à prendre un parti généreux, je vous le dis avec douleur, Français, nous n'avons plus qu'un moment à exister libres ; et le premier peuple du monde, enchaîné, deviendra la honte, le vil opprobre de ce siècle, et l'épouvante des nations !

O mes concitoyens ! en place de ces cris féroces qui rendent nos femmes si hideuses ! voici le *Salvam fac Gentem* que j'ai composé pour ma fille, dont la voix douce et mélodieuse calme nos douleurs tous les soirs, en récitant cette courte prière :

> Détourne, ô DIEU ! les maux extrêmes
> Que sur nous l'Enfer a vomi !
> Préserve les Français d'eux-mêmes,
> Ils ne craindront plus d'ennemis.

e citoyen toujours persécuté.
CARON BEAUMARCHAIS.

Achevé pour mes juges, à Paris, ce 6 mars 1793, *l'an second de la République* (1).

(*) M. de Beaumarchais s'étant justifié de toutes les inculpations portées contre lui dans le cours de ces six époques : comme il s'était lavé de toutes les antécédentes sous tous les régimes, on a cru pouvoir supprimer sans inconvénient les vingt-six pièces justificatives qu'il avait fait imprimer à la suite de cet ouvrage. Elles étaient alors nécessaires; elles seraient fastidieuses aujourd'hui. On sait qu'il fut entièrement disculpé; qu'on le raya de la liste des émigrés, et qu'il finit ses jours au sein de sa patrie et de sa famille, sous les yeux dessillés de ses accusateurs.

Un seul bonheur lui manqua, ce fut de voir sa patrie sortir de l'horrible anarchie où elle était plongée, et passer subitement de cet état d'abjection au plus haut état de gloire où jamais aucune nation soit parvenue. Il avait applaudi avec une joie pure aux premiers exploits du héros qui devait réparer tant de honte et de calamités; mais il ne put prévoir ce qui était sans exemple et ce que nous avons peine à croire, nous qui en sommes les témoins.

FIN DU SIXIÈME VOLUME DES ÉPOQUES.

TABLE
DES ARTICLES
CONTENUS DANS CE VOLUME.

Observations sur le Mémoire justificatif de la Cour de Londres, page 1

Avertissement de l'Éditeur au sujet de la Requête à la Commune et des six Époques, 51

Requête à MM. les Représentants de la Commune de Paris; par P. A. Caron de Beaumarchais, membre de ladite représentation, 55

Précis et jugement du procès de P. A. Caron de Beaumarchais, membre de la Représentation de la Commune de Paris, 107

Pétition de P. A. Caron-Beaumarchais à la Convention Nationale, 111

Beaumarchais à Lecointre son dénonciateur, première Époque des neuf mois les plus pénibles de ma vie, 135

Deuxième Époque, 169
Troisième Époque, 202
Quatrième Époque, 238
Cinquième Époque, 295
Sixième et dernière Époque, 353

FIN DE LA TABLE DU CINQUIÈME VOLUME DES ÉPOQUES.

www.ingramcontent.com/pod-product-compliance
Lightning Source LLC
Chambersburg PA
CBHW070547230426
43665CB00014B/1842